21世纪经济管理新形态教材·营销学系列

自媒体时代个人IP培育理论与实践

杨 娟 ◎ 主 编

杜丽洁　华旦扎西　朱代伟 ◎ 副主编

清华大学出版社

北 京

内 容 简 介

本书从图文、短视频入手，指导学生完成内容创意、内容制作、内容传递，提升学生在移动互联网时代的就业能力、创业能力，让拟尝试自媒体创业的大学生了解并熟练掌握种种新兴自媒体平台的运营规则和变现体系、理解 IP 运营规律以及价值转化路径。除了文本部分，书中还通过二维码链接了大量的阅读材料，这些材料有助于教学理论与实践结合，增强学生的积极性。

本书适用于本科或高职类院校新媒体运营相关专业课程和新媒体教育通识类课程，也可作为有意愿学习自媒体运营的人员的拓展读物。

本书封面贴有清华大学出版社防伪标签，无标签者不得销售。
版权所有，侵权必究。举报：010-62782989，beiqinquan@tup.tsinghua.edu.cn。

图书在版编目（CIP）数据

自媒体时代个人 IP 培育：理论与实践 / 杨娟主编 . —北京：清华大学出版社，2022.10
21 世纪经济管理新形态教材 . 营销学系列
ISBN 978-7-302-61934-5

Ⅰ.①自… Ⅱ.①杨… Ⅲ.①网络营销—高等职业教育—教材 Ⅳ.① F713.365.2

中国版本图书馆 CIP 数据核字 (2022) 第 176317 号

责任编辑：付潭娇　刘志彬
封面设计：汉风唐韵
版式设计：方加青
责任校对：宋玉莲
责任印制：宋　林

出版发行：清华大学出版社
　　　　网　　　址：http://www.tup.com.cn，http://www.wqbook.com
　　　　地　　　址：北京清华大学学研大厦 A 座　　邮　　编：100084
　　　　社　总　机：010-83470000　　　　　　　　邮　　购：010-62786544
　　　　投稿与读者服务：010-62776969，c-service@tup.tsinghua.edu.cn
　　　　质　量　反　馈：010-62772015，zhiliang@tup.tsinghua.edu.cn
印 装 者：三河市龙大印装有限公司
经　　销：全国新华书店
开　　本：185mm×260mm　　　印　张：12.75　　　字　数：276 千字
版　　次：2022 年 10 月第 1 版　　　　　　　　　　印　次：2022 年 10 月第 1 次印刷
定　　价：49.00 元

产品编号：096541-01

前 言

移动互联网造就了一个去中心化的扁平世界。摄影是我们看待世界的方式，图文是我们对时代永恒的记录，直播是我们表达自我的窗口，自媒体是我们参与世界的场所。微博、微信、抖音、快手、今日头条等自媒体发挥着重要的信息传递和娱乐功能，我们在消费新闻、观点和娱乐的同时也在主动创造它们。

这是一个个体崛起的时代，IP 正在成为这个时代连接的主旋律，IP 个体凭借自身的吸引力，挣脱单一平台的束缚，在多个平台上获得流量并分发，拥有更低的认识成本、更好的信用指数、更高的溢价输出、更多的话语权。

这是一个人人都是"自媒体"的时代，内容创作的大门向越来越多的人开放，每个人都能站在一个特定的媒介上为自己发声，在严密的算法之下，任何一个创作者只要戳中了算法的标签，都有可能获取上千万的流量。

不过，当前的内容创作进入了下半场，已不是靠投机取巧或者运气走红的时期，打造 IP 需要长期的内容积累和持续优化的运营加持，通过塑造与建设内容品牌，实现从追随热点到引领粉丝、引领话题的跨越，建立内容竞争壁垒，延长生命周期，突破阶段性发展局限，才能有机会走向行业金字塔顶端。因此，为增强大学生在自媒体时代的竞争力，编者有了本书的写作初衷。

本书从图文、短视频入手，指导学生完成内容创意、内容制作、内容传递，提升学生在移动互联网时代的就业、创业能力，让拟尝试自媒体创业的大学生了解、熟悉并熟练掌握种种新兴自媒体平台的运营规则和变现体系、理解 IP 运营规律以及价值转化路径。除了文本部分，书中还通过二维码链接了大量的阅读材料，这些材料有助于教学理论与实践相结合，提高学生的积极性。

本书由杨娟担任主编，杜丽洁、华旦扎西、朱代伟担任副主编。具体分工如下：第一章由袁婷、赵金库、杨娟编写，第二章由杨娟、祖晓霞、杜丽洁编写，第三章由杜丽洁编写，第四章由李婧雯编写，第五章由朱代伟编写，第六章由杨娟编写，第七章由华旦扎西、杨娟、何光美编写，第八章由杨娟编写，全书由杨娟负责统稿、定稿。

　　本书在写作过程中，得到了很多人的支持和帮助，在此一并表示感谢。首先，感谢四川旅游学院陈云川副校长提出"大学教育要响应时代需求"这一观点。在获悉2020年7月6日人社部联合国家市场监管总局、国家统计局向社会发布了包括"互联网营销师"在内的9个新职业和"直播销售员"等5个工种后，陈云川副校长敏锐感知行业需要具有自媒体素养的人才，并于2020年7月批准"川藏旅游产业竞争力提升协同创新中心"，立项了"自媒体时代个人IP培育：理论与实践"课题，本书即是该项目的成果之一。本书的出版得到了"川藏旅游产业竞争力提升协同创新中心"的资助和支持。其次，感谢北京字节跳动科技有限公司的支持。2022年，北京字节跳动科技有限公司与四川旅游学院联合立项了两项教育部第一期供需对接就业育人项目——定向人才培养培训，该书的出版正是合作的产物。感谢撰写过程中家人、同事、朋友的帮助和支持，感谢我的学生——四川旅游学院朱思、程丹、张晓晨在书稿校对方面的辛勤付出，感谢清华大学出版社付潭娇编辑在文字校验上付出的大量心血以及定稿前给出的宝贵建议。为了丰富内容，本书借鉴了大量自媒体运营方面的书籍、文献、新闻资料，谨向这些资料的作者表示最诚挚的谢意。

　　由于编者的专业知识和能力有限，书中难免出现纰漏，恳切期待广大读者的批评指正，以便对本书进行进一步的修改、补充和完善。

编　者
2022年4月

目　录

第一章　移动互联网与数字内容产业 ……………………………… 1
 第一节　移动互联网时代 …………………………………………… 1
 第二节　数字内容产业 ……………………………………………… 4
 第三节　数字内容细分产业演变及市场运行现状 ………………… 6
 第四节　内容商业化的核心主体 …………………………………… 32

第二章　自媒体大背景下个人 IP 发展 ……………………………… 39
 第一节　自媒体时代与 IP 经济 …………………………………… 39
 第二节　个人 IP 崛起 ……………………………………………… 43
 第三节　塑造 IP 的渠道与平台 …………………………………… 49

第三章　个人 IP 策划 ………………………………………………… 62
 第一节　个人 IP 定位 ……………………………………………… 62
 第二节　个人 IP 账号策划 ………………………………………… 69
 第三节　IP 内容的三个层次 ……………………………………… 72
 第四节　组建高效的团队 …………………………………………… 75

第四章　图文类 IP 内容生产 ………………………………………… 79
 第一节　"爆款"图文内容特征 …………………………………… 79
 第二节　图文 IP 创作步骤 ………………………………………… 83
 第三节　图文 IP 创作技巧 ………………………………………… 93
 第四节　图文排版 …………………………………………………… 99

第五章　短视频 IP 内容生产 ………………………………………… 104
 第一节　优质短视频的五大要素 …………………………………… 104
 第二节　短视频脚本制作 …………………………………………… 106
 第三节　短视频制作：从拍摄到剪辑 ……………………………… 109

第四节　短视频热门平台实战 …………………………………………… 117

第六章　个人 IP 运营 …………………………………………………………… 120
　　第一节　增长黑客理论 …………………………………………………… 120
　　第二节　IP 运营 …………………………………………………………… 122
　　第三节　运营数据分析 …………………………………………………… 135
　　第四节　实战：不同平台 AARRR 运营策略 …………………………… 146

第七章　IP 运营变现和个人 IP 价值影响 ……………………………………… 170
　　第一节　IP 内容的变现逻辑 ……………………………………………… 170
　　第二节　主流变现方式 …………………………………………………… 171
　　第三节　个人 IP 价值影响 ………………………………………………… 175

第八章　自媒体时代个人 IP 发展趋势预测 …………………………………… 179
　　第一节　5G 对内容媒体的总体影响 ……………………………………… 179
　　第二节　内容载体的未来趋势 …………………………………………… 183

参考文献 …………………………………………………………………………… 195

第一章　移动互联网与数字内容产业

第一节　移动互联网时代

韩非子曰:"世异则事异,事异则备变。"移动互联网改变了 PC 互联网时代的商业规则、商业模式、商业理念和思维定势,使得社会、经济都产生了重大变化,使得创新、变革、创业、转型、进化成为时代的主题。这场大潮,"世异"已经开始,"事异"正在发生,需要提前备变。

> 扩展阅读 1-1
>
> 从 PC 互联网到移动互联网的发展历程

一、移动互联网本质

(一)碎片化

"碎片化"是指完整的统一物体或形态被分解成零零散散的过程或结果。移动互联网与传统互联网最大的不同在于对碎片化时间的利用。等车时用手机刷微博、刷微信,乘地铁时用 iPad 看短视频……在移动互联网时代,碎片化内容沿着不同的时间线散落在浩瀚的信息海洋,用户能在碎片时间中浏览各种信息,每一条碎片化信息都暗藏着每个消费者的个性化需求。移动互联网是一个碎片化市场,充满着各种各样的机会,谁能让消费者在碎片化时间里选择并喜欢自身内容,谁就能占有用户心智、赢得市场。

(二)移动化

移动互联网时代,数据流量爆发成为一大特色。智研咨询发布的《2021—2027 年中国移动互联网行业市场专项调研及投资趋势预测报告》显示,我国移动互联网流量规模呈高增长态势。

中国互联网络信息中心在 2021 年发布的《中国互联网络发展状况统计报告》显示,截至 2021 年 6 月,我国网民规模达 10.11 亿人,互联网普及率达 71.6%,手机网民规模达 10.07 亿人,形成了全球最为庞大、生机勃勃的数字社会。移动互联网爆炸式增长推动互联网社交应用移动化。其中,约 9.44 亿人看网络视频(含短视频)、8.88 亿人看短视频、6.38 亿人看直播,短视频、直播成为全民新的娱乐方式;8.12 亿人网购、4.69 亿人点外卖,全民的购物方式、餐饮方式正在发生悄然变化。随时在线是人们日常生活的写照。

(三)去中心化

去中心化(decentralization)指互联网发展过程中形成的社会关系形态和内容生产

形态，是相对于"中心化"而言的新型网络内容生产过程。移动互联网，尤其是移动社交网络的出现，本质上是一种由技术进步与门槛降低推进的民主进程，其带来的最为重要的影响是促进话语权的再分配。在移动互联网平台上，普通公众从以往大多只是被动的信息接收者角色，演变为更加积极主动的信息发布者、问题质疑者、社会监督者、活动动员者和决策参与者。

在 Web 2.0 时代，内容不再是由专业网站或特定人群所生产，而是由权级平等的全体网民共同参与、共同创造的结果。任何人都可以在网络上表达观点或创造内容，共同生产信息。例如微博、抖音等网络平台的诞生，使得生产内容更加简便，提升了网民参与积极性，降低了内容生产的门槛，最终每一个网民均成了一个微小且独立的信息提供商，使得互联网更加扁平、内容生产更加多元化。

扩展阅读 1-2

移动互联网特征

二、数字经济

（一）数字经济的重要性

数字经济是建立在数字技术基础上的生产、消费和交易等经济活动。根据工信部的统计数据，2020 年，我国数字经济规模已增长到 39.2 万亿元，数字经济占 GDP 比重提升至 38.6%。国务院印发《"十四五"数字经济发展规划》中提出，到 2025 年，数字经济迈向全面扩展期，数字经济核心产业增加值占 GDP 比重达到 10% 的发展目标。习近平总书记在致第四届世界互联网大会的贺信中指出："深化互联网与数字经济交流合作，让互联网发展成果更好造福世界各国人民。"国家互联网与数字经济持续快速发展，成为中国供给侧结构性改革的重要抓手和新旧动能转换的关键，是经济高质量发展的排头兵，与经济社会各领域融合的广度和深度不断拓展，为我国经济增长注入了新动能。未来，数字经济不是经济体的分支，数字经济就是经济体本身，会与各行业深度融合，是继过去 10 年的网络化、信息化时代下一个典型新经济业态。

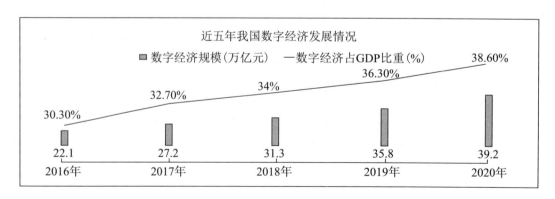

数据来源：中国信息通信研究院

图 1-1　2016—2020 年我国数字经济发展情况

（二）数字经济发展规律

1. 梅特卡夫法则

梅特卡夫法则是指网络价值随着用户数量的平方数增加而增加。网络信息门户网站上的资源被固定在门户网站上，浏览网页的人员越多，则此网页的价值就越大，相应均摊到的成本就越小，即数字经济的价值随着网络用户的增加而呈指数形式增长。

在数字经济中，数字产品可以很容易地被复制和传播，因此更多的用户可以通过比较低廉的成本获取产品，有效地增加了产品的累积增值性。与此同时，大数据的整合功能可以把零散而无序的大量资料、数据、信息按照使用者的要求进行加工、处理、分析、综合，从而形成有序的、高质量的信息资源，为经济决策提供科学依据，带来不断增加的报酬。

2. 摩尔定律

摩尔定律由英特尔创始人之一戈登·摩尔提出，由其衍生的新的摩尔定律则指互联网主机数和上网用户的人数的递增速度大约每半年就翻一番。

数字内容产品是指在数字经济的各种商业交易中，基于计算机数字编码的产品。它的成本主要由三部分构成：一是信息基础设施建设成本，二是信息传递成本，三是信息的收集、处理和制作成本。由于信息网络可以长期使用，并且其建设费用与信息传递成本及入网人数无关，所以前两部分的边际成本为零，平均成本都有明显递减趋势，只有第三种成本与入网人数相关，即入网人数越多，所需收集、处理、制作的信息也就越多，这部分成本就会随之增大，但其平均成本和边际成本都呈下降趋势。因此，信息网络的平均成本随着入网人数的增加而明显递减，其边际成本则随之缓慢递减，但网络的收益随入网人数的增加而同比例增加。

3. 达维多定律

达维多定律指的是，数字经济更注重创新，创新是经济发展的不竭动力，越来越多的基于数字技术和新的商业模式导致创新可以少投入，甚至是零投入，因此在数字经济下必须注重创新。

（三）信息传播的数字化特征

1. 全时空传播

传统媒体中，消费信息内容需要在专门的时间和场景中进行，而在 5G 时代，人们无时无刻不在进行信息的交换，这种历时性与共时性的同在，打破了传播的时间和空间制约。5G 时代，伴随式媒介、碎片化时间和多任务操作的信息消费行为就是"全时空传播"的场景化生态。

2. 全现实传播

早在 20 年前，计算机领域的科学家就已经提出虚拟现实的概念，但受限于当时的科技条件，虚拟全现实传播并未实现。5G 时代，4K 已经得到广泛应用，虚拟现实技术

（virtual reality，VR）、增强现实技术（augmented reality，AR）和混合现实技术（mixed reality，MR）等全息沉浸式交互技术，让人类和虚拟世界完全对接，现实与虚拟世界将打破界限，实现完全意义上的融合，元宇宙时代已然来临。

3. 全连接传播

5G时代的智能技术，包括云计算、区块链、物联网、人工智能等一切的人、物、资金、信息都将连接到一起。同时，5G中的一切环节、过程和时空节点也将连接到一起。人类社会的一切资源皆可数字化，并成为传输的数据。人类社会的所有传播都融入了网络化，各个要素之间都连接在一起，并且实现了超速和高效的交互。

4. 全媒体传播

5G时代是一个万物皆媒的时代。传统媒体将被无限放大，新兴智能媒体的所有节点将被打通，真正实现万物互联的场景。所以，在万物互联的场景中，一切人和物都将内化为信息传播和接受的节点，也就是媒介。因此，全媒体在这里指的不是传统意义上信息传播的中介，而是数据链接和传输服务的所有节点的总称。

扩展阅读1-3

什么是5G技术

第二节　数字内容产业

内容消费占据当代移动网民的大部分在线市场。抖音、快手凭借碎片化内容迅速崛起，以淘宝为代表的移动电商亦从以渠道属性为主的货架向内容电商转型，其内容蕴含着巨大的商业价值。

扩展阅读1-4

内容营销

一、内容产业概念与演进

（一）内容产业1.0时代

内容产业（content industry）早期并不被认为是一个独立的产业，那些制造、开发、包装和销售信息产品及其服务的企业，在产业门类上被认为是文化产业、出版产业、传媒产业、信息产业的组成部分，这是内容产业1.0时代——传统内容产业，内容主要作为生产要素，通过物质载体（图书等出版物）销售或者吸引注意力支撑传媒的广告经营。内容产业有多种相关概念，如"创意产业""版权产业""体验经济""注意力经济"等，这些概念叫法不同，但表达的理念相似，都体现了内容产业边界的模糊性。内容产业典型的概念起源及内涵如图1-2所示。

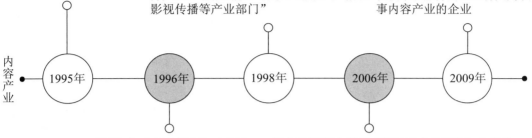

图1-2 内容产业的概念起源及内涵梳理

（二）内容产业 2.0 时代

随着信息技术和互联网的发展，数字化的信息内容逐渐产品化，可以进行加工和传播，由此产生内容产业 2.0 时代——数字内容产业，这一阶段主要是版权经济，传统的优质内容在互联网各种渠道上发行产生收入。数字内容产业又被称为"信息内容服务业"，广义上可理解为内容通过数字技术加工之后进行的生产与流通活动，它产生于数字技术、信息技术、互联网技术发展的基础上，融合了新闻出版、广播影视、音视频等多种媒体形态。

（三）内容产业 3.0 时代

随着移动互联网的发展，特别是社会化分发平台的出现和自媒体的崛起，内容逐渐摆脱媒介的束缚，成为流量的直接来源和依托，进入 3.0 时代——内容创业时代。2015 年被认为是内容创业元年，发展至今已经形成了繁荣的内容生态，内容的形态和边界得到了极大的拓展，内容的创造、生产、包装、分发、营销、评估、交易产业链条也日益明晰。

相比内容产业 1.0 时代、2.0 时代，内容创业时代一个突出的变化就是内容商业化（monetization），内容可以直接作为商业化经营的产品，内容创作者可以通过多种变现方式来获取收入。

扩展阅读 1-5

互联网内容生产三阶段

扩展阅读 1-6

"内容为王"还是"渠道为王"的争论

二、数字内容产业细分领域及特征

数字内容产业范围十分广泛，涵盖了网络游戏、动漫、在线音乐、网络视频、短视频、直播、数字阅读、新闻资讯App、在线教育、知识付费10个领域。根据细分领域偏娱乐或偏知识的属性可将其大致分为泛娱乐类、泛阅读类、泛教育类。数字内容产业的范畴并非一成不变，随着互联网和移动互联网技术的发展，智能互联产品层出不穷，创新商业模式不断出现，各细分领域的边界不断扩大、渗透，甚至被打破，各领域之间交叉融合，形成一个全新的数字内容产业网络。未来，产业格局还将进一步调整，通过重新融合或更专业化的划分形成新的产业链条，可能产生新的细分领域，持续保持产业竞争力。

图1-3标示数字内容属性的分化，但总体上还是呈现娱乐化的倾向。动漫、游戏、音乐、短视频、在线直播、基于算法推荐的新闻资讯等领域，已经成为网民（甚至是国民）精神文化消费的重要内容，自媒体更是借着互联网和移动互联网的大潮铺天盖地而来。撇开价值判断，"泛娱乐"已是这个时代的重要标签。

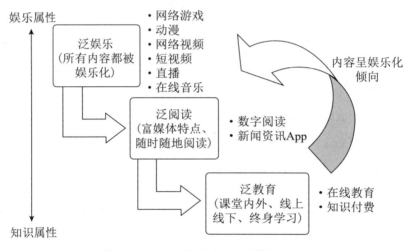

图1-3 数字内容产业细分领域及特征

第三节 数字内容细分产业演变及市场运行现状

一、网络游戏

（一）含义

网络游戏是指由软件程序和信息数据构成，以互联网、移动通信网为传输媒介，面向玩家提供的游戏产品和服务。网络游戏可以让玩家实现休闲娱乐、分享交流、获得成就感等多方面的精神需求，已经成为当代人重要的休闲娱乐方式之一。

（二）类型

按照网络游戏的类型，可分为五类：角色扮演、模拟策略、棋牌休闲、竞技冒险和社区互动。按照网络游戏终端的类型，可分为三类：电脑客户端游戏（端游）、网页游戏（页游）以及移动端游戏（手游）。

（三）网络游戏发展历程

我国的网络游戏始于 20 世纪八九十年代，其发展历程大致可分为红白机阶段、PC 单机游戏阶段、互联网游戏 PC 时代、PC 向移动游戏过渡时代（见图 1-4）。

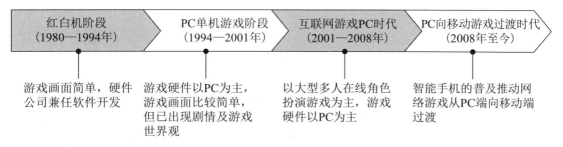

图 1-4　中国网络游戏发展历程

（四）市场运行现状

1. 游戏产业生态完善

中国游戏市场经过多年的发展，产业生态逐渐成熟。数字基础设施方面，5G、云服务、支付工具和终端设备等在更大范围内普及，为游戏产业的发展创造了良好的条件，创意来源、研发与发行商以及流量渠道，成为游戏产业生态的主角。游戏产业图谱如图 1-5 所示。

扩展阅读 1-7

IP 改编游戏案例

图 1-5　游戏产业生态图谱

伴随着国内流量渠道逐渐触及天花板，流量成本越来越高，游戏厂商为精品付出的高额研发成本和推广成本都需尽快回收。

2. 行业增速放缓，网络游戏将进入精品化、精细化发展阶段

2019年以后，无论是移动游戏市场规模还是用户数量，增速都出现明显的放缓。游戏行业从增量市场进入存量阶段，野蛮生长、粗放式经营的发展模式逐渐走下历史舞台，取而代之的是精细化运营。2008—2020年中国移动游戏市场规模如图1-6所示。

图1-6　2008—2020年中国移动游戏市场规模

（1）在政策调控的影响下，网络游戏版号获取难度加大，产品研发能力较强、发行资源丰富、资金储备充实的头部企业优势明显。

（2）网络游戏经过多年的发展和激烈的竞争，市场增量空间有限，存量竞争加剧，网络游戏企业更加关注细分用户的需求。

扩展阅读1-8

游戏行业呈现"两超多强"格局

3. 短视频成为游戏信息集散中心

随着内容视频化趋势的发展，短视频渗透率越来越高，内容丰富度的提升让更多拥有广泛兴趣的用户能够在短视频平台上看到自己喜欢的内容。游戏内容作为短视频内容生态的重要组成部分，也吸引了大量的游戏用户。

4. 监管引导下，游戏行业更加合规

从2016年《关于移动出版服务管理的通知》规范移动游戏出版服务秩序，要求移动游戏出版运营前需获得版号开始，到2018年《关于严格规范网络游戏市场管理的意见》、2019年《关于防止未成年人沉迷网络游戏的通知》、2020年《网络游戏适龄提示》和2021年《游戏评审评分细节》《关于进一步严格管理切实防止未成年人沉迷网络游戏的通知》《网络游戏行业沉迷自律公约》等，游戏行业规范化持续推进。

扩展阅读1-9

MMORPG游戏的介绍

从政策方向上看，建立行业准入标准，要从限制低质量游戏上线和保护未成年人权益上做出更多的努力。整体而言，监管的引导将使行业更趋于合规化。

（五）未来发展趋势

1. 游戏进入元宇宙时代

游戏是内容产业的细分领域，也是虚拟世界（metaverse）全新宇宙中经济、文化、艺术、社区、治理等的缩影。从技术成熟度、用户匹配度、内容适配性等多维因素考量，游戏是极佳的探索元宇宙的切入方式。

元宇宙是整合多种新技术产生的下一代互联网应用和社会形态，它基于扩展现实技术和数字孪生实现时空拓展性，基于 AI 和物联网实现虚拟人、自然人和元宇宙既需要硬件、网络层、计算力等技术基石，也需要内容服务、资产、消费者行为等软实力。

扩展阅读 1-10

Roblox 平台通向元宇宙的 8 大关键特征

2. 游戏进入云游戏

云游戏是通过云端服务器进行运算为前提衍生的新兴游戏类别，具有跨终端、低硬件要求、云游戏玩家投入成本低等特征，是最贴近元宇宙的内容形态之一。

随着 5G 高速网络和云计算的发展，云游戏发展进程加快。复杂的图形渲染和逻辑运算将通过云端的超级计算机运行，并通过 5G 高速无线网络传输到设备终端，云游戏摆脱终端限制，具有免配置、免下载、跨终端的特点。预计 2023 年中国云游戏用户将达到 6.41 亿，中国云游戏市场规模将达到 986.4 亿元。

3. 进入用户原创内容（user generated content，UGC）创作时代

当前，主流的游戏开发模式为专业生产内容（professional generated content，PGC），UGC 内容生产模式的本质是由玩家自行开发玩法模式以及游戏世界，降低游戏开发门槛并丰富游戏内容与生态。不同的游戏内容创作模式对比如表 1-1 所示。

扩展阅读 1-11

TapTap 良性生态游戏圈打造平台稀缺性

Roblox 是全球 UGC 游戏创作平台及互动社区，由客户端、创作平台及云架构三大组件构成生态闭环。它通过游戏引擎与游戏云为开发者提供实用且易用的创作工具，协助产出新颖的内容及场景。Roblox Studio 为允许开发者及创造者构建、发行以及运行 3D 内容的工具集，通过实时社交体验开发环境，降低编程门槛，同时也提供了丰富的素材选择和自由的创作空间，降低了创作门槛，提高了创作自由度。此外，作者对游戏作品拥有一定所有权。截至 2020 年年底，Roblox 已拥有来自全球 170 个国家和地区超过 800 万的开发者与内容创作者，运行超过 4 000 万款游戏，包括 Adopt Me，Royale High，Welcome to Bloxburg 等热门游戏，Roblox 已成为全球最大的多人在线创作游戏平台。

表 1-1 不同游戏内容创作模式对比

	UGC 模式	PGC 模式
开发工具	门槛低，易上手	门槛高，需专门学习
成品质量	相对粗糙，以创意和玩法取胜	高，画面建模更精细
开发者	数量多	数量较少，限游戏行业专业人员

续表

	UGC 模式	PGC 模式
成本	低	较高
建模	使用封装化建模	需单独建模
内容风险	低	高

4. 游戏进入 IP 定制时代

游戏开发者借助发行方的 IP 孵化和运营能力打造热点 IP，这一套发行方从 IP 孵化阶段就开始参与的模式就是"IP 定制"。

成熟的 IP 除了为游戏带来流量和玩法设计思路之外，也在一定程度上降低游戏上线后面临的市场风险，凭借用户对 IP 的情感来大幅提升游戏的市场接受度。国内 IP 改编游戏相对于海外发达市场而言，仍有较大的增长潜力。对于游戏开发者而言，找到契合的 IP，并且能够在可承受的成本范围内获得 IP 的授权，仍然是一件很具有挑战性的事情。

从游戏发行的角度看，发行商手握大量的行业数据和渠道资源，他们通过数据分析能够及时捕捉到行业热点，并以此来指导 IP 的孵化和运营。以 Ohayoo 为例，背靠抖音的流量池，Ohayoo 不仅拥有对 IP 市场热度和趋势的把控力，同时也具备 IP 孵化和长效运营的能力。

二、动漫

（一）含义

动漫属于创意产业，以动画、漫画、游戏为核心，包括所有采用漫画和动画元素制作生产的作品和产品，其通过品牌、形象和衍生产品打造的巨大产业链，涵盖艺术、科技、传媒、出版、商业与制造等多个行业。动漫产业具有消费群体广、市场需求大、产品生命周期长、高附加值、高国际化等特点。

（二）类型

动漫按题材可以分为推理、言情、动作、战争、后宫、历史、悬疑、科幻等多种类型；按播放平台则可以分为电视动画、剧场动画、原始光盘动画、网络动画四类。

（三）动漫发展历程

我国的动漫从 2006 年进入探索期以来，市场接受度不断提升。它的发展历程大致可以分为探索期、市场启动期、高速发展期和应用成熟期四个阶段，如图 1-7 所示。

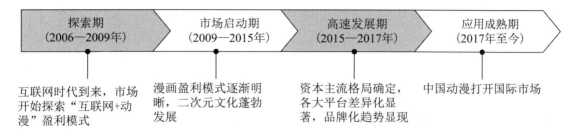

图 1-7 中国动漫发展历程

（四）市场运行现状

在"十三五"时期，我国动漫产业取得新一轮发展，市场规模呈持续扩大态势。2020年，我国动漫产业产值达到 2 500 亿元左右。2020 年泛二次元用户规模突破 4 亿人，有望 3 年后突破 5 亿人。

扩展阅读 1-12

泛二次元用户的含义

（五）未来发展趋势

我国动漫产业在用户付费和衍生品授权方面的营收有较大增长空间，发展趋势主要表现在以下四个方面。

1. 用户对优质动漫需求强烈

我国动漫的消费群体以年轻人为主，动漫精品意识已逐渐觉醒，用户对优质动漫内容的需求强烈，用户付费转化率还有较大的提升空间。

扩展阅读 1-13

一禅小和尚：风雨里做个大人，阳光下做个小孩

2. 资本关注原创内容制作类企业

从动漫领域的投资动向来看，资本更关注原创内容制作类企业。这些企业将获得更多的资金支持去进行原创 IP 的开发，构建自己的 IP 品牌，提升动漫内容制作的质量。与此同时，产品品质较低的企业则更难获得资金支持，从而被淘汰，这也倒逼动漫企业进行战略升级，有利于形成更高效稳定的市场体系。

3. 国漫迎来发展契机

国家在政策层面积极扶持动漫产业，国漫迎来发展契机。一直以来，国漫以低幼化、品牌竞争力不足而广受诟病，随着政策对其优质内容的扶持力度加强，资金将更多流向商业模式成熟、投资回报率高的企业，这有利于企业重拾行业信心，促使行业逐渐走出"劣币驱逐良币"的发展阶段，促进行业健康发展。

4. 动漫游戏企业角色转换

动漫游戏企业的主要角色和功能将体现为动漫创意孵化器和动漫形象转化器。一方面，企业借助网络连接创意团队和个人，把原生态创意培育成产品和商品，即做强 IP，提升价值；另一方面，将动漫游戏产品中的形象和创意通过授权和设计，转化为可供消费的产品和商品，即做大 IP，放大价值。

三、网络视频

（一）含义

网络视频是指由网络视频服务商提供的以流媒体为播放格式，可以在线直播或点播的声像文件，其主要来源于用户自主上传原创内容、向专业影像生产机构和代理机构购买版权内容，以及网络视频企业自制内容。

（二）类型

按视频内容的来源，网络视频大致可以分为用户原创内容视频、专业生产内容视频、网络视频企业自制内容三大类。网络视频以影视、综艺、电视剧、网剧等类型为主。

（三）网络视频发展历程

中国网络视频的发展始于2004年，目前已经步入成熟期。网络视频的发展阶段大致可以分为萌芽期、发展期和成熟期，如图1-8所示。

图1-8　中国网络视频发展历程

（四）市场运行现状

1. 市场规模已超千亿元且增长迅速，用户规模庞大但增长缓慢

《中国互联网发展报告（2021）》显示，2020年，我国网络视频活跃用户规模达到10.01亿，网络音频娱乐市场活跃用户规模达到8.17亿，同比分别增长2.14%、7.22%，中国网络视频市场规模达到2412亿元，同比增长44%。

网络视频用户规模已占整体网民规模的四分之三左右，网民渗透率较高，增长空间有限。近两年网络视频用户规模增速保持在个位数，增长相对缓慢。

2. 综合视频付费营收占比逐年提升，内容价值日益凸显

我国网络视频已经走过了劣质搬运的阶段，进入优质原创内容发展时期。广告不再是在线视频市场的第一收入来源，越来越多的企业将凭借优质内容或服务获得更多用户、流量以及收入，视频网站正在从"唯流量论""唯点击量论"回归到"内容为王"，依靠优质视频吸引用户成为网络视频新的发展突破点。2018年，优酷土豆、爱奇艺、腾讯视频自制剧数量首次逼近或超越版权剧。发力优质影视内容建设，利用头部内容引流，已经成为综合视频平台扩大会员规模的重要方式。例如，独播剧《延禧攻略》为爱奇艺带来了 1 200 万人的会员新增量，约 7 200 万元的单月营收；《如懿传》为腾讯视频带来 700 万名付费会员，单月会员费收入高达 1.4 亿元。

我国网络视频用户为优质节目付费的意愿强烈，中国报告网数据预测，长期来看，网络视频付费转化率将达 30%～40%，随着更多符合年轻用户群体喜好的节目涌现，网络视频付费市场规模将继续增长。

3. 整体市场集中度适中，综合视频呈现"爱腾优"三寡头格局

随着用户规模的迅速扩大，网络视频平台间的竞争日趋激烈。从头部企业营收占比来看，网络视频领域整体的市场集中度适中，市场上企业数量众多，有一定的寡占形式，但还未达到高度垄断的程度，腰部及尾部企业仍有发展的空间。目前，从用户活跃度来看，综合类视频 App 的用户活跃数较大，该市场已形成以爱奇艺、腾讯视频、优酷土豆为第一梯队的整体格局。例如，截至 2020 年 6 月末，爱奇艺和腾讯视频的用户活跃数分别达到了 6.24 亿人和 5.3 亿人。

（五）未来发展趋势

1. 付费视频成为主流，创新性优质内容将成核心竞争资源

我国网络视频用户规模庞大，2021 年《中国互联网络发展状况统计报告》显示，我国网民渗透率已接近 75%，市场已进入存量竞争阶段，现存的市场参与者需要精耕细作，依靠具有创新性、高质量的内容创作来满足用户日益增长的需求。随着越来越多的用户愿意为优质内容买单，视频付费已经成为必然趋势，付费的用户对内容的要求也将越来越高。

2. 5G ＋音视频合力提升用户视听体验

顶层政策布局为视频发展创造机遇

2020 年，国家广电总局深化供给侧结构性改革，打造"5G 高新视频"概念，虚拟现实技术、超高清视频技术、互动视频技术将进一步突破，需求端对于音视频技术、互动性、创新型等提出更高要求。5G 以超越 4G 至少 10 倍的峰值速率、毫秒级的传输时延和千亿级的连接能力，深度融合人工智能、虚拟和增强现实等先进技术，成为基础性的生产力，颠覆并重构网络传输、内容生产及终端接收各个环节，带来信息传播更极致的交互体验。5G 时代，视频将向更实时、高清、沉浸、交互的方向发展。

1）超高清视频流传输

5G 网络可以有针对性地解决超高清视频大数据量传输的痛点。4G 网络带宽有限，4K/8K 视频传输和在线播放无法取得预期效果，用户在观看视频时常常会受到播放卡顿、花屏或视频分辨率自动降低等因素的影响。而 5G 更快的传输速率和更大的网络容量将解决这一问题，用户在下载和观看时都能获得更好的体验，超高清视频或成为 5G 视频标配。

除了视频画面清晰度大幅提升外，5G 能够为超高清视频提供稳定的实时传输能力，也就是说，5G 高带宽、低时延的优势将能同时实现超高清视频的移动化和实时播放，超高清视频直播业务迎来广阔应用前景。2022 年，北京冬运会全部采用 4K 超高清信号制作，在所有项目上完全使用 UHD ＋ KDP 制作，并首次对特权转播商提供 8K 公共信号，对开闭幕式、花样滑冰、短道速滑、跳台滑雪比赛等进行 8K 制作或直播。

2）沉浸式互动体验

VR/AR/MR 将在 5G 技术支持下释放全部潜能。高质量的 VR/AR/MR 体验对网络传输能力和网络时延要求极为苛刻，4G 环境下，互动装置具有渲染能力不足、互动体验不强、终端移动性差等缺点，5G 的到来将弥补 VR/AR/MR 的应用短板。一是因其具有高带宽、低时延的特性，意味着单位传输量大幅提升，能够提高虚拟世界与真实世界的交互效率，保障 VR/AR/MR 的业务体验；二是 5G 支持下的边缘计算及云计算技术，能解决 VR/AR/MR 用户端依赖高性能计算硬件设备的问题，保证人们可以在易携带、高性能的终端设备上享受 AR/VR/MR 内容，实现无绳化、轻量化，以全新的方式在生活和工作中与虚拟世界交互。

5G 与 VR 或 AR 结合使用，为视频体验带来许多新的可能。5G ＋ 360°VR 实时全景视频可以开启"上帝视角"，让每一名用户都可以自主选择观看角度、画面和具体内容，如在体育比赛或活动直播中锁定自己喜欢的人物来观看。此外，5G 可赋能全息技术，异地同步的 5G ＋ VR 直播视频，让不同地点的用户置身同一时空环境，同时在远程互动教学、会议、医疗等诸多场景中也可广泛使用。2020 年 4 月 15 日，中央广播电视总台央视频 5G 新媒体平台联合中国电信推出"珠峰十二时辰"系列慢直播，依托中国电信"5G ＋云网"技术，通过 4K 高清画面和 VR 视角，首次向全国观众 360 度全景呈现珠峰 24 小时实时景观变化，万千网民足不出户就身临其境地欣赏到珠峰的壮美与险峻。另有研究表明，5G 将有利于触觉反馈装备的研发和使用，将为 AR/VR/MR 视频增加新的感知维度，进一步升级娱乐体验。

爱立信公司的消费者调查报告指出，5G 时代消费者除每周在家之外，会多花 3 个小时在移动设备上观看视频，其中三分之一的时间将使用 VR/AR 眼镜，且在全球范围内，有 50% 的消费者认为到 2025 年，所有人都将佩戴 AR 眼镜。

3）内容生态"超视频化"

5G 与物联网、人工智能等新技术将共同驱动一个泛媒介、泛视频的时代，5G 技术上的优势强势改变着视频的传播生态和内容格局，视频将成为社会主要表达方式，占据内容传播的主力位置。5G 与 4G 相比最重要的进化在于推动世界进入万物互联时代。基于多用户共享接入等 5G 核心技术，低成本、低功耗的 5G 海量连接得以实现。

5G 连接数密度达到 100 万个 / 平方公里。高强度的万物互联，让人们可以利用各种设备作为互联网的接口与虚拟世界连接，做到无所不传，也有望让视频深入垂直行业，如智慧城市、智慧医疗、智慧农业等，成为信息记录、传输交互的新载体，令万物"视"联走进现实，丰富视频使用场景。另外，5G 与 4K/8K、AR/VR、AI 等技术融合，动作捕捉、实时互动、虚拟人物等新视频技术加速迭代渗透，将催生更多样的视频内容形态，极大地丰富人们的工作生活、娱乐体验。专家预测，5G 将会影响所有的移动互联网应用业务朝着"视频流"化趋势发展，包括虚拟现实等类型的"超视频化"方向。

VR/AR/MR 将是 5G 时代内容生态"超视频化"的鲜明表现，不同的超视频形态将在不同阶段和领域发挥独特价值，总体上表现为 5G 商用中短期内与短视频有更多融合，中长期与长视频有更多结合点。在时长上，超视频类作品容量一定时期内仍以短视频方式呈现，5G 将推动 VR、AR 短视频创作生产质量提升和内容繁荣。在成本上，高质量 VR 视频具有全视角转换和多种互动功能，在拍摄时需要特殊布景和特别的后期剪辑，相比传统视频生产，这种类型的视频极大地增加了制作成本。相比拍摄现实世界的"三次元"内容，以动漫为代表的二次元类 VR 内容制作成本要低很多，二次元 VR 可能在 5G 时代率先兴起，将提升短视频平台上的"二次元化"内容占比。随着 5G 的中长期发展，VR 和 MR 将与长视频有更多深度结合。为迎接未来，运营商、媒体和视频平台纷纷试图抢占先机，开展"5G ＋视频"战略布局。

四、短视频

（一）含义

短视频是指播放时长在 5 分钟以下，基于 PC 端和移动端传播的视频内容形式。其"短平快"的特点符合当下用户的消费习惯，能满足人们碎片化的娱乐需求。短视频已经成为移动互联网行业发展速度最快的赛道之一。

（二）类型

从现阶段的短视频应用发展来看，短视频平台可以分为独立平台和综合平台两类。严格来说，短视频也是网络视频的一种，但行业通常以时长来划分短视频和网络视频。短视频是数字内容产业中比较热门的细分领域，备受市场关注，将短视频单独作为一个细分领域进行分析。

（三）短视频发展历程

我国短视频领域在经历萌芽期、成长期和爆发期之后，现已进入成熟期，如图 1-9 所示。短视频在多元化发展的同时也变得越来越精细，内容也越来越有价值。

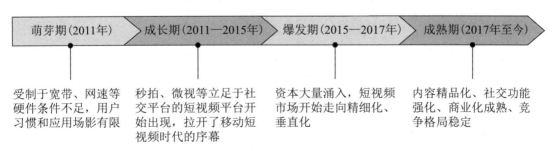

图 1-9　中国短视频发展历程

（四）市场运行现状

1. 市场规模和用户规模增长迅速，并将继续增长

短视频已成为碎片化娱乐时代的主要内容载体，它与资讯、社交、音乐、电商等多领域交叉渗透，正在成为一种越来越普遍的互联网生活方式。随着短视频平台开放大量的商业化机会，流量变现将进一步拓展其市场空间。

截至2020年12月，抖音短视频和快手活跃用户规模占整体的54.4%，稳居行业第一梯队；字节跳动旗下的西瓜视频、抖音火山版和腾讯旗下的微视处于第二梯队，活跃用户规模占31.6%；百度旗下的好看视频、爱奇艺随刻、刷宝等短视频App处于第三梯队，活跃用户规模占7.7%。另据统计，2021年6月，日活跃用户占短视频行业的52.18%，前三名短视频平台日活跃用户年占比为66.51%，前五名短视频平台日活跃用户占比超过80%，行业市场集中度极高。

2. 多频道网络（multi-channel network，MCN）机构数量快速增长，近一半尚未盈利

近几年，国内MCN机构快速崛起，部分机构收入暴增，但从已披露的信息来看，2021年这一趋势开始反转——已有多家知名MCN机构业绩由增长转为下滑，甚至陷入亏损。不论是相关管理规定的出台，还是主播的税务风波，似乎都在揭示，当前MCN机构（网红经纪机构）的经营环境正在发生变化。从更直观的财务数据来看，部分头部MCN机构在经历高速发展后，收入规模徘徊不前，利润则出现下滑甚至亏损。

3. 短视频变现以广告、电商以及IP运营为主

短视频与其他细分领域有所不同，它对用户来说基本无观赏门槛和增值服务，因此并不以用户付费作为营收来源，而是通过流量实现变现。短视频变现模式多元，如营销植入、用户打赏、品牌推广、电商导流、打造网红和意见领袖（key opinion leader，KOL）带货等，总体来看主要有广告、电商、IP运营三种模式。

短视频广告是以信息流的形式在普通短视频中穿插广告视频，或者在短视频中植入广告品牌。短视频用户规模庞大、用户沉浸度较高，相较于图文往往有更好的转化效果。据淘宝统计，短视频商品的购买转化率比传统的图文展示商品高出20%。其模式是商家通过短视频推广商品，用户点击即可购买。典型的是网红带货模式，如李佳琦通过抖音直播5分钟卖出15 000支口红。但此种模式也存在较大的弊端，如流量作假、网红带货"三无产品"等乱象层出不穷，行业监管需进一步加强。

（五）未来发展趋势

1. 互联网用户需求不断增加

短视频已成为网络用户重要的娱乐方式。互联网用户投入更多时间观看短视频，对短视频内容制作市场产生庞大需求。

2. 网络平台支持

由于短视频能吸引大量观众，从而产生变现机会，主要网络平台不断提供财务补贴

及用户流量，以刺激优质短视频的制作。

3. 专业内容制作者参与

鉴于短视频的流行及高营销效率，更多的人才进入短视频内容制作市场，从而提高了短视频整体质量及吸引力。

4. 短视频内容制作的价值链成熟

短视频内容制作市场已发展出成熟的价值链，尤其是 MCN 的出现，由概念开发规划至内容制作，为短视频内容制作者提供综合帮扶及专业支持，并进一步物色合适的广告主及网络平台资源。

五、直播

（一）含义

直播是指通过互联网进行的直播，即网络直播。网络直播建立在通信技术升级、智能设备普及的基础上，是一种即时同步的内容展现方式。它比文字、图片、语音更为生动且更具时效性，是一种非常高效的通过 UGC、PGC 内容吸引流量并快速变现的方式。

（二）类型

网络直播涉及领域广泛、内容丰富，用户选择范围较多。网络直播分为电商直播、秀场直播、泛娱乐直播、游戏直播、企业直播和"直播+"等垂直领域。

扩展阅读 1-15

直播内容、准备工作以及注意事项

（三）直播发展历程

直播在我国的发展从起步到爆发不过短短十余年时间，却已经历了起步期、发展期、爆发期三个阶段（见图 1-10）。

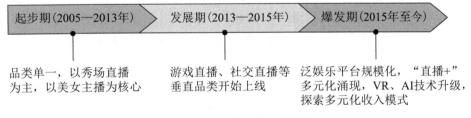

图 1-10　中国直播发展历程

（四）市场运行现状

1. 直播电商市场增长广阔

2019 年以来，直播"带货"迎来爆发式发展，"口红一哥""直播一姐"逐渐为人们所熟知。他们从"草根"成长为"带货"达人，一时间成为人们热议的话题，众多明星和企业家也涌入直播"带货"大潮。据中国互联网络信息中心数据显示,截至2021年6月,中国网络直播用户规模达6.38亿,占网民整体的63.1%,其中电商直播用户规模为3.84亿,直播电商用户占直播、电商和短视频用户比例分别为60%、47%和43%,占网民整体的38.0%。公开数据显示(见图1-11),2021年中国直播电商交易规模超过2万亿元,年增速将达195%,直播成为商家营销的新标配。

图1-11 中国直播电商市场规模趋势

(资料来源:艾瑞咨询)

2. "下沉""出海",直播企业开拓新市场

目前,国内直播市场的一二线城市用户已接近饱和,平台竞争日趋白热化,为了获取更多新用户,下沉到三四线及以下城市市场、直播"出海"成为众多直播企业的新选择。

扩展阅读1-16

直播-互联网中的信任营销

近年来,各大企业、平台都聚焦于一二线城市,直播平台之间的竞争也越来越激烈,随着一二线城市用户的饱和,平台的获客成本越来越高,一二线直播市场临近"天花板"。在一二线城市用户红利逐渐消失的今天,三四线及以下城市的庞大用户基数越来越受到重视。快手、拼多多在低线城市和农村的成功已经证明了下沉市场的用户需求和消费潜力,下沉市场已成为亟须扩大用户规模的企业的必争之地。认识到这一点之后,天鸽互动在三四线城市已先下手为强,KK直播也发力开拓三四线城市的市场,包括从内容上迎合下沉市场人群的口味和兴趣等。

3. 头部平台占据约一半市场份额,市场集中度缓降

中国网络直播平台整体竞争格局较为分散,以斗鱼直播、虎牙直播、YY直播"三足鼎立"占据中国网络直播行业半壁江山,映客直播、花椒直播、一直播、企鹅电竞、快手、直播伴侣等直播平台平分剩余市场份额。

从头部企业营收占比来看,直播领域市场集中度适中,市场上企业数量众多,有一

定的寡占形式，但还未达到高度垄断的程度，腰部及尾部企业仍有发展的空间。随着直播领域竞争日趋激烈，直播业务呈现多元化发展，直播企业也在积极探索下沉市场和海外市场，这促使新的竞争对手陆续进场。预计未来几年，随着头部格局逐渐稳固，用户、公会和主播将进一步聚集在头部直播平台上，加之监管更加严格，小企业将难以通过打"擦边球"获利，直播头部平台的"话语权"将进一步增强，市场集中度也将得以回升。

4. 国家出台支持类和限制类政策支持并约束网络直播平台发展

为使网络直播行业健康稳定发展，国家出台相关政策，从多方面限制并支持网络直播行业运作。表1-2为国家2021年出台的部分网络直播行业发展的相关政策。

表1-2　2021年中国网络直播行业出台的相关政策

中国网络直播行业发展相关政策分析（2021年3月至2021年9月）

政策名称	颁布日期	颁布主体	政策要点	政策性质
《关于加强网络文明建设的意见》	2021-09	中共中央办公厅、国务院办公厅	• 指出要加强网络空间文化培育，加强网络空间道德建设 • 明确要加强网络空间行为规范，加强网络空间生态治理	支持类
《5G应用"扬帆"行动计划（2021—2023年）》	2021-07	工信部、中央网络安全和信息化委员会办公室、财政部、教育部、国家发展和改革委员会等	打造IT（信息技术）、CT（通信技术）、OT（运营技术）深度融合新生态，实现重点领域5G应用深度和广度双突破，构建技术产业和标准体系双支柱，网络、平台、安全等基础能力进一步提升	支持类
《网络直播营销管理办法（试行）》	2021-04	国家互联网信息办公室、公安部、商务部、文化和旅游部、国家税务总局、国家市场监督管理总局、国家广播电视总局	• 规定直播营销平台应当加强直播间内链接、二维码等跳转服务的信息安全管理，防范信息安全风险 • 规定直播营销平台不得为直播间运营者、直播营销人员虚假或者引人误解的商业宣传提供帮助、便利条件	限制类
《上海市推进直播电商高质量发展三年行动计划（2021—2023）》	2021-04	上海市商务委、市经济信息化委、市文旅局、市市场监管局、市网信办	提出打造一批具有全球影响力的直播活动，推出一批体现上海商业特色和世界级商圈商街风采的潮流直播地标	支持类
《常见类型移动互联网应用程序必要个人信息范围规定》	2021-03	国家互联网信息办公室、工业和信息化部、公安部、国家市场监督管理总局	明确移动互联网应用程序（App）运营者不得因用户不同意收集非必要个人信息，而拒绝用户使用App基本功能服务	限制类

来源：国家互联网信息办公室、公安部、商务部、文化和旅游部、国家税务总局、国家市场监督管理总局、国家广播电视总局、头豹研究院

（五）未来发展趋势

1. 直播将回归理性和稳定发展，探索多元化发展方向

随着直播市场逐渐回归理性和稳定发展，为持续开拓新市场，直播企业开始探索多

元化发展方向，主要表现在以下三个方面。

1）积极探索新兴市场

目前，国内三四线及以下城市用户基数庞大，相比于一二线城市用户用于网上娱乐的时间较多，处于待开发的蓝海市场；直播"出海"的方向主要为东南亚、亚洲、非洲等广阔的国际市场。

2）探索多元化的产品模式

在当前融合发展的趋势下，单一的媒介形式已经无法满足用户多元化的信息获取和传播需求，"图文＋音视频""直播＋短视频"的传播方式越来越受欢迎。直播由于具备时效性和互动性强等优点，不会被短视频替代，反而因其较强的变现能力，被越来越多的短视频平台所关注。抖音、快手等短视频平台纷纷推出直播功能，就是看中了直播带来的稳定现金流。

3）探索多元化的经营方式

归根结底，直播仅仅是一种信息内容的传播方式，内容仍是核心，"直播＋"模式可以为垂直领域提供更高效便捷的内容传播和交流渠道，如"直播＋游戏""直播＋电商""直播＋旅游""直播＋体育""直播＋音乐"等。这些打破边界的创新商业模式，面向的用户一般是对应领域的精准用户，用户忠诚度比较高，用户黏性强，实现付费转化的可能性也就更高。

2. VR直播开启3D沉浸模式

常规的VR直播受限于360°视角，需要把大量带宽耗费在非主视角180°空间上，留给再创作的空间变小。5G时代亟须一种突破性跨时代的影像传输方式，给予创造者更大空间。商务用户需要定制化VR直播策划、三维场景搭建，同步在线直播，满足商业宣传的需求。个人用户需满足单人3D沉浸模式＋多人交互模式的双模式，满足用户可在VR一体机中独立使用GVR"第二现场"应用程序。在5G高速网络覆盖下，可以超越于现在传播直播的样态，进行多路信号的转播，让用户自己选择视角和画面，也可以同时观看多路视频信号，给用户更大的自由选择空间。

六、在线音乐

"音乐由一种古老的艺术形式，逐渐变成了一种数字资产，在进行数字化升级改造后，音乐版权生产的新模式将会遇到两个新的机会点，一是AI音乐互动式创作，二是关于区块链在版权存证上的应用。"

——周倩　HIFIVE创始人＆CEO

（一）含义

在线音乐又叫网络音乐，是以数字格式存储并可以通过网络来传输的音乐，即以数字形式制作、存储、复制、传输的非物质形态音乐。

（二）类型

根据不同的技术服务特点，在线音乐可以分为下载音乐和流媒体音乐两大类。

（三）在线音乐发展历程

中国在线音乐从免费试听到产业链生态建立，一步步走向发展的高峰。回首中国在线音乐20年的发展历程，中国在线音乐可以大致分为起步阶段、高速发展阶段、成熟稳定阶段和大局初定阶段（见图1-12）。

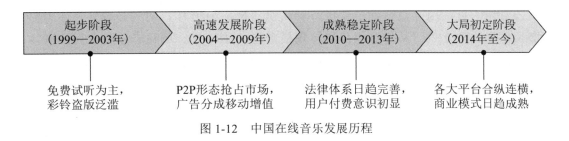

图1-12 中国在线音乐发展历程

（四）市场运行现状

1. 市场规模增长迅速，用户基数庞大但增长缓慢

在线音乐服务变现方式主要包括会员订阅、数字专辑销售、广告服务及授权业务。中国在线音乐服务的市场规模由2017年的42亿元增加至2020年的128亿元，年均复合增长率为44.98%，预期2022年将达242亿元。促进市场增长的主要因素是会员付费比率快速上升。同时，每名用户的月均支付金额已由2016年的8元稳定增加至2020年的9元，预期将进一步增加。不过，与2020年美国40%的会员付费比率相比，中国依然有巨大的增长空间。

除消费优质音乐及音乐衍生内容外，年轻用户因为对与他人互动及表达自我有更高需求，拥有更高的变现潜力，刺激了在线音乐娱乐服务社交网络功能的创新和发展，引领行业迈入下一个阶段。虽然用户基数较大，但近年来用户增速均保持在个位数，增长缓慢。

2. 付费转化率偏低，音乐付费习惯正在养成

目前，国内音乐平台还处于"圈用户"阶段，头部音乐平台通过互通版权、扩大音乐版权库抢占用户，用户对单一音乐平台的黏性不够强，很容易流失。在此情况下，国内音乐平台不敢贸然像国外音乐平台Spotify那样插播广告伤害用户的听歌体验，也不敢对版权音乐过多设置收费模式。目前，音乐平台上大量正版音乐仍能免费收听和下载，这导致在线音乐的付费转化率整体偏低，国内音乐平台往往依靠其他娱乐类音乐业务获得收入。以腾讯音乐为例，2018年，其音乐直播和K歌营收占其总营收的71%，会员订阅营收仅占13.5%。网易云音乐在线音乐付费率14.9%。可见，用户付费方面的价值还有待挖掘。

3. 竞争逐步向头部平台集中，腾讯系占据超八成市场份额

我国在线音乐市场现在已形成腾讯系音乐平台占据大部分市场份额，遥遥领先于其他音乐平台的竞争格局。从上市时间来看，2018年12月12日，腾讯音乐在纽约证券交易所上市，成为我国在线音乐上市第一股。而网易云音乐在2021年12月以"云敲锣"方式在香港联交所挂牌上市。从发展历程来看，腾讯音乐的发展更早，体系更加庞大。从在线音乐软件月活用户数量来看，腾讯音乐的用户基础远大于网易云音乐。数据显示：2020年，腾讯音乐的月活用户数达到了6.44亿人；网易云音乐的月活用户数量为1.81亿人。但从用户增长情况来看，腾讯音乐的用户数量在2020年有一定的下降，而网易云音乐的月活用户数量则一直保持着高速增长。2020年，网易云音乐月活用户数量增长幅度达到23%。从付费用户群体规模来看，2020年，腾讯音乐付费用户群体是网易云音乐的3.5倍，但两者的付费用户数量都处于快速增长时期。

（五）未来发展趋势

2020年，我国在线音乐用户规模高达6.58亿人，但付费转化率低且增长缓慢。未来，随着用户付费听音乐习惯的养成和优质音乐作品的出现，付费转化率将继续提升，并且依托于庞大的用户规模，音乐付费市场会继续扩大，围绕音乐打造多元化付费生态逐渐成为趋势。

当前，大多在线音乐平台以音乐为核心，依靠音乐聚集大量用户，在此基础上积极布局多元化业务方向，拓展创收渠道。相比在线音乐业务，社交娱乐业务的毛利率更高，即卖虚拟礼物比卖会员和数字专辑更赚钱。网易云音乐以音乐工具为基础，结合强大的个性化推荐能力，完善找歌、乐评、关注、个人动态等特色功能，并通过丰富的UGC内容以及"云村"等社区功能满足用户的社交需求。此外还加入短视频的功能，探索音乐与线下场景相结合。对于腰部和尾部的中小音乐平台来说，探索例如K歌、音乐教育、音乐创作、弹幕音乐、音乐创意项目、音乐电台、电子音乐等垂直领域的多元化音乐业务，是在头部企业垄断严重的市场环境下开辟新市场的有效途径。当前，围绕音乐消费的场景越来越丰富，多元化音乐付费生态构建已逐渐成为趋势。

七、数字阅读

（一）含义

广义的数字阅读，主要包括阅读内容的数字化和阅读媒介的数字化。前者指阅读的对象是以数字化方式呈现的内容，如网络小说、数据库、电子书报刊、电子地图等；后者指阅读的终端为数字化的设备，如电脑、手机、iPad、电子书阅读器等。

（二）类型

数字阅读是通过电脑、手机、iPad、电子书阅读器等数字化终端阅读网络文学、电

子书报刊、数据库等形式内容的阅读行为，这种阅读包括有声小说、有声书等，但不包括新闻资讯 App，该部分将单独分析。

（三）数字阅读发展历程

我国数字阅读的发展在经历了萌芽期、探索期、爆发期之后，随着中国移动互联网渗透率的提升、头部企业的成功上市，现已进入成熟期（见图 1-13）。

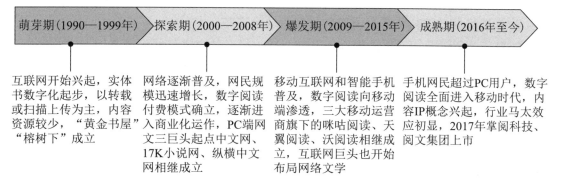

图 1-13　中国数字阅读发展历程

（四）市场运行现状

1. 数字阅读市场规模和用户规模稳步增长

《2020 年度中国数字阅读报告》多角度呈现了后疫情时代中国数字阅读产业的现状、特点以及趋势。报告指出，2020 年中国数字阅读用户规模为 4.94 亿，同比增长 5.56%；数字阅读行业市场整体规模为 351.6 亿，增长率达 21.8%。其中，数字化阅读方式（网络在线阅读、手机阅读、电子阅读器阅读、平板电脑阅读等）的接触率不断提高，"全民阅读"的趋势逐渐形成。移动通信、移动互联网技术、智能手机为移动阅读提供了更好的阅读体验。随着知识产权保护环境的改善和用户付费意识的增强，数字阅读的市场规模会进一步增长。

2. 有声读物市场规模和用户规模增长迅速

有声读物是数字阅读的延伸，提高了用户对碎片化时间的利用率。2020 年，有声书市场规模超过 80 亿元，人均有声书阅读量 6.3 本。在 IP 改编分布上，有声小说成为重点，占比为 33.9%。智能技术的发展使越来越多的智能终端进入人们的工作和生活，例如可穿戴设备、智能音箱、智能家居、智能汽车等。这些智能终端都可以作为有声读物的播放终端，促进有声读物市场发展。

3. 免费阅读模式和付费阅读模式未来将长期共存

新老"玩家"纷纷抢滩免费网文市场，阅文集团推出了免费 App "飞读"，趣头条推出"米读"，爱奇艺文学 90% 的内容是免费的。依靠广告变现的免费阅读模式在短时间内吸引了大量用户。尽管如此，免费阅读模式和付费阅读模式未来将长期共存，二者不是替代关系，而是互相补充的关系。两种模式代表了两类分层用户群体，而免费阅读模式的快速发展也说明了数字阅读付费市场还存在广阔的发展空间。

（五）未来发展趋势

1. 版权保护还有很大的提升空间

2019 年，PC 端网络文学盗版损失规模缩减至 17.1 亿元，比 2018 年下降 24.7%；但移动端盗版损失规模为 39.3 亿元，比 2018 年上升 10.4%，呈现出反弹迹象。总体而言，我国数字阅读的版权保护还有提升空间。

2. 阅读场景的深化将带来内容和付费需求的变革

随着移动阅读及智能手机硬件的发展，阅读已经从文字延展到发其他形式的内容，演变为一场深刻的感官体验。"知识付费"取代阅读成为新的网络文学概念，阅读场景的类型持续分化，用户在长阅读、短阅读、信息型阅读和享受型阅读等细分阅读场景里开始自由选择。

八、新闻资讯 App

（一）含义

新闻资讯 App 是指通过移动互联网平台发布和传播新闻资讯信息的应用。发布主体既包含新闻单位或商业媒体，也包含个人或某个非媒体性团队。发布内容既包括政治、经济、军事、外交等社会公共事务报道、评论，有关社会突发事件的报道、评论，也包括体育、娱乐等领域的非时政类新闻资讯。内容形式主要为图文、视频、音频、直播四大类。

> 扩展阅读 1-17
>
> 西方新闻史演变的 5 个阶段

（二）类型

新闻资讯 App 按运营主体大致可分为三类：一是由传统媒体开发及运营的；二是由综合门户网站开发及运营的，如新浪新闻、网易新闻；三是以技术平台为中介的内容聚合服务类应用，其中也包括自媒体内容，如今日头条。

（三）新闻资讯 App 发展历程

新闻资讯 App 自 2008 年进入探索期以来，经历了市场启动期，现处于高速发展期，资讯内容的受重视程度进一步提升，资讯市场保持快速发展（见图 1-14）。

图 1-14 中国新闻资讯 App 发展历程

(四)市场运行现状

1. 市场规模稳步增长,用户规模庞大但增速放缓

智研咨询发布的《2021—2027 年中国网络新闻行业市场运营态势及发展前景预测报告》数据显示,随着我国移动通信技术的不断进步,以及手机的不断普及,中国手机新闻用户规模快速增长。2020 年,中国手机新闻用户规模达 7.41 亿,较 2019 年增加了 0.15 亿人,同比增长 2.1%。截至 2021 年 6 月,我国网络新闻用户规模达 7.60 亿,较 2020 年 12 月增长 1 712 万,占网民整体的 75.2%。

2. 广告收入是综合资讯平台营收支柱,垂直资讯平台探索付费阅读

目前,广告收入依旧是新闻资讯 App,尤其是综合资讯平台的主要收入来源。为了提升广告的曝光率,今日头条新闻客户端、腾讯新闻、新浪新闻等以广告为核心收入支柱的平台需要尽力拓展用户规模、占用更多用户时间、获取用户注意力。在技术上,这些平台通过算法推荐实现"千人千面";在信息分发上,根据用户偏好推送相关类目的内容,满足用户的个性化信息需求;在形式上,以信息流的方式自动展现,嵌入短视频自动播放,由此让信息的展示永不停止,用户永远不会因拉到底部看到真正的"最后一条"新闻而止步。

随着市场发展越来越成熟,垂直资讯 App 逐渐走进主流市场,如汽车、科技、财经、二次元、游戏、医疗等垂直领域的新闻资讯 App。这些 App 面向细分领域的用户群,更注重建立长期的用户关系,深入挖掘用户价值。不少垂直资讯 App 开始探索用户付费阅读模式,如科技类资讯 App 虎嗅推出了"虎嗅黑卡"会员,会员可以阅读创业创新明星案例和往期内容,有机会参与行业大咖线下活动。

3. 市场集中度高,头部平台市场份额占比超七成

2019 年《新闻资讯行业研究报告》显示,新闻资讯行业渗透率超五成,用户规模达 6.2 亿,这意味着过半数的中国移动网民均装有新闻资讯 App。渗透率排名第一的是腾讯新闻,位列第二和第三的分别是今日头条和今日头条极速版。大平台拥有更多的优质内容,能吸引更多的用户聚集,随着内容竞争的进一步加剧,未来几年资源向头部集中的"马太效应"将更加明显。从渗透率排名可以看出,排名靠前的新闻资讯 App 基本上都是综合新闻资讯平台。该领域头部格局逐渐稳固,大部分市场份额已被瓜分,头部平台在流量及用户增长方面的争夺正不断加剧,平台可替代性强,用户流动频繁。未来综合新闻平台的创业者将越来越少，创业者将更多流向垂直细分市场，垂直类资讯平台将迎来一波发展机遇。

（五）未来发展趋势

1. 全媒体融合发展不断深化

目前，传统媒体和新媒体"有形"的融合正在逐步完成，传统媒体逐渐扩充为拥有网站、微博、微信、客户端、网络电视等多元化、多终端的新型媒体。传统媒体在意识上已经认识到了变革和转型的重要性，各家传统新闻媒体尝试多元化创新方式和技术，使新闻报道更立体化、贴近用户需求。随着媒体企业从机制到经营，积极探索融合和可持续发展之路，媒体融合进一步深入，传统媒体与新媒体的边界将越来越模糊化，不同形式的媒介之间互换性与互联性将不断加强，媒体融合发展将不断深化。

扩展阅读1-18

全媒体时代的主流媒体趋势

2. 新闻内容资源将逐步向行业优势平台汇聚

目前，市场各家媒体对于优质内容的争夺战已经打响，日后必将更加激烈。未来，具有流量、数据资源、资本实力的大平台将汇聚更多媒体资源，优质新闻内容将逐渐向大平台倾斜。先发制人、拥有资源的新闻资讯平台会更有可能获得优质内容资源。

3. 新媒体信息传播服务行业继续维持高速发展

随着技术发展和人们消费习惯的转移，以报纸、杂志、广播、电视为代表的传统媒体日渐式微，而以PC终端和移动终端为代表的新兴信息传播媒体日益兴盛，推动新媒体信息传播服务行业进一步发展。同时，有着庞大用户群的PC终端和移动终端必将迎来黄金发展期，新媒体信息传播服务行业的市场成长空间巨大。

4. 移动化趋势明显，入口和媒体多元化

随着人们生活和工作节奏加快、时间碎片化程度提高以及社会群体流动性增强，信息传播受众更多地利用零碎的时间来获取信息。移动终端便捷性和易于携带等特点可以使用户在一天当中多次获取信息，大大优化了用户体验。信息传播服务的移动化趋势还将持续发展，并成为未来行业发展的重要方向。

5. 技术发展将对行业发展产生更深远的影响

改善新闻采集方式及用户获取新闻的使用体验。无人机、VR/AR技术正逐渐在新闻领域投入应用，将新闻信息数据采集，以及新闻报道形式提升到新的发展水平。目前，国内媒体已经开始多次尝试VR技术。

6. 信息的跟踪和监测日趋重要

近年来，互联网技术的迅速发展和网民规模不断扩大，公众通过各类网络渠道对政治、经济、社会、医疗等各类新闻热点表达自己的观点和诉求的热情日益高涨。由于网络信息的快速流动，一些缺乏理性的网络言论很容易在短时间内被放大和传播，对所涉政府及企事业单位的声誉带来极大的不利影响。未来，互联网内容将继续呈爆炸式增长，信息的跟踪和监测变得日趋重要。

7. 正面舆论引导的新格局逐步形成

蓬勃发展的互联网日益成为信息集散地、舆论策源地与思想交锋主阵地，对宣传思想工作也产生了重大影响。未来，通过网络新媒体向公众发布重大事件、重要决策、最新政策，将成为党和政府引导舆论导向的常态性工作。党政综合性媒体作为正面舆论引导的核心宣传平台，肩负的宣传任务将在广度和深度上扩展，呈现纵深发展态势，正面引导的宣传作用日趋重要。

九、在线教育

（一）含义

在线教育是通过信息通信技术和互联网技术进行内容传播和学习的方法，在线教育的营销、内容交付、核心学习行为都是以互联网为载体进行的。互联网和移动互联网为教育内容的传播者和学习者创造了突破时间和空间限制的条件，教育者、学习者可以随时随地传播、获取知识。

（二）类型

广义的在线教育既包括"to C"模式，又包括"to B"模式。"to C"模式的客户为学生、家长、老师等终端用户群体，最终由学员买单，偏向于互联网教育；"to B"模式的客户为政府教育管理机构、学校等教育机构，最终由机构买单。

（三）在线教育发展历程

在线教育历经三十余载的发展，随着信息技术的更新迭代，其产品的展现方式、商业模式也在不断创新升级。在线教育的发展可大致分为数字化教育、互联网＋教育、移动＋教育、智能＋教育四个阶段（见图1-15）。

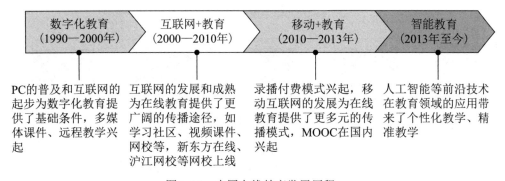

图1-15 中国在线教育发展历程

（四）市场运行现状

1. 市场规模和用户规模持续稳步增长

2020 年，在线教育行业市场规模同比增长 35.5%，达 2 573 亿元，整体线上化率 23%～25%。其中低幼及素质教育赛道、K12 学科培训赛道在线化进程加快，是在线教育市场快速增长的主要贡献因素。在线教育的用户规模相比于数字内容产业其他细分领域较小，不过，随着在线教育技术的持续升级，随着在线教育产品丰富度和成熟度的提升，以及用户个性化、碎片化学习需求的增长，在线教育市场规模和用户规模将进一步扩大，如图 1-16 所示。

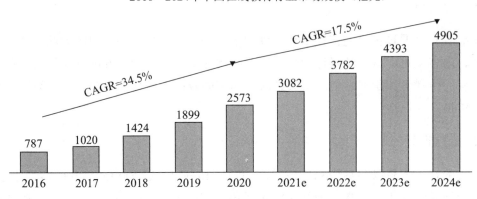

图 1-16　2016—2024 年中国在线教育行业市场规模

2. 低幼及素质教育、K12 学科培训市场份额不断提升

近两年，低幼及素质教育、K12 学科培训在在线教育领域的市场份额持续扩大，2020 年占比共 42.4%，已近半数。艾瑞咨询集团认为，"80 后"和"90 后"逐渐成为家长主流，国内教育理念向更加注重儿童综合素养培养的方向转变，低幼及素质教育赛道将迎来发展的黄金期，如图 1-17 所示。

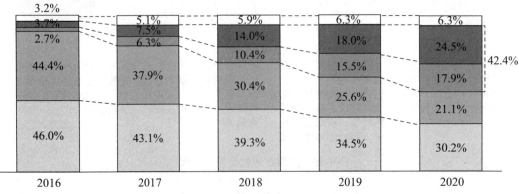

图 1-17　2016—2020 年中国在线教育细分结构

从细分市场结构来看，我国在线教育市场主要由"职业教育及成人语言培训""高等学历教育""K12 学科培训""低幼及素质教育"等类型组成，四者共占据 95% 左右的市场份额。形成这一市场结构的主要原因在于高等教育、职业教育和中小学教育的用户群学习意愿强、付费能力高、对互联网的接触关注度比较高，尤其是高等教育和职业教育的用户群已经具备了较强的自主学习能力，对在线教育这种学习方式接受度较高。"00 后""05 后"是天生就有互联网陪伴成长的一代，他们对在线教育的方式天然熟悉，考虑到二胎政策的刺激，未来 K12 教育市场规模将进一步扩大。

3. 市场集中度低，竞争激烈且分散，盈利堪忧

当前，我国在线教育市场还处于大量投入、快速扩张、抢占市场、大量亏损的状态，竞争壁垒低，集中度低，小企业多，竞争激烈，没有具备市场主导能力的大型标杆企业，付费转化率低、获客成本高、盈利困难，多元化盈利模式如广告费、平台佣金、系统授权等仍在探索中。这种情况与在线教育服务的非标准化、教育资源的本地化属性有关，加之行业进入门槛不高，大量机构、工作室、个体进入，导致市场一直处于极度分散的状态。另外，营销费用高于营业收入的情况对在线教育企业来说并不少见，为了提高市场占有率，它们投入了大量的营销成本去获取和维持用户，一旦抢占了市场，便挤走竞争对手，再缩减营销费用，进而提升盈利能力。

（五）未来发展趋势

当前，直播、短视频、大数据、人工智能、AR、VR 等技术已经进入在线教育领域，新技术的应用将给在线教育带来更加多元化的内容及教学模式，在线教育领域迎来新技术应用带来的创新发展机会。不过，在线教育领域面临的痛点也不容忽视，我国在线教育市场亟须拓展新的商业模式实现"开源"，同时降低营销成本实现"节流"，从而实现盈利的目标。

在政策方面，我国长期鼓励教育的创新发展和信息技术的应用。2019 年发布的《加快推进教育现代化实施方案（2018—2022 年）》中提出"着手构建基于信息技术的新型教育教学方式，推动以互联网等信息化手段服务教育教学全过程，实施人工智能助推教师队伍建设行动"，进一步明确了在线教育信息化、智能化的发展方向。随着生活水平的提升，人们对教育的需求更加多元化、个性化，在线教育领域的技术革新将有效满足上述需求，同时进一步释放教育产能，有望使在线教育获得新一轮的市场规模扩张。

十、知识付费

（一）含义

知识付费是指消费者通过互联网技术付费获取垂直领域的个性化信息、资源和经验等，以达到认知提升、情感满足、阶层归属等目的的消费行为。它的本质是把知识变成产品或服务，以实现商业价值。它有利于人们高效筛选信息，激励优质内容的生产。

（二）类型

按照知识类别可以把知识付费平台和应用大致分为综合平台、问答类平台和泛教育类平台三类。

（三）知识付费发展历程

知识付费的崛起，既借力于知识付费平台的演进、付费方式的便利，也得益于中国中产阶层及准中产阶层学历教育需求的爆发。追溯它的发展历程，大致可以分为早期原型阶段、重新起步阶段和发展阶段（见图1-18）。

图1-18　中国知识付费发展历程

（四）市场运行现状

1. 市场规模和用户规模快速扩张

2020年，中国知识付费行业用户规模已突破4.2亿，市场规模和用户规模还会继续稳步扩张，原因有二：一方面，传统出版、教育、传媒等行业增长缓慢；另一方面，自媒体的头部格局已相对固化，更多的垂直专业人才流入变现更快、空间更大的知识服务行业。当前，知识付费已经从最初的线上课程扩展到各个内容领域，各知识付费平台也纷纷打造自己的头部产品，该领域逐渐发展成熟，并探索出较为稳定的盈利模式。随着用户精神消费需求的增长，越来越多的人愿意为有价值的内容付费，优质内容逐渐成为流量追逐的核心。

2. 发展隐忧凸显，行业规范化"洗牌"在即

知识付费在2016年和2017年经历了迅猛的发展，众多知识付费栏目涌现，内容付费成为一种"潮流"，同时也存在一些质疑。

（1）知识付费模式是否为"伪命题"

越来越多的用户发现，很多知识付费产品并不能帮助自己实现职业能力的显著提升或者理财收益的显著增长，这种碎片化的知识是否只是为了缓解焦虑，成为很多人的疑虑。

（2）产品质量参差不齐，市场上无统一的衡量和监督标准

当前，市面上知识付费产品一般是先付费后收听的形式，即使有试听内容也往往难以判断其他大部分课程的内容质量，且大多数课程不可退费，这就导致消费者无法在短期内预判产品质量，为劣质产品打开了营销的大门，很多产品依靠大肆宣传诱导消费者付费。

（3）营销模式不规范，甚至引发用户反感

如通过朋友圈"刷屏"或"传销式"等手段发展新用户，扩大用户规模，微信对此类诱导式营销已经进行了封杀。

3. 知识付费产品复购率低，内容服务质量问题需重视

知识付费行业早期野蛮生长阶段出现诸多问题，其中内容同质化、宣传缺乏真实性等问题尤为突出，进而对用户的长期吸引力不足，降低了用户对知识付费平台的好感。根据用户调查数据显示，有49.5%的用户认为平台专业度不高、实用性不强，结果导致知识付费产品服务的复购率低等问题。

4. 平台垂直类内容创作者流失风险较高

内容问答类平台创作者流失趋势明显。自2017年起，各平台内容创作者被挖的新闻层出不穷，内容创作者流失的问题在各大社区成为相当棘手的问题，尤其是内容问答类社区，如知乎曾在2017年流失超过1/3优质大V。平台流失创作者具有一定特性。知识问答类社区大V这个群体在个体层面据有专业知识和职业实践经验，在知识交互层面具有成长性和流动性，其流动性很大一部分取决于话题的专业性和整个社区内读者的阅读取向。

（五）未来发展趋势

知识付费走向理性发展，专业化内容成为突围关键。我国知识付费领域近几年经历了爆发式增长，市场规模和用户规模翻倍，众多知识付费平台、知识大V、KOL涌现。随着知识付费企业数量增多，市场竞争加剧，一些痛点问题显现，除了知识碎片化的问题外，产品体验差、缺乏内容监督和评价、高质量内容生产成本高、付费转化率低、复购意愿不强等问题浮出水面，制约行业发展。众多知识付费栏目刚推出时盛极一时，但"后劲"不足，说明单纯依靠平台导流或者网红带动的作法已经失效，行业从爆发式发展阶段逐步进入理性发展期。

知识付费本身具有泛教育的属性，需要受众有一定的行业认知并且有自我提升的强烈意愿和毅力，能进行深入长期的学习。因此，知识付费产品的开发是一件高成本、长周期的事情，尤其是在受众对专业化内容的要求越来越高的背景下。经过"大浪淘沙"，知识付费市场已逐渐形成了以喜马拉雅、蜻蜓FM、得到等综合平台为头部的竞争格局。随着行业标杆的建立、"马太效应"的增强，劣质平台退出，行业趋于规范化发展。未来几年，综合型、规模化的知识付费新平台将减少，但面向专业领域、特定场景、垂直细分用户群的知识付费平台仍有较大的发展空间。

第四节　内容商业化的核心主体

一、移动互联网内容平台

内容平台是连通内容生产者与消费者的平台，是内容集成与分发环节中的重要主体。内容平台上游对接内容生产者，包括个人创作者、媒体或 MCN 机构；下游对接内容消费者与商业化服务者，是内容变现的主要阵地。根据平台内容类型的不同，可分为新闻资讯、网络视频、数字音乐、在线音频、数字阅读、短视频与直播、社交社区、垂直内容平台等。移动互联网主要内容平台，如表 1-3 所示。

表 1-3　代表性移动互联网内容平台

类　　型	代表性平台
新闻资讯	人民日报、澎湃新闻、今日头条、腾讯新闻、汽车之家等
网络视频	爱奇艺视频、优酷视频、腾讯视频、芒果 TV、B 站等
数字音乐	网易云音乐、QQ 音乐、虾米音乐等
在线音频	喜马拉雅、蜻蜓 FM、荔枝 FM 等
数字阅读	起点中文网、书旗小说、QQ 阅读、掌阅、快看漫画等
短视频与直播	抖音、快手、淘直播、火山、微视、映客、陌陌等
社交社区	微信微博、知乎、小红书等

近年来，内容平台为提高内容创作者参与度、提升内容生产效率，相继出台了内容创作补贴政策，从奖金和流量等方面共同对平台内容创作者进行激励，如表 1-4 所示。

表 1-4　各平台针对创作者的激励补贴计划

媒体平台	发布年份	补贴计划	补贴内容
网易	2020	创作+	覆盖娱乐、情感、健康、教育、科技、财经等多个领域的图文&视频双赛道内容征集，通过多重奖金激励和流量倾斜扶持、官方认证加 V 等多维度权益赋能，鼓励更多优质原创内容和作者的出现
抖音	2020	知识创作人	一年时间内，投入百亿流量，打造一百位优质知识创作者
UC	2020	松果奖	通过每天评比 10～500 篇图文、短视频优质作品，每篇奖励 500 元，评选范围主要是以内容的维度进行评选，可覆盖优秀的新人创作作品和更多优质原创作品
快手	2021	星海计划	将拿出 1000 亿流量激励优质内容创作者，并提供了多种类型的曝光激励政策
腾讯视频	2021	中国青年动画导演扶持计划	特别增加了高校学生动画作品征集，面向在校生和毕业生，在主题上不设限，时长要求也更低，最高奖金可达 30 万元，并将择优 1～2 部入选动画剧集和电影孵化池
华为视频	2021	MCN 激励	每月根据 MCN 旗下账号数量及月度发文量等维度，分成四个星级给予对应的现金激励，一星级至四星级激励金额依次递增，分别为 1000 元/月、5000 元/月、10000 元/月与 20000 元/月四档
美柚	2021	春雨计划	全体美柚号作者在四月的一整月内积极投稿创作，发布原创内容 ≥20 篇，就有机会瓜分万元大奖

在产业链各角色的共同推动下，内容平台陆续推出内容商业化合作工具，高效撮合创作者与广告主。基于创作者的粉丝数、粉丝画像、报价、广告主品牌质量等因素，创作者与广告主以更透明的方式进行双向选择，匹配效率提高，如表1-5所示。

表1-5 主要内容平台陆续推出内容营销撮合平台

内容/媒体平台	发布年份	内容营销撮合平台	内容模式	收费模式
微博	2012	微任务	图文/视频/直播	收取30%服务费
抖音	2018	星图平台	视频/直播	视频收取10%服务费；直播收入5%服务费
快手	2018	磁力聚星	视频/直播	平台服务费因增值服务（数据服务、流量支持等）而异
哔哩哔哩	2019	花火商单	定制视频/植入视频	向品牌主收取5%服务费
小红书	2019	蒲公英	图文/视频/直播	向品牌主收取10%服务费

二、内容创作者

随着移动互联网内容平台的普及和下沉，越来越多的普通人加入内容创作的队伍中，他们制作图文内容、拍摄短视频、做直播、做与互联网内容相关的创业。内容创作者不再局限于具有媒体从业经验的人，社会各行各业的人们都在内容平台上积极地自我表达，2019年涌现一大批草根背景的创作者，如竹鼠饲养员"华农兄弟"、电焊工"手工耿"、农民"本亮大叔"、表演团演员"皮卡晨"以及快递员"老四的快乐生活"等。不论在哪个平台，只要创作者的内容有意思、有干货，都能吸引一大批粉丝关注。

三、MCN机构

（一）MCN机构定义

MCN源自YouTube生态体系，MCN公司是YouTube与创作者（在该网站上传视频者）之间的服务商，提供品牌销售、内容编辑、视频分发、网红协作、粉丝拓展、内容变现、版权管理及技术支持等服务。进入中国市场后，MCN行业进行了衍生和本土化的成长，逐渐发展成通过内容聚合、制作和运营，以不同商业化服务变现并按照约定进行收入分成的机构。上游对接优质内容，下游对接平台流量，业务范围涉及内容生产、集成与营销等多个环节。MCN的核心职能是打造"达人"，为他们提供内容创作、流量曝光、商业变现等核心业务，MCN的变现手段以广告收益和内容电商为主。MCN机构将不同类型和内容的PGC联合起来，在资本的有力支持下，保障内容的持续输出，从而最终实现商业的稳定变现。

由于创作门槛低，创作者与内容的数量呈增长趋势，单纯的个人创作难以形成有力的竞争优势，因此，加入MCN机构是提升内容质量的不二选择。MCN机构不仅可以提供丰富的资源，还能够帮助创作者完成一系列的相关工作，比如管理创作的内容、实现内容的变现、打造个人品牌等。有了 MCN 机构的存在，创作者可以更加专注于内容的精打细磨，不必分心于内容的运营、变现。随着自媒体的不断发展，用户对接收的内容的审美标准也有所提升。因此，这也要求运营团队不断增强创作的专业性。创作者借助具有用户流量优势、商业模式成熟的互联网媒体内容平台来增加内容曝光、增强内容变现能力。MCN 机构发展历程如图 1-19 所示。

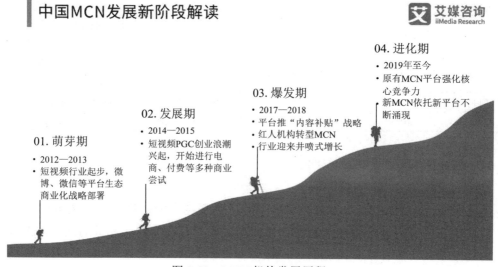

图 1-19　MCN 机构发展历程

（二）MCN 机构分类

在各大直播、短视频、电商等平台的助力下，市场逐渐衍生出不同类型的 MCN 机构，主要包括电商型、泛内容型和营销型，如表 1-6 所示。电商型 MCN 机构以电商为主要变现渠道，其业务不仅涵盖达人孵化、内容生产运营，更为核心的是商品供应链的管理。泛内容类与营销类 MCN 则有更加多元的变现渠道，主要包括广告营销、IP 产业链变现与知识付费等。

表 1-6　不同类型 MCN 机构一览表

MCN 类型	运营模式	代表企业	代表 IP
电商型	孵化网红个人电商品牌、一般网红负责商品设计及内容产出，电商孵化器负责供应链管理和店铺运营	如涵电商	张大奕
		杭州宸帆	雪梨、林珊珊
	与商家品牌合作获取货源、利用社交电商平台进行直播带货	美 One	李佳琦
		谦寻	薇娅
	凭借优质内容生产运营积累流量、转化为内容电商实现变现能力	微念	李子柒
		二更	二更视频
泛内容型	以内容制作能力为核心竞争力，产出精品短视频 IP 品牌	新片场	造物集
		洋葱集团	办公室小野
		蜂群文化	精分君
营销运营型	与网红签约合作，提供网红孵化、培养变现的业务生态；同时为广告主提供整合营销方案、多渠道分发触达潜在消费群体，全维度分析为广告主推荐最优化的 KOL 矩阵组合	青藤文化	鹿小草、董完了
		Papitube	Papi 酱、王咩阿

资料来源：公司官网

MCN 对平台方而言从直接聚合单个内容生产者转变为聚合 MCN 机构，是高效获取优质内容的最优途径；对 KOL 而言，协助进行内容持续输出和变现；对品牌商而言，多平台分发带来全网的影响力和曝光量。

（三）MCN 机构功能：人、货、场的枢纽

MCN 依靠专业化服务体系和高效率分发渠道保证优质内容有效变现，其本质是内容的聚合和分发，并基于流量变现，在产业链里扮演的是链接多边关系的角色。

1. 人的链接：孵化与培养职业"达人"，把握内容核心生产

现阶段，专职"达人"已经成为一种职业选择，MCN 机构在"达人"签约方面的投入持续加大。一方面，"达人"经济逐步实现专业化；另一方面，MCN 机构产业不断完善。在这样的环境下，新人纷纷与 MCN 机构签约，使得专职"达人"成为一种新趋势。

一些"达人"之所以愿意与 MCN 机构签约合作，是因为 MCN 机构能为他们带来全方位的帮助，帮助他们持续进行内容输出，赋予其更精准的流量引导、更多元化的分发渠道和更有效的变现方式，让他们在竞争中取得优势地位。与此同时，"达人"愿意与 MCN 机构签约，也意味着越来越多的人愿意把"达人"当作自己的职业。除了签约，"达人"也可以与 MCN 机构建立合作关系，这相当于经纪人代理模式。与签约模式相比，合作模式中的"达人"虽没有底薪保障，但可以得到更高分成，而且内容创作的自由度也更高。

内容创作者是 MCN 机构的核心资源，因此，MCN 机构不仅与知名"达人"签约，而且往往还通过达人挖掘、签约合作、培养能力、制作内容、流量曝光、内容变现等流程，从 0 到 1 孵化和培养职业"达人"。

创意是内容的核心，它依托个人或团队的智慧。在 UGC 初期，KOL 需要通过思考和策划形成创意作品。随着平台选择不断增多，多平台运营势在必行。互联网的不断发展促使不同内容领域的平台增多，通过单一平台走红已经无法跟上市场节奏。目前，在多平台上传内容，实现多平台同时运营，已经成为"达人"吸引流量、提升知名度的新方式。但因精力有限，个人在多平台运营和创作作品时往往会遇到瓶颈，此时就需要通过商业化运作来分担个人创作的压力。

MCN 机构采用专业用户生产内容（professional user generated content，PUGC）模式实现创意内容的产出，具体做法是先汇集策划、摄影、运营等领域的人才形成专业的创作团队，然后根据实时热点和平台动向，系列化地输出优质作品。这种资源整合的方式可以大大节约时间成本和试错成本，快速产出优质内容。在当今信息溢出的时代，优质内容仍然十分稀缺，用户的多元且差异化内容需求远未被满足，而基于 PUGC 的内容瞄准细分市场，做差异化定位，不断激发用户的深层次兴趣，进而实现多元的变现路径。

2. 货的链接：促进品牌价值转化，带来直接变现

在传统的营销模式中，品牌往往通过投放广告进行营销，而投放广告最主要的衡量因素是广告的变现力，即广告能否引导人们做出购买行为，促进品牌价值转化，实现商

业变现。

自媒体时代使得广告的营销效果大大减弱，而通过 KOL 进行精准营销越来越受到品牌方的青睐。因为 KOL 能使品牌信息实现广泛传播，直接影响粉丝的购买决策，从而大大促进品牌价值转化，快速实现商业变现。在预算不变的情况下，提高数字营销的比例更容易实现盈利。

"达人"主播作为 KOL 的一种，其与背后的 MCN 机构共同参与重构零售产业链。一方面，这两者的参与可以提高货品的流转率，促进品牌的价值转化带来直接变现；另一方面，他们在品牌与消费者之间承担了选品和价格谈判的角色，对消费者而言，靠谱的带货主播能够提升购物体验。因此，带货主播背后的 MCN 机构除了需要进行内容生产和流量对接以外，还需要增强货品选择和供应链管理的能力。

3. 场的链接：MCN 机构与平台方合作共赢

MCN 机构与平台方合作，不仅能打开流量入口，还能获得更多的推广资源。现阶段，微博、抖音、快手、小红书、淘宝直播等平台纷纷推出 MCN 合作计划或 MCN 机构扶持计划，使得平台与 MCN 机构之间的合作变得更加容易。

在互联网时代，优质的内容可以通过智能算法获得更靠前的推荐位置。优质的内容生产者与 MCN 公司签约并实现深度合作，往往可以获得更好的推广资源，增加作品的曝光率，提高作品的引流效率。平台方若能与 MCN 机构达成合作，就能将其旗下的艺人、"达人"和优质的内容创作者为己所用，获得达人或创作者自带的流量，得到稳定优质的内容资源。

例如，papi 酱在入驻抖音之前就已经拥有一定的名气和可观的粉丝量，随着 papi 酱的入驻及与相关 MCN 机构的合作，抖音获得了大量反哺式流量，这对平台的发展十分有利。

如果平台方能与 MCN 机构合作，还可以借助其一体化管理模式，减少对个体内容创作者的分散式管理，帮助平台整合资源，实现集约式发展。另外，这种合作还可以帮助品牌方打造社交化营销模式，对商业变现产生积极的推动作用，实现 MCN 机构与平台方的合作共赢。

（四）MCN 产业的未来格局与趋势

1. 资源竞争从单一升级为多维

"达人"、IP 等资源是内容产业的战略资源。在跨界融合成为主流趋势的时代背景下，这些战略资源之争将不再仅仅是 MCN 机构之间的竞争，互联网平台、明星经纪公司、传统文娱企业等内容产业链各环节的参与者，都将成为 MCN 机构的有力竞争者。尤其是那些内容生产能力强、变现潜力大的"达人"与 IP，将会是各方争夺的焦点。

2. MCN 机构运营将愈加专业化、程序化

我国文娱产业不断走向成熟，监管体系逐步完善，整个 MCN 行业将趋向规范化发展，这对 MCN 机构的运营能力提出了更高的要求。为了提高运营效率，降低运营成本，MCN 机构要不断提升自己的运营管理能力，迈向专业化、程序化运营之路。

3. 垂直领域竞争加剧，差异化成为破局关键

如今，MCN产业的市场空间不断扩大，各垂直领域将涌入越来越多的MCN机构，使竞争日趋白热化。未来，缺乏特色定位、内容同质化的账号将面临被淘汰的风险。想要在这种情况下破局突围，MCN机构必须打造特色达人。

4. MCN走向国际化，内容出海放大商业价值

随着微博、微信、抖音、快手等内容平台纷纷加速国际化布局，再加上越来越多的中国企业走向全球化，推动优质"达人"及IP出海，成为MCN机构扩大市场份额、提高盈利能力的有效手段。

在MCN机构内容出海的过程中，选择爱情、英雄主义、美好生活等具有大众文化与价值观的内容，将更具优势。同时，面对不同的市场需要采用差异化的变现策略。比如，北美和日韩地区对内容付费意愿较高，优质内容的商业价值可以得到进一步体现；而对内容付费不成熟的东南亚市场，则更适合采用游戏、广告等变现策略。

5. 5G商用化提速，MCN或将开辟新的内容阵地

5G技术有望成为社会数智化发展的重要变量。通过对时间和空间壁垒的进一步突破，推动跨地域和跨行业的大规模协同，进一步提升社会生产力。5G技术实现大规模商用后，手机等移动端的上网速度将大幅提升，内容形式、分发渠道、触达方式等会发生重大变革，新平台、新业态等一系列新生事物出现，为MCN机构开辟了新的内容阵地。

四、商业化服务者

商业化服务者是指为移动互联网内容提供商业化服务的平台机构，主要包括广告服务机构、数据服务机构、电商平台及运营服务机构、内容推广机构以及版权交易机构。广告服务机构，如为中小企业提供营销服务的"微盟"、短视频营销服务平台"微播易"等，它们将广告主与优质内容创作者连接起来，帮助内容实现广告变现。数据服务机构，如新榜、清博大数据，主要是对内容的传播价值和商业价值进行评估。电商平台及运营服务机构，是内容电商的重要组成部分，2019年出现了电商平台内容化（如淘宝直播）、内容平台化（如抖音小店）以及综合内容电商平台（如小红书）三种发展趋势。内容推广机构，指帮助内容生产者进行内容推广的机构，机构通过与平台合作，增加内容创业者或媒体所生产内容的曝光量，如新榜提供的"涨粉宝"服务。版权交易机构，主要包括版权公共服务、版权电子商务和版权产业聚集功能，2019年出现了国家版权交易中心联盟。

本章小结

1. 移动互联网技术改变了中国的内容产业格局，内容产业从传统广播、电视、纸质出版，向网络短视频、自媒体、直播等形态快速转型，后者已成为中国网民信息生产和传播的主要途径，几乎"占领"了人们所有的注意力和碎片时间。数字内容产业正搭载

技术创新的"列车"呼啸而来。

2. 我国数字内容产业的发展特点总结为四个方面：第一，娱乐化、体验感成为重要传播因素；第二，泛娱乐、泛阅读、泛教育多元业态融合；第三，从大众传播到全民表达；第四，短视频成为主流内容载体。

3. 数字内容产业并非传统意义或社会经济统计层面上的独立产业，它是由文化创意结合信息技术形成的产业形态。所谓产业形态是指由多个细分领域交叉融合而成，且各细分领域边界模糊，但均以数字内容为核心、以互联网和移动互联网为传播渠道、以平台为模式的产业群组。

4. 加入 MCN 机构，一是 MCN 机构可以提供丰富的资源，二是能够帮助创作者完成一系列的相关工作，比如管理创作的内容、实现内容的变现、打造个人品牌等。

思考题

1. 5G 时代信息传播的数字化特征有哪些？
2. 内容产业的概念与演进说明了什么？
3. 数字内容产业细分领域有哪些？未来可能出现什么新领域？
4. 移动互联网各内容平台激励政策对创作者的影响如何？
5. 国内 MCN 机构的典型代表有哪些？

扩展阅读 1-19

达人选择签约 MCN 机构的四点原因

第二章　自媒体大背景下个人 IP 发展

"未来，每个人都能出名 15 分钟。"

——著名波普艺术家安迪·沃霍尔（Andy Warhol）

第一节　自媒体时代与 IP 经济

从媒介变迁的角度看，人类传播历经 5 个阶段，分别是口语传播、手写/文字传播、印刷传播、电子传播和互联网传播。媒介形态从过去的大众媒介转变为互联网下的互动媒介，我们跨进了人人拥有麦克风、人人可以发声、人人可以通过媒介自由表达的时代。

一、自媒体的定义

自媒体的概念最早于 2002 年提出，是在传统媒体的基础上发展而来，国外学者用媒体 1.0 指代传统媒体形式，2.0 指代新型媒体形式，即借助卫星实现全球新闻信息收发和播放的形式，媒体 3.0 指的是自媒体。2003 年 7 月，美国新闻学会提出自媒体就是普通民众借助数字化、网络化以及全球信息体系，对各种新闻事件进行采访、传播、评论等，借以反映普通民众对现代新闻事件的真实看法和客观报道。自媒体时代是指以个人传播为主，以现代化、电子化手段，向不特定的大多数或者特定的单个人传递规范性及非规范性信息的媒介时代。

扩展阅读 2-1

传播时代三阶段

扩展阅读 2-2

自媒体的主要媒介形式以及特征

二、IP 经济概述

（一）IP 的定义

IP 最早来源于一个法律词汇——"Internet Protocol"的缩写。2014 年，"IP"一词在文化产业领域开始迅速流行，并成为热词。IP 现有的定义是知识产权（intellectual property），包括发明专利、商标、工业产品的外观设计等方面的工业产权，也包括自然科学、社会科学、文学、音乐、戏剧、绘画、雕塑和摄影等方面的作品版权。移动互联网时代能够仅凭自身的吸引力，挣脱单一平台的束缚，在多个平台上获得流量，进行分发的内容就是 IP。IP 的概念具有以下三个层次。

1. 起源层

IP 可以是一段故事、一个人物角色，IP 可以实现跨媒介内容形态的衍生开发，由起源的内容出发，可以实现在小说、动画、漫画、游戏、电影、电视剧、舞台剧等不同内容形态上的衍生。当一个人或事物积累了一定的粉丝量或关注量，就具备了成为 IP 的可能性。

2. 拓展层

IP 发育到一定阶段，影响力扩大，会拥有更多流量和粉丝。IP 成熟的判断标准是某一对象能否凭借自身的吸引力，挣脱单一平台的束缚，在多个平台上获得流量，进行分发。

3. 获利层

持有者经过前两个阶段的创作和经营，IP 就可以通过多个领域变现，比如游戏、影视、直播、短视频等，同理，持有者也可以选择通过出售 IP 而获得不菲的利润。

扩展阅读 2-3

泛娱乐概念

（二）泛 IP 时代的五大 IP 领域

IP 这一词汇概念还在泛化应用。中国的社会发展已经达到某个临界点，需要通过"IP 思维"去开创一个将大文化、跨行业、泛娱乐、商业品牌以及产品融为一体的泛 IP 时代。

泛 IP 时代，各种行业都能孵化 IP，陈格雷在《超级 IP 孵化原理》一书中罗列了能孵化 IP 的五大领域，分别是文娱内容、企业及组织机构、文旅体育、个人、设计师或艺术家等，如图 2-1 所示。

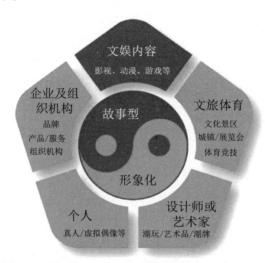

图 2-1　能孵化 IP 的五大领域

1. 文娱内容 IP

文娱内容 IP 指的是通过动漫、影视、游戏、音乐、文学、舞台剧等来打造 IP。以"花千骨"现象为例。《花千骨》是网络首发的高人气小说，为"强 IP"奠定了基础。同名漫画的出版,进一步为"花千骨"造势。随着电视剧在卫视和视频网站的相继播出,完成了"花千骨" IP 从小众到大众的进化。在电视剧播出期间,手游和网游同步上线,将 IP 价值最大化发挥,提升 IP 的变现能力。未来,利用 IP 的长尾效应,还将上映 3D 电影和网络番外剧。上述过程,就是一个"强 IP"出现后,利用互联网连接性和开放性,迅速衍生到动漫、游戏、影视等各个领域,产生"强 IP"在产业链上的泛化现象,即"泛 IP"。同时,与中国 IP 剧所对应的中国网络文学 IP 的生态链条也正向海外延伸,除翻译平台、数字出版和实体书外,中国网络文学海外传播开始启动以内容为基础的泛娱乐 IP 开发模式。

扩展阅读 2-4

文旅项目 IP 特征

2. 企业及组织机构 IP

企业及组织机构 IP 包括各种商业品牌、产品、服务,以及组织机构的 IP 化。以美团为例,一贯低调、不打广告的美团,一不小心借助一对明黄色的长耳朵,累积出文化价值和情感力量,向 IP 化品牌发展。打造企业 IP 的目的其实就在于可以通过独立的 IP 项目,把无形资产变成有形资产,甚至变现。把企业 IP 形象深刻融入消费者的生活中,加强企业与消费者的联系,加深消费者对企业的理解和喜爱,提高客户的体验。

3. 文旅体育 IP

文旅体育 IP 包括文化景区、历史文物、城市、小镇、展览会以及体育竞技活动及体育俱乐部等。

4. 个人 IP

个人 IP 包括各种真人,如明星、网红、政治家、企业家,以及虚拟角色、虚拟偶像等 IP。自媒体 IP 相当于一个超级明星,能获得平台的流量倾斜、高的知名度、产出价值内容、品牌影响力。例如像暴走漫画、papi 酱、罗辑思维等这类的超级 IP 自明星,都赋予了自品牌的标签,也代表了一类人的向往。

5. 设计师或艺术家 IP

设计师或艺术家 IP 包括其创作的各种潮玩形象、艺术品以及潮牌的 IP。随着泛娱乐 IP 时代的到来,动漫网游早已突破圈子,引爆消费群体基数更大的衍生品市场。"人人皆玩家,人人皆参与,人人皆创造"的逻辑,让潮玩产品更加贴近用户。"潮玩化"拓宽了 IP 商业维度,重新定义卡通形象 IP 的价值。2020 年上半年,"泡泡玛特"总收益 8.178 亿元,比上年同期增长 50%。12 月 11 日,"泡泡玛特"在香港挂牌上市。娱乐消费公司十二栋文化,基于移动互联网社交传媒环境,合作 70 余个主流平台,规模化聚合线上流量,沉淀粉丝效应,打造"内容—产品—消费"的闭环。

(三)IP 孵化类型分类

五大领域的 IP 孵化又可以分为两类:内容派 IP 与形象派 IP。

1. 内容派 IP

内容派 IP 主要是文创和娱乐行业,通过创造内容来打造 IP。形象派 IP 与内容派

IP 相互交融，内容派 IP 最终要通过形象符号来实现跨界赋能，而形象派 IP 往往要补充内容来加强 IP 能量。表 2-1 是一些内容派 IP 和形象派 IP 的代表。显然，不是只有内容能产生超级 IP，形象也可以。

表 2-1 内容派 IP 和形象派 IP 的典型代表

内容派 IP	形象派 IP
动漫为主：迪士尼/皮克斯系列哆啦 A 梦、龙珠、航海王等	企业 IP：M&M、米其林、麦当劳叔叔、多摩君、苏斯博士等
影视为主：哈利·波特、星球大战、魔戒、奥特曼、007、侏罗纪公园等	文旅 IP：故宫、熊本熊、大英博物馆奥运吉祥物、NBA、著名俱乐部等
游戏为主：精灵宝可梦、超级马里奥、魔兽、使命召唤、最终幻想等	个人 IP：切·格瓦拉、玛丽莲·梦露、詹姆斯·迪恩 虚拟初音未来、Smiey、兔斯基等
综合：漫威、DC、变形金刚、高达福音战士、美少女战士等	设计 IP：Hello Kity、芭比娃娃、BAPE、乐高小人、KAWS、Molly 等

2. 形象派 IP

形象派 IP 主要是各种非文娱行业，通过创造形象符号来打造 IP。形象派 IP 虽然不需要内容，但却需要价值依托。比如，企业 IP 依托于企业品牌/产品的实力，故宫 IP 依托于故宫的悠久历史和文化瑰宝，奥运会吉祥物 IP 依托于奥运会影响力；而潮牌和潮玩类的 IP 则依托于潮流和艺术价值的打造，如 KAWS、Molly 等。

（四）IP 开发

随着通信技术的发展和互联网的普及，传统经济模式发生改变，以 IP 开发为核心、粉丝经济为本质的 IP 经济成为热门。只有获得粉丝高度认可的 IP，才能对粉丝形成影响和引导。在新经济时代下，对 IP 全方位、全产业链开发已经成为 IP 开发的热门趋势。

1. 全媒体聚合式传播

IP 的传播除了内容，还需要具体的载体，而全媒体平台的搭建为 IP 聚合式传播提供了丰富的媒介资源。"媒介是人的延伸"，任何一种新媒体的出现，都是对人体感官的延伸，互联网和手机集"视、听、读、写"为一体，可以说是人类综合器官的延伸。IP 版权的超媒介属性使其得以在电影、电视、广播、图书、游戏、动漫、网络视频、App 等不同媒体平台上呈现。感官的延伸带来角色的转换，读者、观众、玩家，角色的自由转换和组合，既可以让受众拥有个性化选择，又可以促进平台优势互补。

不同媒体根据其自身特质有选择地对同一 IP 资源进行开发，这种相对独立又互为共生的媒介传播形态拼接出丰满的故事角色和复杂的叙事世界，不仅给用户带来更深刻的情感体验，还使具有高度互通性的媒体平台优势互补，从内部打通多元化的 IP 衍生产品。

2. 全产业链整合运营

全媒体平台给 IP 版权提供了多样的数字化开发渠道，这样的聚合式传播会带动其他非媒介类文化产业的兴起，如商演、展览、玩具、游乐场等。以媒体为依托的 IP 衍生品的传播带动了用户对非媒介类 IP 周边的消费，而此类更有商业气息的文化产品进一步扩大了全媒体 IP 衍生品的影响力。据不完全统计，仅《爸爸去哪儿》这一个热门 IP 的全链条开发，就给湖南广电带来了 23.5 亿元的总收益。

全媒体平台传播增加了 IP 版权价值的深度，而全产业链运营增加了 IP 版权价值的广度，二者相互依赖，相互影响，共同构建以优质 IP 为核心的泛娱乐生态圈，聚拢用户，提升产品价值。二者在用户、渠道、流量等方面进行深度开发，整合创新媒体的资源，实现文化产业资源效能的最大化，最终构建出一个成体系的商业增值服务和多元化的资本盈利模式。

第二节　个人 IP 崛起

一、个人 IP

（一）个人 IP 的定义

个人 IP，指个人对某种成果的占有权，在互联网时代，它可以是一个符号、一种价值观。简单来说，个人 IP 就是在个人或团队的经营下，打造的一个具有高流量和高关注度的形象代表，并由此衍生出一条丰富的价值链。

近年来，短视频平台发展如火如荼，个人通过在平台创作并发布短视频吸引了大量粉丝关注，形成个人 IP。比如散打哥、李佳琦、papi 酱、李子柒等。一个好的自媒体 IP 相当于一个明星，能获得平台的流量倾斜、高的知名度、产出价值内容、品牌影响力等。

（二）个人 IP 与 KOL、网红

1. KOL 定义

KOL 在营销学上被定义为：拥有更多、更准确的产品信息，且为相关群体所接受、信任，并对该群体的购买行为有较大影响力的人。KOL 简言之即通过自己的粉丝基础，增强互动，扩大营销。KOL 具有以下三个特征。

1）持久介入特征

KOL 对某类产品较之群体中的其他人有着更为长期和深入的介入，因此对产品更了解，有更广的信息来源、更多的知识和更丰富的经验。

2）人际沟通特征

KOL 较常人更合群和健谈，他们具有极强的社交能力和人际沟通技巧，且积极参加各类活动，善于交朋结友，喜欢高谈阔论，是群体的舆论中心和信息发布中心，对他人有强大的感染力。

3）性格特征

KOL 观念开放，接受新事物快，关心时尚、流行趋势的变化，愿意优先使用新产品，

是营销学上新产品的早期使用者。

2. 网红定义

"网红"是一个具有中国特色现象的群体，是指在现实或网络生活中因某个事件或某种行为而广受关注，持续输出内容并形成一定数量粉丝的个体。他们借助社交媒体，或输出专业知识，或记录日常生活，或进行好物分享。他们通过网络平台展示和宣传不同内容，一定程度上丰富着我们的日常生活。

扩展阅读 2-5

案例分析

第一代网红是 1998 年到 2007 年的作家群体，他们在论坛发表自己的文学作品，统称为网络写手。他们最早活跃在新浪 BBS、天涯论坛、猫扑论坛等，像痞子蔡、安妮宝贝就是其中的代表人物。

网红的走红源于自身的某种特质在网络作用下被放大，迎合了网民的审美、娱乐、刺激、偷窥、臆想、品位以及看客等心理，受到网民的追捧和关注。

综上所述，网红的核心是关注度、知名度，是内容和个人形象的结合体，而 KOL 的核心是影响力，是某个领域的大 V，KOL 很容易凭借个人影响力对受众的消费理念产生作用。KOL 达到较高的水平，就可以经营个人 IP 了，比如："罗胖""雷布斯"等。

（三）达人 IP 的形成条件

网络达人以及 IP 化的形成，不只是个人、组织的意图，也是社会文化消费力达到一定程度后，大众化选择的必然结果。

1. 虚拟社会的出现，为网络达人的出现和发展提供了环境

移动互联网的应用直接影响到人们的日常沟通交流习惯。相比之前的线下交往，越来越多的人喜欢网上交流，人际关系由此发生巨大改变。网络上的人和事物更能吸引大众关注度，有人在网络世界中找到志同道合的朋友，有人在网络世界中交流兴趣爱好，有人在网络世界中分享生活点滴，潜移默化中形成了一个网络虚拟社会。网络达人和粉丝是网络虚拟社会中非常重要的组成部分，二者之间也表现出了明显的互动和纽带关系。虚拟社会包容各种各样的网络达人，他们具有自身个性和优势，往往能够脱颖而出，加上"病毒"式的传播，网络达人的影响力将越来越大。网络达人想要扎根在虚拟社会中，就必须创造优质内容，最大限度地满足大众文化需求，这样才能吸引更多的粉丝群体。

2. 粉丝效应是促成达人 IP 发展的又一重要因素

移动互联网对人们日常生产生活所产生的影响相当深远。公众对其表现出较强的依赖性，随时随地都可能去了解这个世界发生的事情，一旦认识了某个网络达人，并被他吸引，就会给予持续性的关注，潜移默化中也转化成了粉丝。而粉丝力量是达人 IP 扩大影响力的中坚力量，粉丝转发的一条视频、分享的一首歌曲、跟风的一个元素、发表的一条评论都有可能在无形中为达人 IP "招揽"更多的"流量"。值得注意的是，每个网络达人的风格不同，自然所吸引的粉丝群体类型也存在一定差异，但他们都是帮助网络达人不断扩大影响力的重要力量。

3. 网络技术的发展成熟助力达人IP的建立

网络技术不断发展，呈现出多元化形式。短视频的火爆带来短视频制作App的寄生繁衍，短视频制作功能的更新完善，也为视频博主生产优质作品添砖加瓦。与抖音相配套的剪映、与快手相搭配的快影以及卡点视频App的诞生，无不在表明网络技术的发展更新，正助力达人IP达到新的高度，但前提是，达人IP需熟练且有效利用自媒体工具和平台。

（四）个人IP的发展历史

商业IP首创者、豹变IP创始人、豹变学院院长张大豆将个人IP的发展历史划分为六个阶段。

1. 以神话人物、历史人物为代表的个人品牌奠基期

第一个阶段是以神话人物、历史人物为代表的个人品牌奠基期。在古代，有些智者就已经开始打造自己的"个人品牌"，只不过那时候没有"个人品牌"这个名词，但实际上也是在打造个人品牌，从而让自己身价百倍。

提到诸葛亮大家都不陌生，很多人称他为"智慧的化身"，他博览群书、文韬武略，通天文、识地理。刘备三顾茅庐，才得见诸葛亮，因此留下"隆中对"的千古美谈。其实诸葛亮出身很苦，3岁丧母，8岁丧父，之后和弟弟诸葛均一起跟随叔父诸葛玄生活。建安二年（197年），叔父去世后，诸葛亮在隆中隐居，平时博览群书。当时大多数人对他不屑一顾，只有好友徐庶、崔州平少数几个人相信他的才干。诸葛亮想追随明君、建功立业，却不想卑躬屈膝去求人，于是就一直在茅庐攻读。他自比管仲、乐毅，被庞德公称为"卧龙"。诸葛亮凭借自己的实力无形中树立了个人品牌，成为刘备团队中的一员，也成为历史上一位神话般的传奇人物。

2. 以历史名人、名家为代表的个人品牌萌芽期

第二个阶段是以历史名人、名家为代表的个人品牌萌芽期。例如宋代著名文学家苏轼所孕育的东坡文化对于黄冈这座古城尤为珍贵。文化学者余秋雨在《苏东坡突围》一文中提及：苏东坡成全了黄州，黄州也成全了苏东坡。诚然如此，谪居黄州四年零两个月的苏轼，在黄州留下了不可磨灭的印记，这些印记不仅是他达到文学巅峰的真实记录，而且是其思想境界升华的完美写照。从一定程度上来说，东坡文化包含甚广：既有居逆境而不屈的超脱，亦有平等育人的济世之志，还有脍炙人口的传奇之事。千百年来，东坡文化深深地浸润着黄冈这片土地，几乎等同于黄冈这座城市的精神风骨，推动着黄冈旅游产业的发展，打造本地区特色文化旅游品牌。

3. 以明星为代表的个人品牌发展期

第三个阶段是以明星为代表的个人品牌发展期。在明星个人品牌化的综艺中，明星不仅是节目的叙事中心和串联主线，往往还深度参与了幕后创制。某种程度上，节目就是明星以综艺的形式与观众展开的心灵对话。要想完成一场高质量的对话，一要足够自然，释放真我，以"真"动人；二要带给观众超乎既往认知的新鲜，以"新"悦人；三要提炼自带广谱意义和情感共鸣的社会话题，以"情"感人。例如：《周游记》贴近周

杰伦热爱自由的天性，无脚本、无人设、无规则，融"生活＋旅游＋魔术＋交友"于一体，在"真听真看真感受"中，展开对人生的温柔洞察；谢霆锋因为《十二道锋味》，不仅完成了个人形象的二次转型，还将"锋味"经营成一个具有代表性的美食 IP。

4. 以知名企业家为代表的个人品牌红利期

第四个阶段是以企业家为代表的个人品牌红利期。在这个时期，中国涌现出一大批本土企业家并开始第一次媒体化，许多知名的企业家成就于这个时期，这就叫作 IP 的价值。时间过去了近 15 年，他们的影响力还在不断攀升。

2006 年，马云、柳传志、俞敏洪、史玉柱、牛根生等商界大佬宣告了个人品牌红利期开启。实力与知名度是画等号的，知名企业家与个人品牌的传播力密切相关。在个人品牌红利期，社会大力推崇明星企业家，这些明星企业家影响着商业发展方向。

5. 以意见领袖、KOL 为代表的个人品牌红利爆发期

第五个阶段以意见领袖、KOL 为代表的个人品牌红利爆发期。由于互联网图文、视频的高度发达，既能创作内容又能凝聚粉丝的 KOL 成为产品推向用户的一个枢纽。中国的关键意见领袖 KOL 已经领先全球其他国家，率先成为一种真正的媒介载体。Burberry、Dior 和积家手表等奢侈品牌都竞相通过聘请有影响力的明星或达人来宣传它们的商品。

在这个信息时代，占领了更多的信息优势及流量空间的头部 KOL 们的持续内卷，对于全平台内容创作者的生存空间都是极具打击性的，而于品牌、于平台，头部 KOL 的不断膨胀也弊大于利。

6. 人人皆有个人品牌的个人品牌成熟期

第六个阶段是人人皆有个人品牌的个人品牌成熟期。互联网时代，短视频的爆发，正在改变人们获取信息的方式。因为多平台的输出，可以让大家快速地认识到 IP，只要 IP 的内容做得有看头，就会吸引粉丝，就有成功的可能，未来会有越来越多的人关注这个 IP 话题。例如网红鼻祖 papi 酱、回忆专用小马甲、游戏界的 PDD、芜湖大司马、一听声音就要全体起立的五五开等，都是个人 IP 打造非常成功的个体。

二、有成长空间的个人IP特征

一般来说，极致的表现形式、故事架构的引人入胜、具备普世元素的世界观和具备长期生命力的价值观，是 IP 的四大特征。

（一）极致的表现形式（人格化）

IP 内容不仅要高质量，而且要有极致的表现形式。如何表现美，这是当今网络时代 IP 和粉丝之间的重要"沟通"方式，并直接影响到粉丝的停留情况。

比如换装类视频，如果没有卡点音乐的加持，整体氛围感会大打折扣；如果李子柒也像其他主播一样定时直播做饭，她的神秘感和岁月静好的气息也会随之流失，粉丝也会大量减少。

（二）引人入胜的故事结构

表现形式是消费者可以直观感受到的层面。我国大部分 IP 作品的表现形式停滞于某个时期的流行风格，导致这一时期的跟风现象严重，大量的 IP 作品同质化。

同时，一个引人入胜的故事情节也必不可少，像网文界最强 IP——《斗罗大陆》，情节的安排拿捏非常完美。《花千骨》表象是魔幻古装爱情故事，内核运用的是灵魂伴侣的故事引擎，若缺少对方，主角在故事中便无法实现自身价值。

（三）正确的世界观（标签化）

世界观也称"宇宙观"，是人们对世界的总的根本的看法。哲学上存在着唯物主义和唯心主义两种对立的世界观。

IP 创作者与当下形势保持密切联系、应立足社会现实创作内容，让作品在实践中得到打磨，从而制作出更好的内容产品。

（四）具备长期生命力的价值观

"好玩有趣，个性鲜明"是当代网民所喜爱的，如果自媒体只是输出一些枯燥的"专业知识"，恐怕大多数受众难以接受。在制作内容的同时应当输出价值观，因为价值观是人格化 IP 生长的土壤，而人格化也是价值观的外化。朴实元素（民主、自由、和平、人权等人类追求的美好事物）的价值观，可以保证作品最大面积观众的覆盖率，从而提升 IP 的价值。

IP 的人性化，可以让消费者产生情感共鸣。例如，网红"罗翔说刑法"中，罗翔以诙谐幽默的语气解说分析张三故事取得了成功。张三的事情在生活中常见，但有些事情不在常理之中，所以罗翔用自己的方式进行普法，最经典就是那一句口头禅：法律允许，但不提倡！

三、超级个人IP特征

（一）差异化

足够差异化的人格，意味着真实可信赖、不盲从，比如岳云鹏不是优秀的相声演员，却仅仅因为萌贱而饱受欢迎，这就是魅力人格体。差异化带来辨识度，高辨识度是成为 IP 的重要条件之一，这就需要提炼非常鲜活的个性。罗永浩"剽悍""理想主义""工匠精神""傲慢与偏执"这些标签能唤起用户追随。

扩展阅读2-6

小众风格

辨识度，就是 IP 的记忆符号。第一个衡量标准是看它有没有标志性的风格。比如 MR 白冰的风格是开着豪车探店，豪华版的美食探店。第二个衡量标准要看是不是有标志性的标签，如 papi 酱的"一个集美貌与才华于一身的女子",罗辑思维的"有种、有料、有趣的知识型社群"。

1. 偏执化人格

不偏执,不传播;不极端,不传播。这是自主传播的特点,也是IP的特点。乔布斯受欢迎,就因为他是偏执化人格,他的产品取向也是偏执化的,因而乔布斯本人和苹果产品都自带流量。

互联网的长尾连接方式,给予分散的个体聚众成群的平台。若在小众发酵,偏执是基本的价值取向,这里所指的偏执,不是贬义词,而是中性词。与其成为多数人的第二选择、第三选择,不如成为少数人的第一选择。这是时尚流行的规律,也是新IP崛起的规律。

2. 特点鲜明

IP是人格化的,需要有鲜明的烙印。周鸿祎被称为"红衣教主",是因为周鸿祎在出席重要场合时,或是发表一些重要意见时,总是一袭红衣出现,且"红衣"跟他的名字谐音相同。所以,"红衣教主"就成为周鸿祎区别于其他管理者的"个性化标签"。

(二)持续性

1. 持续稳定的内容输出

IP要"红"得持久,必须具备既持续稳定又新意迭出的创作能力。罗振宇每天微信公众号要发布60秒语音;樊登每年要读50本书;papi酱要做到周一放送;吴晓波频道每天更新。没有持续的内容生产能力,即使曾经是IP,也会被互联网快速遗忘并淘汰。IP更高频的发布内容能够吸引粉丝更多的注意力。保持每日更新,可以培养用户习惯,增强用户黏性,更容易得到用户和算法的喜爱。

创作灵感不是每天都有,在灵感枯竭的时候可以通过模板和数据库,做到稳定输出。具有相同价值观的内容,反复强化,才有辨识度,最后形成IP。江小白的价值观是"简单纯粹",三只松鼠的价值观是"快乐",苹果的价值观是"极致",消时乐的价值观是"欢聚食刻"。

扩展阅读2-7

通过内容模板稳定输出内容

个人IP品牌的Logo最好能保持统一,不管是在微博、微信、直播平台还是视频平台。同一时段保持统一风格,有利于提升整个IP的辨识度;不过在一年之中的特定时段,可以根据场景的变化适当对风格进行调整。比如春节期间,可以换上一个有节日元素的肖像,以此类推。

2. 稳定的情绪表达

IP必须考虑情绪感,尤其年轻人需要实时化的情感表达,弹幕文化就是典型。好的IP必须有非常强烈的情绪化代入感,吐槽文化、职场文化等都可以成为内容场景。"90后"脱口秀演员李雪琴,用她"丧里丧气"的脱口秀风格,获得了许多年轻网友的认同。

（三）内容力是根本

1. 内容力定义

IP 的内容力是指创作者通过图文、短视频和直播等，吸引用户点击、观看、互动、分享、支付的能力。内容力是整个 IP 产品力体系的核心和基础所在，对整个产品力体系的形成和完善起着根本推动作用。

2. 内容质量

人人是自媒体，但不可能人人都进入传播的"头部"。一旦传播达到某个临界点，或者传播触动了社会共鸣，就会突然引爆。内容服务需要根据数据不断优化，内容类产品与用户喜好高度关联，要根据数据、评论，以周为单位快速优化选题方向。

因为 KPI 的存在，大部分 IP 忽略了内容价值而仅仅考虑如何"博引眼球，引发兴趣→点击打开阅读"，内容价值正在回归，这种回归，与用户目前的内容流通路径演变有关。在今天，决定内容能不能被更多的人消费，不再取决于搜索引擎优化和分发渠道，它只需要一个条件：内容本身的价值、打动力与内容的传播。

（四）连接性

自流量、自传播是 IP 的重要特征，自传播是自发的、多级的。互联网时代的传播逻辑发端于小众，引爆于传播，收获于大众，这个过程是十分迅速的。当一个 IP 达人创作出爆款视频时，该模板就会被疯狂复制应用，比如 2021 年很火的"光剑变身"受到许多博主的青睐，不断地被翻拍和创新。仅仅一个月的时间，拍摄主体已经从网红达人蔓延到普通人，他们纷纷在微信朋友圈、QQ 空间、微博等平台晒出自己的作品。IP 自流量、自传播的特点是形成超级 IP 的重要基础，显示出超强的连接性。

第三节　塑造 IP 的渠道与平台

一、图文类平台

传统图文内容包括杂志、书籍、白皮书等。数字图文内容是最常见的内容形式，包括纯文字型、纯图片型、图文型等，它可以出现在企业官网、博客、自媒体等诸多渠道中。图文类平台是门槛要求最低的自媒体渠道，适合完全零基础、没有任何特长的新手。

扩展阅读 2-8

头条号工具箱

（一）头条号

1. 头条号优势

（1）头条号依靠今日头条 App，平台流量大。

（2）对新手来说，头条号不设新手期，只要注册账号后就可发文。

（3）发文后有阅读量便可以赚取收益。

（4）新手如果借助悟空问答平台，为热门问题提供优质回答，就很容易快速涨粉。

2. 头条号变现方式

（1）头条广告：头条文章在发布时可以勾选广告投放，文章有阅读量就会带来收入，1万阅读量能够带来的广告收益从1万元到4万元不等。

（2）青云计划：平台依据内容质量，每天筛选出100～1 000篇优秀图文进行奖励，每篇优质图文作者奖励300元。

（二）企鹅号

1. 企鹅号优势

（1）只要发满5篇文章便可以度过新手期，开通收益。

（2）文章的质量决定了账号的等级，等级越高，收益越高。

（3）企鹅号的内容会被推荐到多个平台，包括腾讯新闻、天天快报、QQ看点等，流量十分可观。

2. 企鹅号工具箱

企鹅号App自身带有强大的工具功能，包括大数据内容指数、线上创作培训、图文视频发布编辑工具。

（1）大数据内容指数：通过大数据挖掘洞察内容关注点以及相关内容的热度、时效、内容饱和度等数据，向内容创作者提供热点题材方向。

（2）App内部创作课程：企鹅号App上线了一系列创作课程，为不同领域和经验的作者提供分层指导，分为新手学院、创作学院、运营学院、大咖讲堂四大课程。

（3）图文视频发布编辑工具：创作工具也分为图文或者视频内容编辑发布，同时增加灵感记录工具，留住创作者不经意间闪过的灵感。

3. 企鹅号变现方式

（1）广告分成：开通流量为主，可以根据平台自主投放在作品中的广告展示量进行分成，阅读量越大，广告展示量就越大，分成就越多。

（2）原创补贴：在企鹅媒体平台每个月至少发布10篇原创文章，取得原创标签资质并且已开通流量主，符合平台扶持方向就可以获得原创补贴。

（三）微信公众号

1. 公众号优势

（1）公众号不设门槛，人人都可注册。不设新手期，注册后即可发布文章。

（2）可以利用微信好友获取第一批粉丝，满500粉丝后便可以开通流量主，获得收益。

（3）容易积累私域流量，变现方式更多，能获得更广阔的盈利空间。

2. 公众号变现方式

（1）广告投放：公众号的广告会出现在文章的尾部，以前需要的粉丝门槛是5000，现在只需要500，对公众号运营新手来说也很友好。

（2）赞赏：公众号底部，尤其是干货类、电影资源类公众号，很多都有赞赏功能。

（3）软文投放：想推广的公司会将他们的产品、期望呈现的文案发给创作者，让个人用自己的平台账号发布他们的产品信息做推广。

（四）小红书

小红书是以图片为主的女性种草、生活社区，"90后""95后"年轻女性是这个平台的主流用户。截至2021年9月，小红书的月活跃用户数约达1.3亿。小红书对创作者的定义是"怀利他之心创作，用生活寻找共鸣"，运营核心是通过内容来打动用户。

扩展阅读 2-9

罗振宇谈小红书

1. 小红书优势

（1）女性用户的忠诚度、购买力都非常理想，小红书是一个很适合年轻女孩子做女性产品内容营销的平台。

（2）小红书的内容形式以笔记（图文）和短视频为主，创作门槛比较低，不需要精通复杂的剪辑技术。

（3）小红书的流量机制主要依靠关键词，打造好关键词，新手笔记也能获得很好收益。

2. 小红书变现方式

小红书简单直接的变现方式便是成为品牌合作人，接广告后种草带货。品牌合作人的要求大致有以下3点。

（1）已经实名认证的用户。

（2）近一个月的笔记平均曝光量大于或等于10 000。

（3）符合标准的品牌合作人需要同MCN进行实名制签约。

二、问答类平台

（一）综合类问答平台

1. 平台介绍

综合类问答平台主要是由搜索引擎网站及新闻资讯网站或论坛推出的，致力于为用户提供快速、精准、翔实的提问与解答的平台。其问题类别较为齐全，从经济发展到教育、社会民生，从历史文化到娱乐生活，从科技进步到实用技能等，各个领域的知识和信息都有。例如知乎、百度知道、搜狗问问、360问答、搜搜问问、搜狐问答、新浪爱问知识人、悟空问答、天涯问答等。

2. 平台特点

（1）易于搜索：当用户输入相关问题时，会让自己平台的问答更容易被搜索到。如使用百度、搜狗搜索问题时，问答会更容易出现在搜索结果的靠前位置。

（2）流量大：因问题类型繁多且易于搜索，精准的问答更易于获得大量流量和更多曝光。

3. 典型平台——知乎

知乎早期定位为大众高质量的互联网问答分享社区，面向的是高质量精英人群，其用户超80%学历为大学本科及以上，其中贡献高质量内容的创作者大多为具有创造力和影响力的各行业意见领袖及资深的垂直领域创作者。随着2015年到2016年社区解除注册门槛，2020年知乎已拥有4310万内容创作者，尽管其内容产量大幅提升，但也由此产生新的问题：内容质量逐渐下降。专业领域创作者的回答被更多的"抖机灵"式的回答所埋没，其得到的点赞数和认同也大幅下降。商业化的扩张导致了原有定位的丧失，内容水化问题日益严重，粉丝质量出现变化。截至2021年9月，知乎的月活跃用户数约达0.72亿，20～29岁用户约占70%。

知乎用户是一群理性、客观的人，想要让内容被用户点赞、收藏、转发，就必须产出有价值的内容，让用户从内容中获得价值。知乎和小红书、抖音等其他平台最本质的区别在于，知乎的用户是带着问题去平台寻找答案的。问题等于需求，答案等于解决方案。在知乎上生产一篇爆款内容应该具备三个条件，首先是基础条件，让用户看下去；其次是支撑条件，解决用户需求；最后是核心条件，打造用户获得感。

扩展阅读2-10

从知乎零成本精准获客3000，我是这样做的

目前，知乎创作者变现途径主要为两种。第一种"知任务"，即约稿方式。平台创作者通过知乎官方MCN接到品牌方的稿子，其中MCN抽取30%的费用，在此类体系下，MCN具有垄断性，导致创作者难以接到高价订单。第二种知识付费即提问者付费获得回答或创作者提供付费演讲或小说，但平台真正肯为知识花钱的用户数量极少。2020年，知乎月收入10万元以上的创作者仅有100人，相较于短视频平台，收入少且工作量高，如知乎著名大V老虎两年间创作几百万字，仅收到500元打赏。

（二）垂直类问答平台

1. 平台介绍

垂直类问答平台是指专注于具体行业或领域的问答平台。如专注于医疗领域的有问必答、39健康问答；专注于房地产领域的搜房问答；专注于母婴育儿领域的宝宝知道、育儿问答，以及专注于旅游问答、游戏问答等不同领域的不同问答平台。此外，还有专为知识分享者付费的垂直类问答平台，如分答、微博问答等。分答作为国内领先的付费语音问答平台，汇聚着各行业和领域的专家，提问者通过付费给具体的回答者，可获取1分钟的语音回答。而微博问答则是指粉丝通过付费向知名的微博用户提问，知名微博用户通过撰写文章的形式回答问题。

2. 平台特点

（1）人群精准：因平台集中回答某一行业的问答，聚集的人群较为集中。

（2）行业针对性强：因人群精准，企业可集中回答相关问题并植入软文。如与育儿问答相关的奶粉类企业可围绕喂养类、营养类问题进行解答。

三、音频类

2020年，中国网络音频用户规模达2.8亿人，网络音频使用率高达28.6%。从综合音频平台的竞争格局来看，头部的网络音频平台主要有三家，分别是喜马拉雅、蜻蜓FM和荔枝。主力音频用户集中于20~39岁的中青年用户和本科及本科以上学历用户。随着智能音箱、可穿戴设备、新能源汽车等物联网智能终端对网络音频内容需求的持续上升，中国网络音频行业用户规模将呈现良好的增势。从收入结构来说，主打PGC＋PUGC的喜马拉雅和蜻蜓FM的主要收入来源是会员和订阅收入，荔枝则以用户直播打赏的收入为主。向用户收费逐渐成为综合音频平台的主要收入来源之一。

（一）音频平台介绍

1. 荔枝

荔枝的文艺风格很明显，画面精美，界面设计小清新，它主要集中在情感电台上，但是人群相对较小，用户相对年轻。如果想做某些专业的内容，荔枝就不太适合了。荔枝的主要品牌理念是"每个人都是主播"，门槛比较低。谁都可以申请打开一个专栏并通过手机客户端上传自己的节目。荔枝于2020年1月在美国纳斯达克上市，成为中国网络音频上市的首家企业。

2. 蜻蜓FM

蜻蜓FM平台的主要内容聚焦在直播。该平台像一部收音机，与传统的广播电台合作更多。内容很容易断层，广告很多，被动收听用户比主动收听用户更多。从技术上讲，蜻蜓仍然落后于其他音频平台，就像手机增强版收音机，但这是蜻蜓FM最特别、最任性骄傲的地方。

3. 喜马拉雅

喜马拉雅无疑是拥有最多用户的音频平台，月活用户2.68亿。大家通过这个平台几乎可以找到任何种类的内容和样式，喜马拉雅定位明确：最大、最包容，因此也缺乏某些独特的品牌个性。喜马拉雅音频内容分类众多，是一个综合性的平台，内容很开放，资讯、情感、戏曲、人文、科技、儿童，应有尽有。每一个用户都能找到自己的喜好，喜马拉雅的主播也可以在内容达到一定质量后，申请加V，这套加V体系能起到很好的过滤和沉淀作用。

（二）音频主播的培养要素

1. 声音条件好

音频主播有别于视频主播，对发音要求严格。（1）声音辨识度。音频主播的声音需要有特色，听众可以通过主播的声音接受信息，感受到美。（2）发音清晰。音频主播还需要发音抑扬顿挫，吐字清晰准确，对语音语调要把握得当。

2. 富于情感

（1）音频主播需要更多的情感投入，能够较容易和听众产生"共情"。（2）主播需要情感投入，以饱满的精神状态融入播音中。

3. 情商高

由于音频主播更加注重用声音和受众互动，因此情商显得非常重要。（1）调节气氛。高情商的音频主播在进行"脱口秀"为主题的播音时，需要与听众进行声音互动，以留住用户。（2）用户付费。用户打赏很大程度上不是理性的选择，而是感性的冲动。情商高的主播，更能引导用户付费。

4. 有专长

音频主播需要有自己的专长，并且将专长打造成品牌。（1）擅长特定领域。音频直播涉及有声书、唱歌、搞笑、情感咨询、助眠等领域。主播在特定领域有专业特长才能有粉丝。（2）单纯聊天很难持续吸引用户，聊天互动和才艺展示穿插安排，才能提高用户体验。

四、中短视频平台

短视频是指在各种新媒体平台上播放的、适合在休闲零碎时间观看的、高推送的视频内容。短视频优势轻载、趣味、高效，用户观看没负担，适合碎片化情景，具备强大的吸引力，可占据用户的娱乐时间，打碎文字/图片/游戏等传统的休闲模式。互联网络信息中心发布的第 48 次《中国互联网络发展状况统计报告》显示，截至 2021 年 6 月，我国手机网民规模已达 10.07 亿，其中短视频用户规模达 8.88 亿。

扩展阅读 2-11
短视频创作的注意事项

扩展阅读 2-12
抖音平台运营注意事项

（一）抖音

抖音是由字节跳动推出的一款短视频分享软件，于 2016 年 9 月上线，是一个面向全年龄的音乐短视频社区平台。一款火热的视频社交软件，是一个专注年轻人的 15 秒音乐短视频社区，抖音用户可以在该平台上随时随地发布短视频，也可以和更多志同道合的朋友一起互动、分享美好生活。

1. 抖音平台的特性

1）去中心化

抖音和微信公众号最大的不同是：关注了谁的公众号，就可以看谁的公众号内容，粉丝越多，流量越大；关注了某个人的抖音，但可能未来半年都刷不到他的视频。也就是说，个人在抖音获得的粉丝，不是自己的，而是抖音官方的，个人视频的播放量，依然依托于自己每一条视频本身的内容。

2）算法机制

了解抖音去中心化算法规则才能玩转抖音。和微信公众号的算法不同，抖音依托于今日头条推荐算法。抖音的基础推荐机制会给每一个视频分配一定的流量，一般是阶梯形流量，即 1—200—500—1 000。视频的完整播放率、互动率是决定能否进入下一个流量池的关键，并且是实时更新的。

3）叠加推荐

叠加流量的审核标准跟流量池一样。如果新发布的短视频质量不错，系统分配的 1 000 左右的播放量中如若转发量达到了 30 次，那么系统就会自动判断这个视频很受欢迎，因此会自动对该视频进行加权，这样叠加推荐会给 300 万视频流量；如果转发量达到了 300 次，就会叠加推荐到 3 000 万流量，依此类推。在发布视频的时候应多引导用户进行留言和评论。

2. 抖音作品分发机制

抖音的分发机制按照其先后顺序依次是：消重机制、审核机制、特征识别和人工干预。

1）消重机制

为了维护平台的用户好感度，官方肯定会保护原创。如果自己的视频是别人发过的，那么视频很大可能得不到推荐。这里的重复视频，包括照搬别人的视频和高度相似的视频。当然，抖音的消重机制并不是特别严格，有很多人趁机谋取利益。总的来说，要想在抖音上长期健康地发展，就要好好做原创内容。

2）审核机制

抖音审核分为机器审核和人工审核。机器审核为主，人工审核为辅。审核视频内容、视频描述/标题，审核是否有敏感信息、是否导流到其他平台。在机器审核的算法中有一个拦截库，视频发布后立即进入审核状态，机器自动比对视频标题、内容是否跟库里能匹配上，如果能匹配，就不能通过审核。

3）特征识别

当视频通过审核以后，抖音系统会根据视频的内容和标题，对这条发布的视频打标签。

4）人工干预

视频内容的审核比文字审核要严格得多。由于机器审核并不能完全准确地判断视频是否违规、质量如何，也不能基于以往数据完整地预测用户发布视频的方式等，因而便引入了人工干预机制。

3. 抖音优势

（1）截至 2021 年 8 月，抖音日活跃用户数已突破 6 亿，是目前国内最大的短视频平台。

（2）15 秒到 1 分钟的视频，可以直接拿手机拍摄，甚至不需要剪辑，视频创作门槛低。

（3）作为一个以"智能算法"为核心驱动的平台，算法规则让那些哪怕 0 粉丝、0 曝光的新手账号也有出爆款的可能。

4. 抖音 IP 案例

短视频的兴起，让大部分草根短视频创作者火了起来。和传统媒介相比，短视频的门槛稍低,抖音视频的创作者可根据市场的走向和爆梗来创作内容,这类作品受到众多网友的喜爱,如在抖音上热度不减的杜子建、李子柒、papi 酱等。

卫龙辣条入驻抖音,其中一条视频 121 万点赞,虽然在所有视频中不是最高的,但是最有创意的,视频标题是"拆包辣条庆祝一下吧"——一个大口吃辣条的形象营造出来了。一方面提升了产品品牌形象,另一方面使故事更好看、更刺激。

(二)快手

快手是一个达人属性权重很高的平台。在发展之初,快手与其他短视频平台相比,没有利用明星、网红营造中国处处皆时尚的潮气质。与之相反,它展现的是普通中国人,特别是农村地区百姓的生活。

快手的特质满足了庞大的基础受众娱乐化、生活化的需求。快手短视频不需要有太专业的拍摄技巧,人人可以发声,人人可能成为被关注的对象。"双击 666""老铁 666"成为快手平台上的标志性名词。在快手发布内容,不会被别人嘲笑为 low、非主流、没见识、群盲,因为发布者知道受众和自己是同一群人,而受众也正是因为快手有着这样的特性而被吸引。看似低俗却也玩得不亦乐乎,人们因此在主流社会里有了更多的话语权和表现权。整体来看,快手走的是"农村包围城市"的道路。

1. 形态、特点、运营规则

1)快手的平台形态

快手的用户定位是"社会平均人"。快手用户广泛分布在中小城市是由中国社会的形态所决定的。如果把所有的快手用户抽象成一个人的话,这个人就相当于一个"社会平均人"。

快手是一个记录与分享的平台,快手 CEO 宿华希望今天的人能通过快手"读懂中国",让一千多年以后的人,也能看到今天的时代影像。宿华曾说,几百年以后,快手会是一个记录博物馆。快手的算法机制如图 2-2 所示。

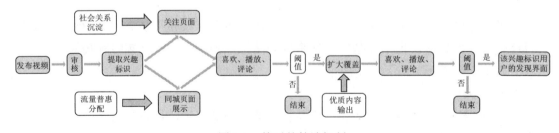

图 2-2 快手的算法机制

2)快手平台的特点

(1)客户类型。据股城网 2021 年 10 月 27 日消息,快手客户性别比例平衡,30 岁以下客户占 70%,中小城市和农村客户较多,约占 55%,北方客户较多。

(2)内容形式。快手中的 KOL 多诞生于基层,生活类短视频占比最高,扎根细分更受客户欢迎。快手有很强的"网络直播"氛围,粉丝比较有黏性。客户愿意主动点赞、评论、分享自己喜欢的 KOL，互动率高。

（3）平台电商。根据艾媒咨询《2020—2021 中国在线直播行业年度研究报告》整理。其中，淘宝直播和快手占直播电商市场的绝大部分份额。阿里巴巴和快手发布的财报显示，2020 年，淘宝直播 GMV 超 4 000 亿元；快手电商 GMV 达 3 812 亿元，同比增长 539.5%；快手财报显示，快手的直播收入为 332 亿元，占全年总收入的 56.5%，较 2019 年增长 5.6%，快手应用上进行了超过 17 亿次的直播。带货直播可以通过借助快手小店、有赞、淘宝、魔筷等平台。

（4）品牌合作特性。以中小型创业品牌为主，如朵拉朵尚生物科技有限公司。朵拉多尚接地气的公司简介更适用快手平台的整体化特点，给顾客信任感。

（5）投放建议。快手平台适合日用品、餐饮、零售等中小型初创品牌商品销售。与头部主播相互合作带货，能够迅速推出爆款，产生大量品牌曝光。在 KOL 的挑选上，既要迎合粉丝，又要考虑商品特性。

2. 快手初级运营者需要注意的问题

（1）快手内"关注"和"发现"为同级板块，发现页以双列 Feed 流形式呈现，用户对内容有更多选择。

（2）快手具有很强的社交属性，"说说"和"群聊"功能帮助进一步增加粉丝互动和黏性，观众更看重发内容的"人"。

（3）快手强调"公平普惠"的产品逻辑，提倡去中心化内容分发，没有名气的新用户也有机会获得流量。

（4）快手流量分发主要基于用户社交关注和兴趣调控，主打推荐内容为"关注页"内容。据相关数据显示，快手用户大概率可以看到关注用户的内容。

3. 快手 IP 案例

快手号：农村会姐。44 岁的乡村大妈，不化妆、穿着淳朴，有 3 个孩子，大家能想象她是一个超过 1400 万粉的博主吗？

人设定位：38 岁朴实农村大妈，教大家制作各种家常菜。风格类型：农村家庭风，接地气。视频数据：3394 条视频，平均点赞量 1 万～10 万，每条视频评论数 2 000＋。

视频剧本：乡村家庭生活 Vlog。①开头：一个简短的家庭片段，例如儿子和妈妈讨论最近学习情况，儿子和妈妈说最近想吃什么。②中间：会姐教家常菜制作过程。会来一句口头禅："兄弟姐妹们好，今天给孩子做一个……"。③结尾：一家人其乐融融一起享受美食，真实接地气。这类内容没难度，用手机就能拍，加上简单字幕，非常适合乡村用户。圈粉获赞主要有 3 个原因：直播不卖货、光谈心、圈一波农村妇女粉。每天下午 1 点至 4 点，晚上 6 点至 9 点直播，平均观看数 9 000＋。直播不卖货，而是和粉丝唠家常、讲农村女人经历、心酸、快乐等，有一帮农村妇女粉。

（三）西瓜视频

西瓜视频是字节跳动旗下的视频平台，以"点亮对生活的好奇心"为口号。

1. 西瓜视频的平台形态

字节跳动的智能推送算法，一直是互联网公司中的领头者。西瓜视频借助于优秀的推荐算法，与抖音的推荐视频有相似效果。该功能通过收集用户平时使用该 App 的数据：用户看视频的停留时长、用户搜索的历史记录，以及分析用户所点的关注内容，给用户对"症"下药，为用户推送新鲜且用户感兴趣的视频。该功能在西瓜视频的首页、放映厅、直播中都有出现。

打开 App，用户首先看见的便是推送功能。西瓜视频平台为用户推送一系列时长在 2 分钟左右的短视频，且采用瀑布流的形式，让用户能方便地浏览短视频，该部分推送的短视频内容是根据智能算法筛选后的视频。

2. 西瓜视频平台的特点

（1）内容优势，长视频、短视频兼备，以短带长，以长助短。

（2）强大的算法推荐，人工智能的技术积累，有利于为用户持续精准地推荐适切的内容。通过算法分析用户的浏览量、观看记录和停留时长等进行视频推荐。

（3）高额补贴机制、定期的技能培训、线下西瓜创作者大会等举措，增强了用户的归属感。利好的政策扶持，比如 3 + X 变现：平台分成升级（日常流量六倍的分成收入）、边看边买（商品卡片）、西瓜直播，这些政策都能帮助短视频创业者实现商业变现。

（4）优质独家版权的引入，拥有多款国际 IP 爆款，如俄罗斯的《玛莎和熊》，英国的《德古拉》；内地的《囧妈》《疯狂的外星人》等高口碑独家影视内容也是爆款。有了更专业更丰富的内容，才可以沉淀更多高质量的用户，从而极大地降低获取用户的成本。

（四）哔哩哔哩

哔哩哔哩，英文名称：bilibili，简称 B 站，是中国年轻一代高度聚集的文化社区和视频平台。B 站的口号是：你感兴趣的都在 B 站。B 站是长视频平台，B 站内容基本上为 15 分钟左右。

1. B 站平台的形态介绍

1）栏目设置

B 站首页栏目分类很多，导航栏有动画、番剧、国创、音乐、舞蹈、游戏、科技、生活、鬼畜、时尚、广告、娱乐、影视、放映厅、专栏、广场、直播、小黑屋等。顺着首页往下看，内容更加细分，还有纪录片、电视剧、特别推荐等栏目。

2）无广告

B 站靠着无广告、不收费的特色从各大视频巨头中异军突起。

3）弹幕文化

B 站的弹幕文化是一大特色，有时候观看一段视频，视频本身的乐趣远远小于弹幕所带来的乐趣。除了娱乐功能之外，弹幕内容也会引起用户更多的观影思考。

2. B 站平台特点分析

B 站的优势很明显，在"UGC ＋二次元泛二次元"领域基本处于垄断状态，并且在垂直视频领域中也是独树一帜。B 站具有独特的社区文化和弹幕文化，在浓厚的文化氛围中，用户加深了自我对社群的意识，不断吸引着新的用户和群体的加入，有利于 B 站开拓多元化的业务需求。B 站的用户中 Z 时代占据 80% 左右，是最年轻的视频平台。

3. B 站的平台运营规则

B 站依靠自己优质的内容和破圈策略吸引了大量用户。B 站也是中国互联网公司中少有的主动给用户设置门槛的平台。要想在 B 站体验更多好玩的互动和权限，用户首先要答题，100 道题达到及格线才有资格，这也确保了 B 站的用户会更加忠诚。B 站同时依靠用户运营、活动运营、内容运营手段打造了独一无二的社区氛围。B 站的内容分区覆盖了不同兴趣取向的用户圈层，他们是 B 站大的社区氛围下的一个个小的亚文化社区，之间互不干扰。

扩展阅读 2-13

哔哩哔哩 IP 案例 YJango——实用的学习观

（五）微信视频号

背靠微信强大用户体量及强社交属性，微信视频号于 2020 年 1 月上线。

1. 视频号＋公众号，将成为未来微信生态创作者运营的新方式

视频号的出现，弥补了微信生态内长期以来短视频的空白，视频号与公众号之间的连结越来越紧密：主页双向打通，公众号打通视频号直播，主页可展示视频号内容。视频号让深耕公众号的"古典自媒体人"得以有转战短视频与直播领域的机会，将视频号作为内容的补充。而视频号创作者也可以通过公众号，挖掘潜在用户，积累私域流量池，与公众号两者形成相辅相成的局面。不少博主已经通过公众号＋视频号的结合方式，图文＋视听的呈现方式，互相导流。

2. 视频号连接微信生态各个渠道，实现流量内循环

相较于微信其他产品，视频号覆盖了微信生态众多流量入口，有搜一搜、看一看、话题标签、推荐等公域入口，有朋友圈、个人名片页、私聊群聊、微信状态等私域入口。2021 年，视频号入口进一步升级，与公众号主页双向打通、公众号主页可展示视频号内容；打通 PC 端、企业微信、微信红包等，展示场景更加丰富，公域＋私域的结合也让微信生态内流量的流动更加高效顺畅。

3. 商业化进程加快，商业潜力逐步显露

"视频号＋直播＋社群＋公众号＋小商店＋小程序"，微信生态内完整的交易闭环，让转化链路缩短。且基于微信强大的社交基础，视频号拥有更精准的受众群体以及更强的圈层影响力。2021 年，视频号互选平台的上线为创作者及品牌方提供更自由便捷的交易平台，为优质创作者带来丰厚的创作收益。视频号机构管理平台、直播任务的上线，通过流量与资金激励，加快了视频号商业化进程。

直播一直是视频号发展的重点，自 2020 年 10 月上线以来，直播基础功能不断补齐、优化，比如美颜、连麦、打赏、福袋，推出购物车、打通小商店，直播变现路径更加清晰。2021 年，直播产品地位持续升级，在【发现】页拥有和朋友圈、视频号等量地位的独

立入口。同时，与公众号进一步打通、上线直播提醒及预约、PC端可观看直播等一系列操作，为直播引流。直播任务的上线，一定程度上提升了主播活跃度，丰富了直播内容。

4. 微信视频号常见变现方式

1）挂链变现

挂链是视频号最原始的变现方式。通过在视频文案区挂链接来变现，比如广告图文、小商店商品，及其他渠道的分销链接。

2）商务广告

博主为广告主定制广告内容来变现。一些优质的视频号比较受广告主青睐，比如@小北爱吃肉@李筱懿等。

3）知识付费

把知识变成产品或服务，以实现商业价值。视频号中不少博主通过知识付费变现，比如@崔璀的第25个小时@粥左罗等。

4）视频号互选平台

视频号互选平台是广告主和流量主通过平台双向互选、自由达成广告合作的一种投放模式，该平台将广告创意呈现在视频号内容中。视频号互选平台入驻5 000＋账号，下单投放的类型有汽车、数码家电、服饰鞋包、综合电商、食品、旅游、日用百货、钟表首饰等。如OPPO与一禅小和尚合作，通过互选平台，广告主与创作者达成合作，由创作者定制视频，并在视频号平台发布，如一禅小和尚发布的"坚持记录快乐和美好，生活就真的会美好"，就是为OPPO定制的广告视频。

5）直播电商

通过视频号直播平台推销产品，使客户在了解产品各项性能的同时来购买商品。

6）直播打赏

视频号直播礼物的收入，主播和平台各50%。主播完成直播任务，可以额外获得15%收入，从50%提升至65%（如果主播加入机构，则15%的收入由机构获得）。

本章小结

1. 把握IP特征：多样化、平民化、普泛化。赋予IP鲜活的生命和独特的特点，才能打造出一个超级IP。

2. IP可以吸引大量的注意力，成为关注的焦点。IP以关注热点为中心，能持续唤起某种心理满足感。

3. 每一个平台的算法以及平台的逻辑和受众人群不同，找到适合自己的平台才是最好的选择。根据自身的特征和调性，以及想要发展短、中、长视频的方向，选择最适合自己的平台。

思考题

1. 个人 IP 打造选择哪些平台？重点是什么？
2. 个人 IP 这些平台怎么运营？
3. 好的个人 IP 还应当具备哪些素养与能力？
4. 如何扩大个人 IP 影响力？
5. 相关平台算法机制对打造 IP 的好处有哪些？

扩展阅读 2-14

醉鹅娘是什么？

第三章　个人IP策划

个人 IP 是充分利用新媒体内容创造，聚焦个人特殊才能，不断积累个人品牌影响力，并通过移动互联网迅速传播放大，从而实现商业变现的个人创业模式。

IP 塑造是一个复杂而漫长的过程，大致可以分为六个环节：确立定位，搭建人设；选择渠道，打造认知；持续输出，完成蓄势；引流借力，爆发涨粉；介入私域，社群运营；能力变现，迭代升级。

扩展阅读 3-1

自媒体运营标准作业程序

第一节　个人IP定位

个人 IP 定位是一个比较宽泛的概念。定位理论创始人、"定位之父"杰克·特劳特说过："所谓定位，就是令自己的企业和产品与众不同，形成核心竞争力；对受众而言，即鲜明地建立品牌。"个人 IP 也一样，为了让发布的内容被更多人看到和喜欢，做好 IP 定位是最基础的一步。做好 IP 定位意味着创作者需要明确是什么、做什么、如何做以及如何让用户喜欢等问题。

扩展阅读 3-2

个人 IP 定位三大秘籍

一、账号定位方法

账号定位，是账号运营的起步阶段工作，账号定位直接决定账号的涨粉速度、变现方式以及引流效果，同时也决定账号的内容布局和账号布局。

扩展阅读 3-3

产品定位

（一）对行业数据进行分析

通过专业的行业数据分析，不仅能了解行业的最新玩法，发现用户喜欢的内容和方向，还能学习到同行的热门"套路"。个人可以使用第三方工具来获取数据，比如乐观数据、抖大大、飞瓜数据等。

（二）对自身条件和能力进行分析

在对行业数据分析后，要对自身特征进行提炼。一些明星、达人、KOL 类的账号和内容，点赞量、粉丝量都非常高，但如果自身没有形象和才艺，则很难对标；又如动画和特效类的账号和内容，如果缺乏专业技能，也是难以经营的。所以在做账号定位的时候，一方面要从平台和用户出发，另一方面要从自身出发，保证内容的质量和持续性产出。

建议优先选择自己的专业领域或比较熟悉的领域，这样做起来才会得心应手。其次选择自己感兴趣的领域，兴趣是最好的老师，它能支持个人不断地学习和探索这个领域。

（三）对竞品账号特色进行分析

分析竞品账号，需要从多个方面进行拆解和分析，比如选题方向、脚本结构、拍摄手法、视频剪辑包装、视频标题和留言区互动等，几个板块缺一不可。对竞品账号的分析，一方面是学习，另一方面是从中找到差异化的点，从而进行超越。

（四）从"表现形式＋表现领域"组合定位

做账号定位，可以参考定位公式：账号定位＝表现形式＋表现领域。创作者可以从这两个方面，逐级筛选组合出自己擅长的领域和方向进行定位。图 3-1 可以清楚地说明什么是表现形式，什么是表现领域。

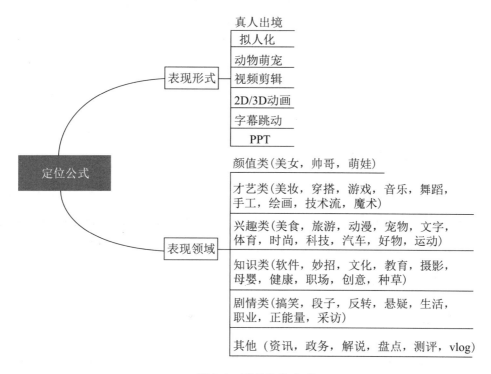

图 3-1　账号定位公式

二、账号定位的原则

（一）垂直原则

一个账号只专注一个细分领域，把用户群体拆分，而不是面向一个泛泛的群体做内容。不垂直等于不专注，如果创作者越想去迎合所有的用户，做各种各样的内容，随后就会发现，所有的用户都不喜欢甚至抛弃该账号。

（二）价值原则

对用户来说，有价值的内容才会去看，有价值的账号才会去关注。价值可以分为很多种：视觉享受价值、娱乐享受价值和知识获取价值等。好看、好玩、有趣和实用，都是用户喜欢的价值方向。

账号定位要为用户着想，研究用户到底需要什么。比如微信公众号"十点读书"做内容时会特别关注用户需要什么，以及用户希望成为什么。创作者所有的宣导，不管是价值还是提供的服务，本质上都是为用户服务的。只有为用户着想，用户才会追随账号，甚至主动帮账号传播。所以，"十点读书"通过从用户的角度思考问题，从而获得一批愿意追随"十点读书"内容的忠实用户。

（三）深度原则

深度原则是指内容定位之后，一直沿着这个方向深入发展，把更深层、更有价值的内容提供给用户，而不能只提供一些肤浅、低级趣味、缺乏创意的内容。

（四）差异原则

在这个内容同质化严重的个人IP时代，有差异才能使个人的账号从众多的账号中脱颖而出，让用户记住并关注。差异可以从内容领域、IP或人设的特点、内容结构、表达方式、表现场景、拍摄方式、视觉效果等众多方面进行体现和区别。大的差异可能很难做到，但可以从小的差异做起。

（五）持续原则

持续是个人IP账号定位最后也是最重要的一个原则。如果不持续稳定地更新内容，那么根据平台的规则和算法机制，账号的权重将下降，获得的平台推荐量就会变低，已经关注的用户也易流失。

三、用户定位

做好用户画像定位，明确用户对象，知道用户喜欢什么。如美妆类的抖音号，面向的用户群体以年轻女性为主，内容策划方向就应当激发女性共鸣的话题，解决她们关注的问题。如果想通过付费咨询来进行变现，那么粉丝目标便是对知识付费有概念的较为年轻的对象。互联网时代不缺流量，但需要找出相匹配的精准流量，定位的主要目的就是筛选出目标粉丝。定位可以被分为优势定位和位置定位。

（一）优势定位

优势内容可以吸引对相关内容感兴趣的粉丝，创作者可以根据自身能力和拥有的资源，思考用户对哪些领域感兴趣、哪些领域是蓝海市场、有持续发掘的空间，然后定位，并向所定目标努力。

发掘有潜力的蓝海市场，创作者可以去各类视频网站寻找自己感兴趣的领域。如果没有特别的兴趣，可以选择生活或者职场类的视频，不用着重关注视频内容，但要关注视频的评论区和留言。评论体现痛点，有痛点的地方就有商机。

（二）位置定位

思考 IP 想要影响哪一类人群，怎样选择变现手段。不过，可以先不深思如何变现，根据自己的兴趣爱好选定目标用户，之后再选择变现方式。

四、内容定位

做账号要解决账号内容定位问题，不论是商业定位还是个人 IP 定位，只有做好定位以及变现路径方式，才能持续地发展下去。策划方向和内容定位是账号定位的主要工作内容。

（一）内容定位

定位是该账号服务于某类群体，用于某种场景，解决目标用户的某个问题和痛点，为其提供某核心功能和服务的解读。如表3-1所示，定位明确的公众号，都是专注一个领域的内容，所以用户不会看到36氪在安利美妆，不会看到一个做 PPT 的公众号在讲 EXCEL。

表 3-1　内容定位示例

36 氪	提供新锐深度的商业报道，互联网行业资讯
旁门左道 PPT	专注 PPT 技能的学习和提升

（二）如何进行内容定位

简单来说内容定位主要有三点：自己感兴趣的、自己能写的和找到有关注度的垂直细分领域。

1. 自己感兴趣的

账号输出的内容首先是自己感兴趣的，如果是自己都不感兴趣的领域，想持续输出是很困难的，也是很痛苦的。

2. 自己能做的

自己能做的，也就是创作者擅长于这个领域，并且有自己独到的见解。例如：如果觉得自己情感丰富细腻，善于观察和揣摩别人的心理，就可以考虑做情感方面的内容；如果自己是一个资深的健身爱好者，就可以输出健身方面的内容。因为有亲身经历，输出相关内容不会太困难。

创作者要考察拟进入领域的门槛和专业性等问题。如果这个领域的门槛不高，专业性不是特别强，那么创作者可以通过前期学习，快速入门。如果感兴趣的领域专业性要求很高，创作者可能需要经过长期学习才能入门，那么做这个领域的内容就要慎重考虑。

3. 找到有关注度的垂直细分领域

如果没有足够的关注度，那么内容将难以传播和推广。内容关注度可以参考百度指数、头条指数、360趋势、微热点等指数工具。如图3-2所示的两个关键词："自律"和"大学生旅游"，很明显，"自律"的关注度比"大学生旅游"要高很多。

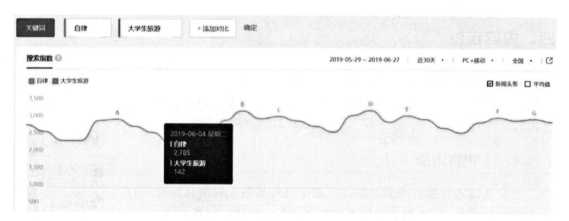

图3-2　关键词"自律"和"大学生旅游"的搜索指数

刚起步的新账号往往很难引起用户的注意。尤其是在公众号已经成为"红海"的今天，想要让用户注意到账号，就要从垂直细分领域切入。当大家都在写减肥健身时，创作者可以专门写针对孕妈妈的产后身材恢复；当大家都在写爱情亲情时，创作者可以专门写宿舍的舍友情等。

总之，专注于一个细分的领域，打造具有鲜明品牌特色的个人IP，是账号重要的定位原则。账号在建立之初就要定位明确，但也不是一成不变的，期间需要通过用户调查不断进行调整。

（三）抖音账号记忆点极强的6大内容定位方法

1. 抖音场景对比定位法

场景对比定位法的奥义在于：场景的切换，把人们日常生活中做的一些事情，转换到另外一个场景去做。

2. 抖音性别调换定位法

性别调换定位法的奥义在于：人物的性别互换。例如：男扮女装、女扮男装，男性站在女性的角度表达观点，男性看着有笑点，女性看着有共鸣。

抖音网红主播"多余和毛毛姐"，一人饰演两角，通过更换假发装扮来转换角色，各人物特点鲜明。

3. 抖音观念搬家定位法

抖音观念搬家定位法的奥义在于：人物所表达的观点和想法不符合用户的常规思维，用户看完视频后反复回想。

4. 抖音宠物拟人定位法

宠物拟人定位法的奥义在于：把宠物设定成人类。例如：用猫或者狗来讲述人类身上所发生故事。

5. 抖音玄幻典故定位法

玄幻典故定位法的奥义在于：账号以传说中的人物作为定位，不仅仅经营这个"神仙"般的IP人设，还会告诉粉丝生活的道理。

6. 抖音逆龄差异定位法

逆龄定位法的奥义在于：账号所设定的人物特征与人物本身不相符。例如：性格行为与实际年龄不符、审美风格与出生年代不符，从而让用户看完视频后产生差异感。

上述6种抖音账号定位方法，可以自由选择，把场景进行重组，产生不同的视频效果。

五、IP人设定位

打造IP的步骤是环环相扣的，搭建人设的环节一定要放在账号定位之后，因为人设并不意味着对创作者净增益，如果利用不当反而会损害IP价值。创作者需要有取舍地选择如何打造自己的人设。

（一）人设定位的意义

人设定位是为了让用户对IP产生深刻的印象和好感，能快速记住账号，简单地说就是"人格化内容差异性"。

好的人设能令人印象深刻，使人喜欢，值得信任。打造人设，是自我营销，是粉丝经济的核心。

扩展阅读3-7

黄磊的IP人设

（二）人设定位方法

人设定位可以参照一个公式：

人设定位＝特长＋性格＋外在形象特点＋固定人物分类＋兴趣/职业

"一个唱歌好听（特长）犀利毒舌又有爱（性格）的辣妈（人物职业）育儿（特长）日记"就是一个好的人设定位。

1. 特长

健身、美容、学习、做饭、清洁、旅游、潮流搭配、品尝美食、唱歌跳舞、打游戏、讲笑话等，在每期视频网络日志中穿插自己擅长的内容，让用户有所收获，创作者也能成长。

2. 特有性格情绪

傻笑大笑类、犀利毒舌类、乖巧机灵类、温文尔雅类、无情绪表情类、严肃古板类、大大咧咧、霸道、优雅、帅酷等,如果以上方向都不符合创作者的个人性格特点,可以自行开发或者选择"简单粗暴咆哮"类。

3. 外在形象特色

外在形象特色包括两个方面:穿衣的品位和独特单一化饰品。

(1)穿衣品位可以是运动风、职业风、军旅风、萝莉风、大叔风、居家风、性感风、校园风,等等。

(2)独特单一饰品有戒指、项链、球鞋、鸭舌帽、包类、单反、墨镜和口罩等。

4. 固定人物分类

固定人物分类简单理解就是每期视频中固定出镜人员。

1)常用固定人物分类

常用固定人物分类有姐妹闺蜜类、兄弟类、情侣类、男生类、女生类、人和萌宠类、亲子类、夫妻类、二次元卡通类。如大家熟知的华农兄弟,以目前受欢迎程度来看,多人出镜比单人出镜更受网友喜爱。

2)固定语言形式

固定问候、结束语:视频开头和结尾都需要有固定问候和结束语,如"今天又是一个美好的一天",视频结尾可以是"感谢大家的观看"。

固定普通话或者方言:如川普、港普、东北话等。如果创作者想做一个搞笑类的视频创作者,建议使用方言,以增加喜剧效果。

固定声优:如萝莉音、播音腔、男女神音等,如果创作者有这方面的专长,不妨一试。

3)个性背景音乐

如轻音乐、酷炫节奏风、广场舞风格、经典外文歌曲、蓝调、乡村等,具体选哪种背景音乐,需要创作者切合人设IP,如果确定做三农类视频就可以选择乡村类音乐。

4)固定视觉形象

专属标识如真人头像、片头片尾、水印、真人形象、萌宠形象、色彩视觉定位。

5. 职业

家族主妇、打工仔、程序员、农民、医生、律师、富二代、名媛、教师、老板、总裁等。

六、变现模式定位

通过收集同领域的账号可以分析判断创作者的变现方式,了解他人的变现模式后,会对自己从事的领域有一个更深刻的认知,也会对自己的未来走向有一个很好的把控。变现能力主要取决于粉丝的类型以及黏性。如果账号定位比较垂直,粉丝精准,商家也会更愿意跟 IP 合作，所以在定位的时候就要确定好 IP 变现模式。通过短视频展示产品完成交易，成了不可逆转的商业模式，也是创作者最值得尝试和涉足的领域。

第二节　个人 IP 账号策划

一、账号名称拟定

创作者开通一个新媒体账户之后，面临的第一个问题可能就是如何自己的账号取一个名字。好的账户名是易于理解、易于记忆和易于传播的。如果创作者的账号名字与发表的作品没有关联，用户可能难以产生关注欲望。如果创作者的账户名有趣又好记，与内容相关联，用户就会加深对账号的印象，进而有兴趣关注。

（一）按照内容拟定账号名

按照账号将要发布的内容的领域取名，有利于在作品和账户名上建立关联记忆，让用户想到某个领域就能想到该 IP，适用于发布的作品领域内容较垂直的新媒体人。

（二）拟定亲切好记的账号名

简单亲切好记的账号名能拉近用户的距离。选用简单熟悉的词语作账号名，有利于增加用户的关注兴趣。

（三）用短句作账号名

一句简单好记的话作账号名不仅能让用户注意到 IP，也能让用户更好地记住 IP。

（四）用数字或字母组合作账号名

在账号中添加数字或字母，或者直接用一串数字或字母作为账号名。如 KFC、oooooohmygosh、soul、1688、8848、三个妈妈六个娃等。

使用单词或几个字母作账号名容易记忆，有的词有多种含义，可以从多方面理解，从而耐人寻味。而一些没有实际意义的字母组合或数字搭配，用作账号名也比较受欢迎。但是在图像上可能会有记忆点。

二、头像选取

头像作为第一时间触及用户的图片，比账户名更能够影响用户对 IP 的第一印象。头像可以是证件照、生活照、艺术照等，但一定要画质清晰、有亲和力。

（一）真人头像

本人头像可以选择半身照、侧面照甚至远景照等，还可以将自己的照片进行加工美化，改造为艺术头像。

（二）卡通漫画头像

有的人可能觉得漫画头像比较幼稚，其实不然，漫画头像有很多种类。比如用本人照片卡通化后的头像，或者用经典的动漫人物作为头像，比如哆啦A梦、蜡笔小新、柯南等。恰当的动漫头像可以带给用户亲切感、熟悉感。如果创作内容是亲子、宝妈类，那么头像就可以偏卡通，风格也要更平易近人。

（三）有专业感的头像

一些自媒体IP目标领域清晰，专业性比较强，用专业相关的头像显得更可靠，也能使用户加深记忆。比如与计算机知识相关的，可以选用科技风类的图片作为头像；与植物科普类知识有关的，可以选用植物的图片作为头像。

三、标题拟定

一个好的标题并不意味着要充当"标题党"，好的内容和标题能让IP走得长远，让创作的作品被更多人看到。

扩展阅读3-10

案例分析

（一）列数字

对于新闻资讯，列举数字会让人感觉更专业，也会让人觉得信息是准确的。日常生活作品中，列出让人感到夸张与不可思议的数字，会增加人们的好奇心。

（二）直接点题

科普类、学术类、生活经验类充满"干货"的文章或者视频，直接说出作品具有的价值。很多人会因为玩手机耗费过多时间而感到不安，而当他们看到可能会让他们有所收获的文章或视频时，也就更愿意观看。

（三）幽默风趣

幽默风趣的标题悦人悦己，更容易获得成功。

（四）"蹭"热度词

"蹭"热度词并不是什么可耻的事情，标题中含"热词"的内容作品更容易"博眼球"。

（五）发挥文字的魅力

日常生活和美食类内容的标题，不妨用文字活灵活现地描绘出味觉、视觉、触觉、嗅觉，让人产生感官上的吸引力。人类具有将视觉意象与言语信息联系起来的文化倾向，也就是多模式感知的天性。心理学研究表明，当文字描绘的事物能在头脑中产生清晰的视觉意象时，最容易被人记住。

四、标签设置

互联网上的自媒体标签就像超市里商品的标签一样，能够对媒体作品进行分类、定位、识别等，有准确的标签才能将创作者的作品更好地进行定位，从而推荐，给更适合的人。

（一）第一个标签最好是和领域相关的

如果是生活类的作品，那么第一个标签就可以选择"生活"。根据运营的领域填写标签，有助于系统分类，从而有的放矢地向对应的用户精准推荐，增加点击量。

（二）第二、三个标签可以设为作品内容的关键词

如果作品内容是关于5G手机的，就可以添加"5G""手机"等标签，这种标签的设置可以帮助用户更好地识别视频内容、更好地点击浏览。

（三）最后一两个标签可以使用网络热词

如果内容主题贴近最近社会热点，就可以用"热词"当标题，如果视频内容与最近的热度关联性不大，就可以在标签中加上最近热点。系统在识别内容的时候可能识别不出视频或文章是否与热点有关，只会根据标题及创作者设置的标签进行热点的识别，如果创作者想获得更多的推荐，就可以贴上热点的标签。

设置的热点标签要和作品内容有一定的联系，否则就会像标题党一样，会引起用户的反感。"蹭热度"是一门技术活，如果不知道最近热度关键词有哪些，可以使用指数工具进行热点词的检索。

五、简介编撰

除了账号名、头像以外，简介也是用户了解账号的关键信息。账号简介通常显示在账号名下方，作为辅助说明，只有一句话，但这一句话可能会决定用户是否关注账号。

六、封面设置

在很多自媒体平台，当创作者准备好将要发布的内容后，平台会提示创作者设置封面。

文章标题的重要性不言而喻，有时候封面可能比标题还重要。封面设置得恰到好处，可以增加内容的点击率，提升内容的阅读量。

广告宣传有个"黄金三秒"法则。如果内容封面没有抓住用户的"黄金三秒"，那么内容就会划走。下面介绍几种封面设计方案。

（一）在封面上编辑文字

可以直接将标题文字置入封面，比起标题，用户可能先看到封面上的文字，对封面文字感兴趣，才能引起对内容感兴趣。

（二）封面要清晰、能突出重点

封面要简洁清晰、突出重点。自媒体人往往只贯彻一种思维，那就是利他思维，给用户提供有价值的信息，满足用户想要获取知识的需求。这种封面也许不够华丽精美，但胜在简单直观，直击用户需求。

（三）对比式封面

封面上放置两张反差非常明显的图片，可以看出双方的优势和劣势，快速吸引用户。最常见的就是减肥内容的封面，直接放上运动前和运动后的对比图。还有美妆视频，放上妆前妆后的对比图。如果让用户感觉到反差，用户自然会感到好奇，想知道期间发生了什么。不局限于健身美妆领域，其他任何主题都可以做成对比封面。

设置封面的时候，将一个夸张的形象彰显给用户，如果封面的人物或者事物的表情丰富，可以让用户提前对内容感兴趣，从而进入内容，开始浏览。这种夸张的形象，选用人物表情会更恰当。

（四）猎奇类封面

封面可以放置新奇的图片。人对新奇的事物，往往会产生好奇心，对封面感到好奇，就会有了解探究内容的欲望，点击率就会上升。

（五）头像加文字

头像加文字这种封面在小红书笔记中较为常见，好处在于让大家一目了然知道笔记内容主题，便于塑造个人 IP，增加辨识度，提高说服力。

做自媒体初期，可以不断尝试和改进封面，探索怎样的封面能吸引到用户，后期可以保持自己封面的风格，形成自己的 IP 特点。

第三节　IP 内容的三个层次

IP 内容可以简单分为三个层次：第一层，不断深化垂直领域，形成一个领域的大 V；

第二层,通过自媒体引流,带动实体店的顾客流量,实体店的精准内容帮助自媒体打造更深的垂直领域,获得更精准的粉丝,使收益最大化;第三层,品牌 IP 将成为人们的一种集体记忆。

一、内容1.0,同义反复,同质延伸,不断强化

IP 内容的孵化需要不断深度挖掘同一个领域的知识,将一个自媒体 IP 选择的领域垂直化发展。

垂直领域是不能在同一个账号发布过多关于其他领域的内容,创作者做垂直领域的内容,只需专攻自己认定的领域就可以,不需要每一个领域都涉及。虽然涉足多个领域会有更多的素材,但会导致账号定位不准确,读者不会被长期吸引,也会减少平台对于 IP 内容的推荐。

做好 IP 内容,创作者用户画像需要专注于撰写的文章或视频的内容和定位领域,清楚为用户带来的价值、用户画像、内容所属领域。当创作内容达到一定数量或者粉丝达到一定的人数之后,平台自然会把更多优质内容推送给更多的用户,同时也会将账号认定为领域专家。做好一个垂直领域、不断强化这一领域、成为该领域风向标,是自媒体 IP 最高的成就。

做好垂直领域,必不可缺的是 IP 的内容素材,素材是内容好坏的基础,在"互联网+"时代,各个领域的素材都容易找到,这些素材需要创作者去粗取精,去伪存真,形成自己的风格。每个创作者对内容素材有着不同的理解,也有着不同的内容输出。后期内容素材会越来越多,创作者对自身 IP 的垂直领域会越来越精通。

垂直领域有利于创作者塑造专业品牌形象。对于新手来说,从申请账号开始就要确定好方向,然后沿着这个方向持续挖掘内容,打造属于自己的专属领域,这样,引流成功率会大大提高。当一个 IP 内容垂直深度足够的时候,作品的阅读量和播放量就会提高,收益也会增加。

二、内容2.0,跨界进击,生成新内容

由于电商平台的发展,很多没有向电商转型的实体店,面临着被迫关门停业的危机。在网络时代,人们可以利用自媒体了解客户的真正需求,通过大数据分析,把产品内容更精准地推送到客户手中,为店铺引流,促进销售。商家要学会如何利用自媒体给店铺带来精准的粉丝和客户,让更多的粉丝关注自己的店铺。

通过自媒体平台进行店铺粉丝转化有以下几种方式。

(一)图文类

通过文字加图片形式呈现,如一些微信公众号、头条号、百家号、新浪微博等。通过文章的展示能够得到读者的认可,进一步实现粉丝的增加,引流至自己的平台或者实

体店铺。微头条则可以以类似于朋友圈的形式曝光自己的产品，展示创作内容，引导读者关注。图文类的文章是一种图文并茂的主流形式，通过精彩的展示和优质的内容输出，使自媒体 IP 做大、做强。

（二）视频自媒体

通过制作长视频或短视频，更加快速地推送知识内容，相关平台有抖音、快手、西瓜视频、哔哩哔哩、微视等。这一类视频平台不仅能使自媒体 IP 得到粉丝观看的收益提成，还有更多的机会曝光自己的 IP，吸引更多的顾客粉丝在自己店铺消费，从而提高实际收益。

（三）直播

直播在当今生活中十分流行，通过幽默风趣的真人直播，粉丝黏度会直线上升，从而增加店铺的曝光度，让更多的人看到自媒体内容。利用直播可以带动实体店产品销售，增加实体店收入。

以上是通过自媒体和店铺粉丝引流店铺曝光的三种方式，经营者可以根据自己选定的领域和个人特长来选择自己喜欢或者感兴趣的方式。

三、内容3.0，集体无意识，集体记忆

随着我国经济和文化的快速发展，泛娱产业由单体竞争（状态）转化成生态型竞争（状态），产业生态也越发成熟。

一个齐全的泛娱乐产业链需要在 IP 内容定位的时候考虑文学内容、漫画内容、声音设置、影视方向、短视频内容、衍生品种类以及线上线下开发路径的取舍和节奏控制，实现整个自媒体链条的高效联动。

如前两年腾讯公司基于互联网＋多领域共生＋明星 IP 的粉丝经济，构建了一个打通游戏、文学、动漫、影视、戏剧、电竞等多种文创业务领域互相连接、共融共生的新生态。目前的泛娱乐内容中，电子书、在线视频、在线音乐等行业的内容付费都在逐渐成形，用户付费意愿提升的同时，也对 IP 开发的质量提出更高的要求。在精品化成行业共识的趋势下，2020 年头部 IP 将依旧处于价值链顶端，持续变现。不管是内容质量、市场影响力、作品所体现出的价值观和格局还是可塑性，头部 IP 都是一流的。

海量的作品储备，可以让娱乐创作者更好地筛选出符合自身定位以及市场需求的优质 IP 来进行创作；文本形式的想象力，使影漫游等多种形态的娱乐产品有着广阔的改编空间，这两者都是网文 IP 在泛娱乐开发中的独特优势所在。

如今，互联网的发展不断更新着内容的获取方式和信息的载体形式，这让娱乐内容的分众运营成为大趋势。受众内容需求多元化之后，新生代用户的崛起，也催生出了行业新趋势。

21世纪最为重要的特征便是重视个性化表达，为契合年轻一代的个性化偏好，行业逐渐涌现出众多深耕垂直细分领域的第二极创作者，以满足市场的差异化需求。通过挖掘垂直领域的受众，也可以让IP向更大的受众群体扩散和延伸。

国内泛娱乐产业生态将随着互联网大数据的完善而进一步完善，泛娱乐开发从单体孤立走向全产业联动，生态继续向健全迈进，协同筹划IP全产业链运营的第三极企业开始崛起。

未来的泛娱乐开发，将以IP为核心，连接文学、动漫、影视、游戏、音乐、音频等多种文创形态，使内容制作、宣传推广、发行销售、衍生品开发等各个环节多维联动，让不同娱乐形态的产品走向融合。这种生态化运营的龙头创作者将以制作方、投资方、运营方三种或三种以上的多重形态、角色，深度介入IP经营的全产业链，实现全媒体运营。未来，这种综合型的文娱公司，将以集团式的作战方式打通IP全产业链，催生出新兴的大文娱产业生态，为以IP为核心的泛娱乐市场带来新的活力。

第四节　组建高效的团队

好的团队，在于团队成员之间有明确的分工，每个团队成员都能扮演好自己特定的角色，能够把可供达成团队共同目标的资源、知识、信息，及时地在团队成员中传递，高效完成团队目标任务。同时在分工明确的基础上还有着一套完备的团队运作流程，在明确的分工面前也能完成应有的操作流程。

一、人员从业能力要求

随着自媒体平台的兴起，越来越多的企业加入自媒体行业，希望打造自己的IP品牌，实现流量变现。相对于传统媒体来讲，自媒体对团队和团队的管理办法有着更特殊的要求；对于一个公司而言，创建自媒体IP的第一步是组建一个专业团队，同时团队中的人员要求是最重要的一步。

组建一个专业的团队，重点在于快速找到合适的人选，这对人员的能力有一定的要求。素质好的专业人员，能够节约大量项目成本。人员在组建团队过程中，通过不断磨合和调整，达到最佳的人员配置组合。

（一）编导

编导相当于节目导演，对于一个视频团队来讲，他是主心骨。一个团队编导要对视频的风格、内容方向、内容策划和视频的脚本负责，同时参与视频拍摄和剪辑环节。

（二）拍摄

摄影师的主要任务是进行拍摄，需要对各种灯光环境敏感，熟悉各类专业器材、视频构图、拍摄手法，还需要设定整个视频拍摄的环境和风格等。

（三）剪辑

剪辑师需要对最后视频的成片负责，要熟悉各种剪辑软件，能选择契合主题的背景音乐，具有一定审美功力等。剪辑师同编剧一样，需要参与整个视频的策划和拍摄过程，因为这决定了视频成片的质量标准。

（四）运营

运营是一个IP创作团队的核心。不管是视频、文章还是微头条，依靠创作者运营，才能帮助账号取得收益。标题文案、粉丝运用、数据分析等都需要通过运营来监管和督促分析。

综上所述，一个完善良好的自媒体团队需要具备策划能力、创意能力、剪辑、写作能力、运营能力。这些过硬的专业能力都是高效自媒体团队不可缺少的。

二、常见的三种团队配置

互联网＋自媒体时代，对于组建的团队有三种不一样的配置。在"互联网＋"时代，一个好的团队配置可以避开很多误区。

一个经典案例存在于销售部门：Z经理领导的销售部门中，员工A负责终端卖场的零售促销，B负责批发业务，C负责贷款回收，D负责统计，E负责客户服务，各位配合顺畅，忙得不亦乐乎。虽然年末业绩略有下滑，但全年销售量可观。满怀热忱准备迎接新一年的工作时却突然发现，竞争对手的广告铺天盖地，产品充斥各大卖场，包装新颖，优势明显。从吃惊到冷静，Z经理分析了现状，鼓励员工献计献策。D发言：其实我早注意到对手公司的情况，他们在去年10月份就着手招聘，发展销售网络；B谈道：去年末出现苗头，一些老客户都要求降低价格，并与其他公司销售政策攀比；A表示：我们的产品优势不大，市场必然萎缩。"你们为什么不早说？！"Z只能暗自无奈。

大家本已注意到竞争对手的威胁，但却没有一个员工献计献策，团队工作显得十分被动。因为"互联网＋"时代复杂多变，每一个环节的每一个要点都有可能成为影响成败的关键。

（一）第一种团队配置：以工作评估确定职位等级

根据团队成员的工作业绩进行工资分配，对于重要成员，可以适当进行报酬分配倾斜。

原本只需要进行视频拍摄的团队成员，随着业务量逐渐上升，工作量逐渐加重，还需要进行视频后期剪辑美化，加班加点成为常态。所以，随着工作量、工作性质的变化，需要重新进行员工职责评估，让报酬匹配职责，提高员工工作积极性。

（二）第二种团队配置：以绩效考核提高团队工作效率

团队在设定绩效目标的时候，一定要围绕提升工作效果这一关键要素。团队考核可以从业务数量、质量、粉丝黏度、完成工作的时间等方面设置绩效，提高团队工作效率。

（三）第三种团队配置：以目标管理落实战略意图

在自媒体团队中，对于内容选题以及内容设定，基于奖惩机制，成员可以每天进行大量的内容输出。多输出一份内容，就会多获得一份奖励。自媒体团队成员输出内容，看似是个人问题，实则是一个团队战略意图的策划和执行问题。自媒体团队计划与个人目标的输出有机统一，同时注意横向协调，保证团队均匀前进。

三、团队任务分工

自媒体团队合作分工显得尤为重要，一个优质团队不仅团队成员个人能力十分突出，团队任务分工也是十分明确的。合理的分工会提高团队的业绩，也会使团队更加稳定和谐。

无论企业规模大小，做好内部结构的规划和人员的安排，才能使企业健康稳定地发展。很多创业者只懂技术却不清楚如何管理公司，因此常常身兼数职，这样的情况在自媒体创业初期或许不会显露出弊端，但是，当自媒体IP步入正轨后，这样的现状会成为企业发展的绊脚石。

所以创业团队在合作中一定要做好分工，明确细则，提高团队工作效率，促进公司的长远发展。

本章小结

1. 自媒体IP：根据自身兴趣做好定位，分析垂直领域。

2. 做抖音账号记忆点极强的6大内容定位方法：场景对比法、抖音性别调换法、抖音观念搬家法、抖音宠物拟人法、抖音玄幻典故法、抖音逆龄差异法。

3. 一个好的账号就像一个人一样，一个好的IP可以引起用户的注意，从而使用户加深对印象。

思考题

1. 请结合案例思考，这五个案例都用了什么IP方法？
2. 请分析案例IP的选择和定位选择。
3. 请分析并总结上述案例IP品牌化所具有的共性有哪些。
4. 创始人或核心员工如何造就个人化IP？
5. 收购成名IP后，如何长期作为品牌形象代言？

扩展阅读3-11

电商团队搭建能力

第四章 图文类 IP 内容生产

第一节 "爆款"图文内容特征

一、弱信息、强情绪

几乎所有的网络流行文章都透露着情绪，借用情绪，信息内容被越来越多的人所认同并传播出去。如广为转发的情感类文章，具有极大的情绪煽动性，从而引起大量读者的共鸣和转发。社交网络的群体传播使个人的喜、怒、哀、乐等多种情绪出现社区化聚合，继而成为众人的共同情绪，由此形成一种社会情绪。

在新媒体环境下，社交媒体广泛应用，碎片化传播代替完整传播，多向传播代替单向传播，反向社会情绪在传播过程中更容易出现并扩散，最终导致"弱信息、强情绪"的现象。"弱信息、强情绪"是网络信息传播的一大特征。如当自己喜欢的球星退役时，大量网民带着哀伤、怀旧、惋惜的感情转载相关文章，"泪奔""致敬"等"告别词"会频繁涌现。

二、标签化

（一）"标签"成为信息传播的通行证

互联网技术改变了人们制造、接收和传播信息的习惯，人们越来越习惯于通过文章标题、关键词或头部媒体去关注和筛选感兴趣的信息。无形之中，互联网把深度信息和长篇内容都压缩了，成为更容易被人关注的各类"标签"。人们往往通过一个特定标签，就能快速决定是否需要关注或传播一条信息，这也是某些自媒体热衷于做"标题党"的原因。

互联网上每分每秒都在更新海量的信息，对于网民来说，大脑每天都在对这些信息做出判断和筛选。社交媒体中那些容易被人们关注、讨论和转发的内容，恰恰是因为标题中包含了最容易产生联想、让人浮想联翩的关键词。这些关键词也许是某个头条事件，也许是某个耸人听闻的标题，只有点开它们，才能知道后续的具体内容。可以说，所有的热门事件都是由"标签"传播出来的，文字主导的各类"标签"组成了网络上的头部媒体，而互联网则把很多大型的、复杂的、连串的内容"压缩"成文字组成的"标签"，供用户进行梳理和筛选。

扩展阅读 4-1

四种最容易分享的标题形式

（二）爆款文章的标题

在移动互联网时代，很多人的阅读习惯逐渐转变为碎片化阅读，没有耐心整篇阅读，把思维聚焦在关注、感兴趣的内容上，第一时间无法引起阅读兴趣的标题，人们会果断忽略。比如有篇文章叫《全气候电池革命性突破锂电池在低温下性能的局限》，这个标题会令大多数人失去阅读兴趣。有生活经验的人都知道，手机在冬天的室外会反应不灵敏，甚至假死机，就是因为锂电池特别怕冷。因此，《我们发明了不怕冷的锂电池》就是一个让普通人和专业人士都理解的好标题。

扩展阅读 4-2

头条事件的"标签化"

从事自媒体内容创作，常常会纠结一个问题：一方面想摒除"标题党"现象，以内容制胜；另一方面，绞尽脑汁推敲标题。标题确实是一篇文章的窗口，一个好的标题非常有利于传播，但是千万不要顾此失彼，本末倒置，变成了"标题党"。取标题更偏重技巧，但更重要的是文章内容真的对读者有用，这才是一篇好文章的立身之本。

（三）"标签化"有利于信息检索

对于互联网内容而言，除了通过平台发布、转发等主动传播方式之外，还有一种方式也是不能忽视的，那就是用户检索"关键词"，整个过程大致如下：需求确认——信息检索——选择阅读——读后行为。如果自己是一个电商公司的文案策划，"双十一"马上就要来了，公司安排自己写一个关于"双十一"的促销文案，虽然个人对促销文案有了熟练的掌握，但为了更好地完成任务，还是会在新媒体平台上检索"双十一文案"，了解其他商家的文案写作，而自己输入的"双十一文案"就是标签化的文字应用。

三、善用"角色"

美国作家马尔科姆·格拉德维尔《引爆点》一书中，将产品爆发流行的现象归因为三种模式：个别人法则、附着力法则和环境威力法则。

（一）角色扮演

角色扮演对应"个别人法则"。既然内容的"存在"与否归因为角色因果论，那么就要求人们在内容传播过程中对人群进行细分，然后进行角色扮演。角色扮演者包括三种人：一是内行，二是联系员，三是推销员。内行是指那些精通于某个领域的人，他们掌握该领域的大量信息，并且对该领域的动态信息有着很高的主动收集精神，对该领域的细节以及一举一动都了然于胸；联系员是那些把内行和"网络小白"结合起来的人，他们热衷四处传播消息，具有很强的社交能力；推销员是基于将自己认同的事物向周围散播的人。这三种角色并没有严格区分，很多人兼具这三种属性，他们既是内行，也是联系员和推销员。如小米公司，将目标人群定位在热衷于数码手机的玩家，也就是在智能手机早期被称之为"刷机党"的人,并邀请他们成为小米手机性能实验员,他们会将小米功能测试结果在社区里发布。这群人既是内行,也是联络员和推销员。

(二)价值观塑造

价值观塑造对应"附着力法则"。小米公司的价值观是"为发烧友而生",苹果公司的价值观是"Think Different",网易的价值观是"有态度"。媒体平台如此,内容也如此。IP内容要想被别人分享,就必须有鲜明的价值观,如果这个价值观能让读者产生共鸣,它将会像病毒一样广泛传播。

(三)设计场景

设计场景对应"环境威力法则",即内容传播需要天时地利。如2017年10月25日,党的十九届一中全会选举出来的政治局常委举行了中外记者见面会,新一届常委相关的资料在微博和朋友圈中被广泛转发。对于内容文案者而言,要想让内容具有"分享基因",能更清晰地阐述价值观,就必须将其设置在某个场景中。

四、"与我相关"

2011年,一篇《这十年,多少人从周杰伦到陈奕迅》的文章在"人人网"被转载了数百万次,并且从"人人网"上扩散出来,在其他的社交平台上又引起了持续转发。这是一篇比较真诚的文章,主要诉说了一名从学生时代就一直喜欢听周杰伦唱歌的歌迷,在20多岁毕业后开始逐渐喜欢陈奕迅的歌,并且较为深刻地介绍了一个流行音乐听众的心理历程。这篇文章之所以火爆,是因为周杰伦和陈奕迅的歌曲记录了一个时代("80后")人群的心路历程。周杰伦给他们的感觉是来自年少时的校园青春,那里有篮球、动感地带、单车、初恋,而陈奕迅却成为初入社会的年青一代的代言人,因为他的歌曲里有失恋、有郁郁不得志、有怀念,有"十年之前,我不认识你,你不属于我",这是每个人一路走来内心所经受的必然过程。更准确地说,这篇文章之所以被广泛转发,甚至火爆到知乎上有数个关于这篇文章的提问,是因为文章中有许多"与我有关"的内容,用心理学知识解释,就是这篇文章产生了"共情",这是一种双向的由相同认知产生的感情共鸣。

(一)受众才是内容转发的主角

人们乐于转发一篇文章,背后的原因只有一个,它帮助读者"自我补完"。所谓"自我补完"指的是内容与读者的观念、认识、态度等基本一致,它帮助读者强化和完善自己固有的信念,并被受众认可和接纳,成为自我信念的一部分。简单来说,用户的分享转发行为与"认同、评价、属于"是不同的,后三者属于自己。分享转发,一方面是认同,另一方面是表达,它也涉及自我形象管理。很多时候,人们分享转发一篇文章或者一条信息,其实是被以下两种目的所主导:1.希望(或潜意识里希望)向受众表达自己的爱好、兴趣和价值观；2. 希望借此转发的内容表达自己的见解、认识和立场。

可见，人们分享转发某篇内容，是因为它说出了自己所想的问题和想表达的观点，帮助自己解决了某些困惑和问题，它传达的观点被自己接受，因而乐于向他人传播。换句话说，人们之所以分享转发这篇文章，是因为它与受众有着紧密的联系。这就要求自媒体工作者在内容运营和传播过程中需要注意，内容的读者才是主角，肩负内容传播的重任，创作内容必须给予受众很多东西（建立联系），如指导、信息和工具。只有将内容和受众最关心的事物相联系，受众才会考虑是否接受 IP 的观点、传播 IP 的内容。

（二）从重叠处建立联系

要想让内容变成"与我有关"，自媒体工作者需要做的是挖掘"故事中叙述的主角"和"台下真正的主角"之间的重叠之处，并在这些重叠之处，将内容与读者最关心的事物相联系。

五、情结引发共鸣

互联网造就了注意力经济，从某种意义上说，注意力成为稀缺资源。对于内容传播来说，传播新的形象（真实的自己）给人们留下印象变得越来越困难，而加深既有情节（别人眼中的自己）倒变成一件划算的事情，比如陕北演员头系白毛巾、腰扎红腰带唱信天游，远比西装革履者唱信天游效果好。西装革履者唱信天游，不是观众的"固有印象"，尽管这个形象是"真实的自己"。

（一）顺应受众对事物的看法

人们对很多事物（尤其是热门事件）是有明确看法的，如果个人能够顺应受众对事物的看法，那么自己输出的内容将得到大家的认可并广泛传播。

（二）迎合常规情结

三观一致的人容易产生共鸣，无论是"yyds"还是"绝绝子"这种流行语，它们之所以广为传播，是因为迎合了人们的某种情结。

（三）打造领袖情结

领袖往往意味着在某个方面非常权威，并且德高望重，深受大家的认同，如乔布斯、比尔·盖茨，他们的很多话语都被人们广泛传播，这就是领袖情结。内容创造者也可以将自己塑造成某个方面的"领袖"，如财经作家吴晓波，他的很多观点为大家所信服。

六、认知落差感

一个话题能否让人感兴趣并广泛传播，很大程度上取决于话题是否带有人们已有认知的落差感。对新信息的好奇是人类的本能，所以在进行互联网内容创作的时候，可以制造自己所希望表达的信息与原有受众方认识的落差。落差感的产生大致有以下几种途径。

（一）夸张

高尔基说过："夸张是艺术创作的基本原则"。互联网内容创作更是如此，通过夸张的手法能更有效地表达思想观点，增强作品的艺术效果。在营销界，借助想象，对广告或者文案作品所宣传的对象的品质或特性的某个方面进行夸张，早已是运营多年并证明行之有效的手段。内容创作也是如此，大家会发现，有些信息越是夸张，越是让人觉得出乎意料，就越容易被传播。很多人为了增强作品的表达效果，为了吸引关注，在标题中使用了"震惊""史上最牛"等字眼。

（二）打破常规

一个具有落差感的内容往往是从标题开始的，越是颠覆常理的标题，越能吸引人关注，如《3年后，我一起摆摊的小伙伴都有了几百万的资产，我才幡然悔悟》，这是一篇朋友圈热文的标题，人们会带着疑惑点开：摆地摊也能百万资产？北京伏牛堂餐饮文化有限公司张天一对媒体强调自己是"卖米粉的"，同时也会强调自己北大硕士的学历和身份，结果，很多媒体把他作为一个"高学历低姿态"的创业典型进行报道。按照常规，人们往往会觉得符合北大硕士这个身份的一定是更为光鲜的职场定位，但没想到却是个卖米粉的。

（三）增强对比

对比是一种鲜明、突出的表现手法。2021年，一篇《月薪3 000元文案和月薪30 000元文案的差别》的文章被广泛转载，其原因就是通过对比来增大落差，从而激发读者的好奇心和阅读欲望。

第二节　图文IP创作步骤

一、规划内容

写一篇互联网文案，创作者可能会问写作目的是什么，但对于微信公众号运营而言，不需要思考微信内容营销的目的是什么，因为微信公众号是一个自媒体平台，在其平台上进行内容营销的本质跟商业目的是一样的。例如：办一份杂志，其商业模式一开始就与它的内容息息相关。杂志所涉及的领域，就是它要打造的场域影响力；杂志的内容定位，取决于它想要传达的理念和商业目的；如果杂志质量下降，直接影响的就是它的发行量；读者与代理商对杂志是否信赖，取决于每期杂志传达的内容，也取决于杂志长期的信誉积淀。因此，微信内容营销的目的，早在微信公众平台搭建的时候就已经规划好了。创作者不可能在一个定位于美妆的微信平台上发表关于职场工作的主题，除非切入点是职场人士的衣着打扮。微信内容营销，不同于出书结题，而更像办杂志，必须一期一期地做下去。商业目的无外乎扩大产品影响力、增加议题讨论度、提升品牌认同感，进而推动销售顺畅，提升知名度、增加业绩。基于这一目的，如何安排规划内容输出呢？概括起来有四个字：教、学、享、深。

（一）教导式

微信公众平台跟杂志一样，读者愿意订阅公众号是因为它能满足读者对未知的需求，即微信内容的第一个方向是：教。要教人，必须具备以下两个条件。

第一，专业能力。自己在该领域的专业能力是关键因素。

第二，表达能力。微信内容追求的不是"别人没讲过的"，而是"人们从我这里能知道的"。因此，心态上应该具备三点：

①讲过很多次，但一定有人没听过；

②很多人听过，但一定有人没听懂；

③很多人听懂了，但许多人已经忘记了。

（二）学习式

所谓学习式内容是指成长历程式的内容，创作者学习新知识、新技能的体悟与心得。如把学习做饭遇到的问题，和解决这些问题的过程整理出来，通过文章或视频的方式分享，就是一种成长过程的记录。在分享的过程中，个人不仅有机会接触到更多与自己有同样问题的新手，而且可能会得到"高手"的指教。这种形式的微信，是学习内容的记录，也是个人学习态度的展现，往往会得到别人的尊重。

（三）共享式

共享离不开互动。如搜集粉丝们的问题进行解答，收集使用者的心得进行分享，或是特设一个主题，邀请大家回答后整理出内容，等等。目的是为了拓展IP的内容影响力，增加内容的多元性。做微信内容有一点很重要，就是千万不要自闭，一定要以开放式的心态思考内容、推敲标题。与自己的粉丝、客户，甚至与陌生人的合作都是很重要的内容规划。当自己把粉丝、客户和陌生人当成内容的一部分时，会发现自己的内容营销充满了温度和人情，还增加了更多的感性和互动。

扩展阅读 4-3

咪蒙公众号的吸睛标题

（四）深度式

深度式内容有两个方面：一个是有深度的内容，一个是整理过的内容。在规划微信公众号内容时，一定要将深度式内容思考在内。单是内容的深度，就足以左右内容方向。

二、优质标题

（一）优质标题的重要性

新媒体内容创作，标题是很重要的。比如广告文案，读者的第一印象是决定这则广告成功或失败的关键。假如第一印象是无趣或跟自己没有相关性，那么，这则广告不可能吸引受众；但如果这则广告提供了新信息、有用的信息，或承诺看完这则广告会带来好处，那么受众肯定愿意停留下来，继续阅读下去。什么是"第一印象"呢？

- 对于平面广告，第一印象取决于标题和视觉设计；
- 对于宣传册，第一印象取决于封面；
- 对于电台或电视广告，第一印象取决于播出的前几秒；
- 对于公关新闻稿，第一印象取决于标题和开篇文字；
- 对于商品目录，第一印象取决于封面；
- 对于产品说明会，第一印象取决于前几页幻灯片或活动挂图；
- 对于公司网站，第一印象取决于首页设计；
- 对于电子邮件广告，第一印象取决于寄件人和主题栏；

无论内容多有说服力、产品有多优秀，如果无法吸引消费者的注意力，就无法成功。能够赢得注意力的标题是广告成功的关键要素，这已经得到大部分广告专家的认同。标题写得好，几乎就是广告成功的保证；反之，再高明的文案写手，也救不了一则标题太弱的广告。如大卫·奥格威所说："标题在大部分广告中都是最重要的元素，能够决定读者到底会不会看这则广告。一般来说，阅读标题的人数是阅读正文人数的4倍。换句话说，标题的价值将是整个广告预算的80%，假如标题没有达到销售效果，就已经浪费了80%的广告预算。"所以，要将消费者最关注的内容体现在内容文案标题中和最显眼的地方。

（二）标题设置技巧

美国著名的营销大师亚伯拉罕曾说过："在进行内容营销的时候，我们要花60%的时间去研究标题。"

常见的标题设置技巧有以下7个方面。

1. 提问式标题

目前，优秀的自媒体内容运营者基本已经摆脱了公式化的作风，注重原创，提出全新的表现方式。对于文案创作人员来说，自己应该是销售人员而不是艺术家，写文案不是创作文学作品，欲增加点击量，不妨设置提问式标题。

2. 悬念式标题

人们对一些不解之谜是充满好奇的，阅读内容通常是为了满足求知欲、了解未知的事物。如果标题能引发好奇，阅读量就有希望增加。例如《美国公布决定人类寿命的6大因素》这样的标题，是不是很容易引起关注，让人想探个究竟？事实证明，悬念式标题确实更能吸引人。

3. 数字式标题

如《46条没钱的体验，哪一条戳中了你？》《2016年豆瓣评分最高的电影排行榜Top50》等含有数字的标题有利于加深印象。列举数字是一种简明有效的表达方式，尤其是一些夸张性的数字，往往会增加标题内容的神秘感，如《这样的教授才是中国的脊梁（其演讲被127次掌声打断）》和《这个视频太精彩了，3分钟，19次尖叫》。

4. 颠覆式标题

在互联网时代，很多相沿成俗的事物已经不能满足年轻人的个性化追求，标新立异甚至颠覆性的观点对他们来说更具有魅力。如李尚龙《你所谓的稳定，不过是在浪费青春》一书，书名是不是很"颠覆"，很有吸引力？自媒体人咪蒙特别善于颠覆式标题内容的写作，如《那件难以启齿的小事，叫梦想》《我是如何成功地把一家公司开垮的》等。颠覆式标题在一定程度上就是故意制造敌对的立场，通过这种预设的立场引起用户的争议和讨论，从而制造热点。当然，很多人在应用这种手段的时候因敌对而敌对，演变成"玩世不恭"型标题，如《深圳房价才10万，这也太低了》等，这样的文章也许能暂时吸引受众的眼球，但也会遭到很多的非议。

5. 角色"设置"式标题

角色"设置"式标题其实质就是借助名人之口阐述某一观点，因为不少人都崇尚权威，认为名人是权威的代言人。这种内容制作模式在自媒体中应用非常广泛，如名人代理产品，名人制作心灵鸡汤。2013年，王菲与李亚鹏离婚的时候，在互联网上有一篇关于"陈道明评论王菲婚姻"的文章广泛流传，后来陈道明辟谣。

6. 蹭热点式标题

新闻热点是指某段时间受众最关注的热门事件，也是人们经常在平台上谈论甚至刷屏的事件。对于这样的热点事件，一般人都不会忽视。每次与新闻热点话题有关的内容与生俱来就会吸引不少人的浏览阅读。如《记忆大师》在2017年4月28日上映，咪蒙在5月5日写了题为《〈记忆大师〉观后感：你人生最后悔的一件事是什么？》的文章。

7. 观点式标题

追热点容易遇到一个大问题，大家都在追，内容都是一个模子刻出来的，容易产生审美疲劳。这时候另辟蹊径很重要，最有效的方法是切入点要独到。读者之所以阅读创作者撰写的内容，大部分情况下是为了获得某些知识，当然这些知识可能是有用的，也可能是有趣的，无论哪种，内容的信息价值才是受众愿意读下去的理由。既然如此，内容创作者将内容的观点总结出来变成标题，一定会吸引受众的兴趣。可以多看看头条和微信公众号，借鉴他人经验。

三、内容"偷心"

（一）有自己的思维观念

新媒体内容创作者要有自己的思维观点。如果内容表达变得过于中规中矩，那么人们看新媒体与阅读报纸和看《新闻联播》有什么区别呢？阅读是对未知世界的好奇和探索，它能让受众对现实世界有不同的看法。

有一篇报道称六神磊磊本人和他的文章一样有趣，但六神磊磊很郑重地说："我希望自己拥有弘扬主旋律的前提，这就是新锐。新，就是用心地思考来解读主旋律；锐，就是用锐利的角度来弘扬主旋律。新锐是一种思维方式，弘扬的仍然是主旋律、是社会主义核心价值观，这是我一切写作的出发点。"自媒体人进行内容运营的目的是塑造自身价值，这就要求在创作内容时做到有观点、有态度，尤其是在一些有争议性内容的稿件中。因为只有这样，受众才会认为创作者是一个有血有肉的人。总的来说，在进行内容创作的时候，要表明自己的观点、自己的态度，即让读者能感受到作者的思想、观点和态度。

（二）满足消费者的需求

关于"渠道为王"是否成为过去的争议还停留在耳边，互联网的发展已经到了花钱买流量的阶段。当用户刚养成为流量付费的习惯时，"人人皆媒体"的新媒体，花钱买了更多的选择。人们在享受"信息丰富"便利的同时，也在忍受信息过载的困扰，甚至为此感到不堪重负。看看自己所关注的微信公众号，是不是发现存储的信息越来越多，消费的内容越来越少？美国一项调查数据显示：一个网络用户平均每天接受的信息为54 000个单词，相当于一部中篇小说；443分钟的视频，相当于4部好莱坞大片。但人一天能有多少时间用来"消费"这些内容呢？当人们不可能消费掉所有的内容，终将留下"遗憾"时，受众索性主动"做减法"，根据信息的"有用"还是"没用"进行筛选，并在"有用"信息中选择更有价值的内容进行阅读。内容价值越大，受众停留的时间就越长；内容价值越小，受众停留的时间就越短。内容如果"没用"，受众则直接选择离开，信息的主动权进一步移交给了受众。"内容消费升级"让竞争发展到了争夺用户时间的阶段，时间成为内容消费最重要的指标。创作的内容要想留住受众，就要让受众觉得"值"，即内容需要具备时间价值。内容的时间价值体现在以下两个方面。

1. 帮客户"杀"时间

数据显示，受众进行内容消费的七大场景依次是：睡觉前、办公室、晚饭时、午饭时、上厕所时、早上醒来后、公交或地铁上。在这些场景中，除了办公室，其他都可以认为属于"闲暇时间"。受众通过阅读来"杀"掉这些时间。阅读的内容应以轻松愉悦为主，适合于全民阅读，在无形中让读者精神放松，也帮助人们缓解生活和职场中的一些心理压力。这种类型内容的最大特点是情感共鸣，或是娱乐所带来的心情舒畅。

2. 帮客户"省"时间

人们因为工作和生活的需求，每天都要主动接受未知的信息，这是受众消费内容的本质。面对被内容信息充斥的互联网，更多的人希望阅读有价值的内容，希望"省"下阅读无用内容的时间，如果自媒体提供的内容有足够的价值，受众甚至愿意为享用这份精致资源而付费。因此，为了满足用户"省"时间的需求，有一部分内容输出者坚持与用户做深度交流，有的做信息盘点，有的做专业观点输出、知识分享，他们聚焦于某个垂直领域，所输出的内容极大地方便了业内人士了解这个领域的动态，也帮助用户节省了大量的搜索信息的时间。他们会根据用户的需求，结合自身的优势不断地细分内容领域、细分形式、细分人群，满足目标用户的特定需求，帮助用户节省时间，并通过深度内容助力用户在这一领域的认知，同时提高自身价值。

3. 取舍内容，去芜存菁

新媒体的主要应用场景是消费受众碎片化的时间，所以在内容创作过程中，有一条不成文的规则：优秀内容字数通常控制在 3 000～4 000 字这个范围，因为太短讲不清楚问题，太长令读者没耐心看。创作者要做的是让内容的信息变少，而不是让信息变多。满足受众"快阅读"最有效的办法就是在取舍内容的时候，先砍掉三分之一，然后尝试着将剩下的内容砍掉二分之一，努力做到去芜存菁。

四、内容开头写作

内容开头有三种不同的作用，需要用不同的形式来实现。

（一）服务题目的开头

这类开头形式与题目密切相关，或者解释题目，或者是题意的延伸。

1. 解释题目

当题目包含一个问题，或埋下伏笔时，需要在开头解释题目。如《如果你在十八岁的时候认识我就好了》的开头写道："昨天的推送里，让我看完最难过的台词是：如果你在十八岁的时候认识我就好了，那时我的头发又黑又长，也很漂亮……"

2. 延伸题意

当题目已经足够惹人好奇时，开头接着题目的话头往下说就好了。如一篇微信文章《宇宙到底有多大》的开头这么写道：宇宙到底有多大？很多人会说，很大。

（二）"吸引读者"的开头

"吸引读者"的开头形式多种多样，下文列举 9 种常见的"吸引读者"的开头方法。

1. 描绘利益

告诉读者阅读这篇文章会有何收益，读者看到这样的开头，自然会看下去。如微信文章《这才是手机的正确拍照方法，以前白玩了！》，开头写手机拍照已成为人人生活中必不可少的一部分，但是有些人不一定了解手机拍照技巧。其实不需要用高级拍摄技巧，自己也可以把手机的拍照功能发挥得淋漓尽致。

2. 制造悬念

故意不说透，勾起读者的阅读兴趣。如微信文章《工作室日常之一个悲伤的故事》开头写道：这是一个套路和反套路的故事，一个凌驾于世界所有尴尬之上的故事，一个无论什么时候想起来都恨不得咬舌自尽的故事。

3. 提出问题

提出让读者好奇的问题，但不完整回答，读者就会更好奇。如微信文章《SOS！我要离开这个全是折扣套路的城市》开头写道：嘉宝宝今天又来唱反调了，大多数人（包括我自己），今天都中了套路。从购物习惯角度来说，有些促销并没有真正的实惠。开头只是说了"没有真正的实惠"。但没有解释"为什么没有真正的实惠"，这部分内容将在后面内容中描述。

4. 自曝"丑事"

把自己的"丑事"说出来，表达坦诚的态度，拉近与读者之间的距离。如微信文章《工作室日常之台历讨论会议》开头写道：大家好，又到了国民老尴尬老岳父语音投票的环节，老安今天在临走前，跟小编说，帮我编一个理由，填充今天的语音环节。

5. 制造冲突

有了冲突，但结局未知，读者自然想一探究竟。如微信文章《我帮你，没有动机》开头写道，粉丝七七愤怒地跟末那说：叔，最近有个男人追我……

6. 制造临场感

描述读者可能经历的场景，让读者心里想着"这是在说我啊"。如微信文章《花一百块钱买的东西，却要操好几万块钱的心》开头写道："双十一"网购的东西到了，你后悔吗？从目前"双十一"某宝退货率来看，"剁手族"纷纷表示后悔。

7. 聊自己的近况

在讲述正题之前，作者先叙述自己的近况，让读者感觉"我和作者过着差不多的生活"。在拉近和读者之间的距离之后，读者更容易认同作者写的文章。如微信文章《雾霾天冷窝在家！这些游戏能让熊孩子乖乖玩上一整天》开头写道：身在帝都的我，可算盼来了暖气……

8. 对比

用与读者生活相关的但对比鲜明的事例，以便凸显文章内容的主要特点。例如，一文案的开头就描述了一个普通人逆袭的场景：从农村考上北京大学，一路努力成为《超级演说家》冠军，再到成为媛创首席执行官。她一共实现了3次逆袭，她是如何做到的？再如，旭辉地产的"故乡眼中的骄子，不该是城市的游子"这句文案中"故乡骄子"与"城市游子"形成鲜明对比，而有一个家会让人看上去能保持"骄子"的形象，这句对比文案切入用户心理的力道恰到好处。

9. 类比

当内容对读者太陌生，或者广告痕迹太重时，可以讲述与内容类似的例子，便于读者理解。如微信文章《一万句多喝水，不如一只狐狸杯》开头写道：上杯盖的小狐狸，是你一辈子的陪伴，"一旦你驯养了什么，你就要对它负责，永远地负责。——《小王子》"这篇文章是销售小狐狸水杯的软文，但狐狸水杯在日常生活中不多见，读者不熟悉。因此，先以读者熟悉的小说《小王子》中的狐狸作为内容开头，以此减少读者对狐狸水杯的陌生感。

（三）"保证故事完整"的开头

完整的故事结构会帮助读者更快速地理解文章含义，具体方式就是介绍背景，如微信文章《3万块的捷达顶了一下500万的劳斯莱斯，要赔60万！咋整？？？》开头写道：前段时间砖叔看到了这样一则新闻，两辆东莞牌照车辆擦碰，一辆捷达撞上一台劳斯莱斯。而事故的责任清晰，事发地为禁停路段，劳斯莱斯司机人还在车里，虽然是违章停车，但无责任。题目中只说捷达撞了劳斯莱斯，但没有介绍事情经过，这容易让读者理不清，所以在内容开头先介绍了事件背景，以方便读者理解。人们每天主动接收信息的一个重要原因是满足社交需求。无论是时政新闻，还是娱乐八卦，或是行业最新动态，人们都有兴趣了解。

五、布局文章结构

要想写好微信文章，需要掌控三个关键：关键内容、提炼素材、排列组合。其中排列组合就是指文章的布局结构，它直接影响到微信文章的质量。

（一）PREC结构法

PREC四个英文字母分别代表：观点（point）、理由（reason）、案例（example）、结论（conclusion）。其实就是最基本的"总分总"结构，也是常见的文章结构。值得注意的是，微信文章在使用PREC结构时，因为篇幅的关系，最好开门见山提出观点，证明观点的理由不要罗列太多，两三个即可。

（二）金字塔结构

所谓金字塔结构就是常见的"问题—原因—对策—结果"结构模型，这种模型常用于"破除误解"型主题的撰写，如微信文章《什么？猫猫那么萌，竟然也会放屁？还那么臭？！》就是采取金字塔结构。问题：萌萌的猫为什么会放屁？原因是猫科动物每天的膳食会摄入大量蛋白质，蛋白质中含有硫，经过消化系统代谢后会产生含臭味的气体，并且猫的肛门不像人类肛门那么紧闭，放屁大多情况下是没有声音的，所以绝大多数人不知道猫会放屁。猫猫放屁属于正常现象，如果经常放响屁，或放屁频率明显变高，则是不正常的现象，请及时前往宠物医院检查。

（三）黄金圈结构

黄金圈结构最早是由一位叫西蒙斯·涅克（Simon·Sneck）的人提出来的，该结构由三个"圈"组成，最里面的圈是"Why"，即目标、理念、使命或愿景；中间的圈是"How"，即具体的操作方法和路径；最外面的圈是"What"，主要说明事件内容、具体特点，或是需要达到的结果。借用黄金圈结构进行内容创作，从内到外进行阐述，主要用于"讲解概念"型内容，如在微信文章《明知道对自己好，为什么总做不到？关于自律的科学》中，解决的是"自律"这个概念。关于内容结构形式可能还有很多，无论运用哪种结构，都需要注意两点：第一，满足读者的实际需求。大部分作者之所以阅读理论知识，除了满足好奇心之外，就是希望能解决实际问题。因此，讲完理论知识之后，尽可能结合实际问题，提高理论的"附加值"，如在《口臭是会呼吸的痛，除了不出气还有别的办法吗？》这篇文章中，除了讲解口臭形成的原因，还介绍了缓解口臭的方法。第二，尽量简化理论，很多作者在写专业知识类文章时，很容易陷入"纯理论研究"，使用大量专业术语，自己写得很"过瘾"，但读者看得云里雾里。

六、重视文章结尾

因为制约文章开头的因素较少，主要来自于标题和内文，所以开头可发挥的空间较大。相比之下，结尾受文章风格、主题内容、写作目的、写作节奏等因素的影响，受到的限制较大。文章的结尾主要有两种作用：第一，总结全文加深读者印象。第二，引导读者行动。如果正文的目的是引导读者行动，那么在结尾可以使用引导语，引导读者行动。

七、视觉元素

（一）视觉要素的重要性

视觉要素在整个内容运营中是非常重要的，其作用主要体现在以下几个方面。

1. 提升用户阅读体验

优秀的文章内容，结构清晰，逻辑顺畅，用户易理解，便于快速阅读，而且内容文字、图片等视觉效果赏心悦目、优雅美观，让阅读成为享受。

2. 塑造品牌形象

长期坚持高标准的排版、稳定的风格，能无形中提升平台"品位"，自然会影响读者对平台的看法，提升内容平台的品牌形象。

3. 给用户心理暗示

精美的内容排版会给读者心理暗示，是读者判断内容品质高低的重要标准。

（二）文章标题排版原则

文章标题排版应遵循以下原则。

1. 一级标题和二级标题在用户手机屏幕上尽量不要超过一行，如果一行不能达到最佳排版效果，可将标题分成两行，但不要超过64个字节，否则转发朋友圈时不能完全显示。

2. 标题出现日期时，用阿拉伯数字代替中文数字，如《为什么今年2月份没有29日？》。

3. 标题的标点符号建议不要超过 2 种。

（三）文章标题排版要求

1. 一级标题的排版要求

（1）上下行距为一行至两行，字号以小三号或三号为佳。

（2）如果有品牌色，优先使用品牌色并加粗，如果没有，使用黑色并加粗。

（3）采用居中对齐的方式。

2. 二级标题的排版要求

（1）字号以小三号为佳，或与正文内容字号相同。

（2）颜色可以设置为 #2f2f2f，并加粗。

（3）对齐方式为两端对齐。

关于各级标题的设置，不同的文章可以有不同的方式，但整体来说需要遵守两个基本的原则：第一，标题字数适中，在手机屏幕显示不超过两行；第二，标题之间要有逻辑关系。

八、图片编辑

除了文字之外，图片也是组成内容的重要成分，对于图片的编辑，大致有以下几种情况。

（一）封面图

封面图是文章进入读者视野的第一张图，所以在封面图的设计过程中，需要注重以下几个方面。

1. 头条封面图与公众号整体风格要搭配。

2. 头条封面图的尺寸以宽 900 像素、高 500 像素为佳。

3. 次条封面图尺寸以宽 200 像素、高 200 像素为佳。

4. 封面图中不要出现太多文字、数字。

5. 封面图的视觉焦点要在图片中央。

（二）文中插图

1. 对于文中的插图，需要考虑图片风格和配色，图片大小以不小于 50KB、不超过 2MB 为佳。

2. 对于静态图，图片宽高比例需要统一，建议使用 16∶9 和 4∶3（不建议使用竖构图图片），图片的宽度控制在 1 000 像素左右。

3. 对于动态图，图片的宽度为 1 080 像素，高度根据实际需求调整。

九、IP推广

微信公众号的阅读高峰期通常在中午和晚上（尤其是晚上9点至10点），不过需要根据公众号自身的特点及目标用户的习惯而定。如果目标用户大多数是上班族，在上下班高峰期推送效果会更好；若微信公众号的内容是娱乐八卦、幽默搞笑的段子，则晚上9点之后推送的效果会更好。值得注意的是，有些用户会同时关注几十个甚至上百个微信公众号，他们很难关注到哪个平台发了新内容。当前，订阅的信息量对大众用户来说已经处于超饱和状态，这种状态下会催生出很多"沉默观望型"用户。对于这种用户，自己需要不断地重复提示，在其脑海里输入一个时间概念，让他们知道每天会在什么时间点推文，可以选择能加深记忆点的时间，如每天20：20发文，代表"爱你爱你"；每天11：11发文，可以解释为婚恋平台关爱单身。细心的人会观察到，"罗辑思维"的内容推送时间点是6：38。由此可见，一些成熟的平台在细节上的确有过人之处。

确定时间点是培养用户的习惯，用户一旦记住了这个时间点，就会在心中留下小小的烙印，只要他们感受到了创作者的坚持和用心，看到了内容品质，就会逐渐转化为"真心交流型"用户。下面是一些关于内容发送时间的效果统计。

- 关于汽车领域的文章分享量在周三达到峰值。
- 一般的商业文章在周二的分享量最多。
- 健康行业的文章在周二和周五的分享量达到峰值。
- 与视频相关的文章在周一被分享最多。
- 各个领域的文章在周末的分享量都比较低。

实际上，最好的发布时间容易受多种因素的影响，自己要做的是找到适合受众的最佳发布时间。运营是个细致活，也是持久战，有时候要求前期工作找到所有可能对数据有提升作用的因素，然后在实际工作中逐一尝试：哪些因素使数据有了提升，哪些因素不能使数据有提升，自己试了哪条，没有尝试哪条，这些都记录下来，将它们做成运营日记，第二天看看这些策略带来的数据效果变化如何。

第三节　图文IP创作技巧

一、软文创作思路

新媒体软文创作思路像文案创作思路一样，是一种创造性思维活动，需要创作者调动不同的思维方法。一般来说，人的思维方法主要有水平思维、垂直思维、发散思维、收敛思维、顺向思维、逆向思维和头脑风暴法等。

扩展阅读4-4

互联网文案的
"十要十不要"

（一）垂直思维和水平思维

垂直思维和水平思维的概念由剑桥大学心理学博士爱德华·戴波诺提出。垂直思维又称纵向思维，这种思维方法偏重于以往的经验与模式，是对旧意识的改良，并不能产生新的创意。应用在电商文案中，以雨伞产品为例，常常使用的电商文案是"防晒防雨、出行无忧、结实耐用、方便携带、设计精美"之类的"套话"。水平思维又称横向思维，是与垂直思维相对应的一种思维方法。这是一种摆脱传统意识、旧经验的约束来思考问题的方法，往往能打破常规，创造出一些新的观点和想法。同样是雨伞电商文案，大家在"网易严选"网站上看到的文案，雨伞已经不再是传统的防晒防雨工具。从英国绅士谈到《哈利·波特》，雨伞已然成为一种时尚配饰，是彰显消费者品位的一种道具。

（二）收敛思维和发散思维

收敛思维和发散思维是相对的。收敛思维又称集中性思维，是指以某个思考对象为中心，从不同的方向和角度将思维指向这个中心，以达到解决问题的目的。收敛思维通常是综合搜集已有的信息，推断出一种结论的思维过程。发散思维是指人们的思维方向是辐射性的，而不是沿着一个确定的方向发展，在思维过程中充分发挥人的想象力，从一点向四面八方延伸，通过知识和观念的重新组合，找出更好的答案和想法。这种思维方法与收敛思维相比更具创造力。

（三）顺向思维和逆向思维

顺向思维是常规的传统的思维方法。逆向思维也称求异思维，是一种对司空见惯的似乎已成定论的事物或观点反过来思考的思维方式。

（四）头脑风暴法

"头脑风暴法"又称"脑力激荡法"，是美国学者奥斯本提出的一种创造能力的集体训练法。头脑风暴在不受任何限制的情况下，集体讨论问题能激发人的想象、热情、竞争意识及创新意识。人人自由发言、相互影响、相互感染，能形成热潮，突破固有观念的束缚，可以最大限度地发挥创造性的思维能力。头脑风暴法通常是举行一个小型研讨会，与会者可以自由地、毫无顾虑地提出各种想法，相互启发，引起联想，刺激形成创意想法，产生众多创意。

二、新媒体软文写作方式

软文的标题决定了读者对软文的第一印象，决定了读者是否会点开文章进行阅读，而软文的具体内容则直接影响其营销效果的转化。软文在写作方法上千变万化，但有规律可循。下面介绍软文写作中常见的5种正文布局方式。

（一）并列式

并列式正文布局是指正文的各部分是并列平行又相互独立的，同时又为中心论点服务。并列式正文布局的好处在于能更清晰、更全面地把产品或服务的卖点阐述清楚，有利于增强读者对软文内容的信任。并列式正文布局主要分为两种形式：一种是围绕中心论点，同时阐述若干个论点；另一种是围绕一个论点，列举若干个论据进行论证。

（二）演绎式

演绎式正文布局是指软文通过严谨的逻辑铺排，引导读者步步深入，让读者顺着文中内容，循序渐进地得出作者想要告知读者的推理结论。内容步步铺排、论证层层递进的演绎式正文布局，能够让读者更深入地了解产品，慢慢接受作者想要传达给他们的品牌理念，从而付诸行动。

（三）悬念式

悬念式正文布局是指通过设置疑团引起读者的好奇，让读者迫切地想要往下阅读找到答案，即把文章中最吸引人的情节前置设疑，然后在正文部分层层铺垫，慢慢地给出答案。这类软文的表现形式主要有两种：一种是先设置出一个让人感到惊讶或好奇的事件起因，但不说明结果，然后通过层层递进、一环扣一环的方式给出答案；另一种是告知读者一个难以想象的结果，但对其过程及原因不做交代，然后通过倒叙的方式逐一揭开谜底。

（四）痛点式

痛点式正文布局是指通过唤醒读者的痛点，让其对自己的现状产生不满，或对将要发生的事情感到不安，从而引出自己想要推广的产品或服务的卖点，为读者提供切实可行的解决方案，促使其做出行动。痛点式软文的主要表现形式为：唤醒读者痛点，提供解决对策，导出产品推广，最终完成转化。

（五）体验式

体验式正文布局是指以消费者或第三方的口吻，通过描述他们的消费过程及使用产品的感受，为读者提供真实客观的建议，同时植入产品或服务的优点，进一步加深读者对产品或服务的印象，让读者在不知不觉中接受产品或服务并产生购买兴趣。在具体的操作中，要根据产品的不同，灵活选择合适的软文写作方式。如果推广的产品不属于创新型产品，就需要选择更贴近读者的写作模板，如痛点式和悬念式的写作方式，通过唤醒读者的痛点和增强代入感来促使他们付诸行动。反之，如果读者对推广的产品有初步购买意向，就应该选择更贴近产品特点的写作方式，如并列式、演绎式和体验式等，更清晰、更全面地阐述产品的卖点，理性地说服读者进行消费。

三、图片设计与制作

（一）新媒体图片的使用原则

1. 保证图片的清晰度

为文章添加配图不仅是为了美化文章版式，更是为了增强文章的吸引力。所以，要保证图片的清晰度，应选择清晰度高的图片，避免使用带有马赛克、水印的图片，这样才能更好地吸引读者阅读文章，给读者带来良好的阅读体验。

2. 图片要与文章主题相符

文章中的配图一定要有存在的意义，图片要与文字内容有关联。若图片与文字内容毫无关系，则很容易让读者在阅读时产生误解及不好的阅读体验。此外，还需要注意的是，图片是为文字内容服务的，能够通过文字表达清楚的内容，就没有必要再为文字搭配过多的图片，否则可能会让读者产生阅读上的负担。

3. 注意图片的数量

在一篇文章中使用的图片既不能太少，也不能太多，因为配图太少可能无法充分发挥图片的作用，而配图太多则容易导致出现页面加长、加载速度慢等现象，会给移动端用户造成页面总是滑不到底的错觉，导致跳出率的增加。一般来说，一篇文章配图3～5幅为宜，既能达到美化文章的目的，又不会导致页面过长而引起读者视觉疲劳。

4. 图片尺寸、色调要统一

在同一篇文章或同一个版面中，图片的尺寸和色调要统一，尽量使用同一系列或同一色系的图片，或内在有一定相关性的图片，这样可以让文章显得更有格调。

5. 对图片进行适当美化

为了让图片更具特色和吸引力，可以对图片进行适当的编辑和美化。目前，使用较多的图片编辑工具软件有PS、美图秀秀、醒图等。

（二）图片传播涉及的法律问题

现在网络上有丰富的图片库资源，获取图片的途径很多。但是，将从各种渠道搜集来的图片进行商用可能会面临严重的法律问题。图片编辑人员要对著作权法的相关规定有深入的了解，以避免侵犯他人版权、肖像权等情况的出现。下面对使用图片时所涉及的法律问题进行归纳。

1. 未经授权使用他人图片的法律问题

图片属于著作权法保护的作品范畴。根据《中华人民共和国著作权法》第十条规定，著作权包括发表权、署名权、修改权、保护作品完整权、复制权、发行权、出租权、展览权、表演权、放映权、广播权、信息网络传播权、摄制权、改编权、翻译权、汇编权以及应当由著作权人享有的其他权利。其中，复制权是指以印刷、复印、拓印、录音、录像、翻录、翻拍等方式将作品制作一份或者多份的权利。根据《中华人民共和国著作权法》第四十七条的规定，未经著作权人许可，发表其作品属于侵权行为，侵权人应当根据情况,承担停止侵害、消除影响、赔礼道歉、赔偿损失等民事责任。

2. 关于肖像权和名誉权的法律保护

《中华人民共和国民法通则》第 100 条规定"公民享有肖像权,未经本人同意,不得以营利为目的使用公民的肖像。"最高人民法院《关于贯彻执行〈中华人民共和国民法通则〉若干问题的意见》第 139 条规定"以营利为目的,未经公民同意利用其肖像做广告、商标、装饰橱窗等,应当认定为侵犯公民肖像权的行为。"《中华人民共和国民法通则》第一百零一条规定"公民、法人享有名誉权,公民的人格尊严受法律保护,禁止用侮辱、诽谤等方式损害公民、法人的名誉。"最高人民法院《关于贯彻执行〈中华人民共和国民法通则〉若干问题的意见》第 140 条规定"以书面、口头等形式宣扬他人的隐私,或者捏造事实公然丑化他人人格,以及用侮辱、诽谤等方式损害他人名誉,造成一定影响的,应当认定为侵害公民名誉权的行为。以书面、口头等形式诋毁、诽谤法人名誉,给法人造成损害的,应当认定为侵害法人名誉权的行为。"

四、新媒体封面图的设计与制作

封面图是指新媒体文章中的头条图片和次条的方块图片。作为进入读者视线的第一张图片,其重要性不言而喻。下面将详细介绍如何设计与制作新媒体封面图。

(一)搜集图片的渠道

使用搜索引擎搜索图片是人们常用的一种寻找图片素材的方法,当使用搜索引擎无法搜到满意的图片或者需要使用无版权图片进行商用时,可以尝试在专业的图片网站上检索下载。

1. 网站名称

一些搜索图片的网站如表 4-1 所示。

表 4-1 搜索图片的网站名称

网站名称	网站功能
Unsplash	免费壁纸分享网站,每天都会更新一些高质量的图片素材,用户可以对图片进行下载和商用。
Visual Hunt	一个提供高品质免费图片素材的站点,其中收录了海量的授权图片,用户可以通过网站内置的搜索引擎搜索图片。
Hippopx	一个基于 CC0 协议的免版权图库,该网站中的图片涵盖人物、动物、风景、名胜、美食、旅游、建筑等各个领域,所有图片均可免费下载使用。
Pixabay	一个提供免费高质量图片素材的分享网站,图片涵盖交通运输、产业技术、人物、动物、健康医疗、商业金融、地标等各个领域,用户可以选择使用中文搜索图片。
Pexels	免费高品质图片下载网站,为用户提供海量共享图片素材,每周都会进行更新。
StockSnap	为用户提供了丰富的免费图片,可商用,无须经过授权英文界面,仅支持使用英文关键词搜索图片。

2. 搜索图片的方法

通过关键词搜索图片是常用的一种方法，但如何选择关键词是一个技巧。关键词选得好，有利于提高图片搜索的效率及图片与文章的匹配度。

在搜索图片时，可以根据文章的主旨或标题来提炼搜索图片的关键词。搜索图片使用的关键词可以是行业术语、描述产品特征的词语及描述用户特征的词语等。使用某个关键词始终无法找到自己心仪的图片，就可以尝试将抽象性的关键词变为形容词，然后将其与某个具体的人或者事物联系在一起进行搜索。例如，若直接使用"成功"一词来搜索图片，可能很难搜索到符合要求的图片，因为这个词比较抽象。此时，可以将"成功的"作为关键词来搜索；还可以结合联想到的具体成功人士，使用"成功+具体人名"作为关键词来搜索。此外，搜索引擎会根据语言的不同来检索相对应国家的网页，所以不要只局限于使用中文进行图片搜索，可以尝试使用多种语言进行搜索。

（二）图片处理的方法与原则

找到合适的图片后，有些图片需要经过处理才能使用。常见的需要对图片进行处理的情况有以下几种。

1. 图片有多余的部分

若图片太大，有些地方是多余的，可以使用 Photoshop、光影魔术手等修图工具将其裁剪掉。

2. 图片有水印

对于图片上的水印，可以采取两种解决方法：若水印没有位于图片的关键位置，可以直接将带有水印的部分裁剪掉；反之则使用 Photoshop、光影魔术手等专业的修图工具对其进行处理。此外，对于图片上存在的一些自己不需要的文字，也可以使用修图工具对其进行处理。

在裁剪图片时，要注意以下两点：一是要根据文章的内容来分析图片的构图是否合理，对于与文章主题关联不大的细枝末节加以裁剪，使图片的布局更加合理和切合文章的主旨；二要保证图片的长宽比例符合审美要求，不能为了让图片嵌入页面格式而强行大幅度地改变原图片的长宽比，避免导致图片严重变形与失真。

（三）制作 GIF 动态图片

1. GIF 动态图片的优势

图像互换格式（graphices interchange format，GIF）是一种位图，以 8 位色（256 种颜色）重现真彩色的图像。它实际上是一种压缩文档，采用 LZW 压缩算法进行编码，有效地减少了图像文件在网络上传输的时间，是目前广泛应用于网络传输的图像格式之一。GIF 格式可以存放多幅彩色图像，若把存放于一个文件中的多幅图像数据逐幅读出并显示到屏幕上，则可构成一种简单的动画。

2. 制作 GIF 动态图片的工具

若在网上无法搜索到符合自己需求的 GIF 动态图片，则可尝试自己制作。下面介绍几款比较好用的制作 GIF 动态图片的工具。

1）SOOGIF

SOOGIF 不仅提供了 GIF 动态图片搜索，还提供了在线编辑和制作 GIF 工具，使用起来非常简便。

2）Fireworks

Fireworks 是一款网页制图软件，不仅具备编辑矢量图形与位图图像的灵活性，还提供了一个预先构建资源的公用库，并可与 Photoshop、Flash、Illustrator 和 Dreamweaver 软件省时集成。与其他 GIF 制作工具相比，Fireworks 的界面更加美观、可编辑性更高、GIF 动态图片的输出体积可控，用户可以直接在浏览器中预览 GIF 效果。而且 Fireworks 的学习成本低，即使使用者没有平面设计和剪辑合成的基础，通过浏览 Fireworks 中提供的帮助文件，也可创建具有专业品质的网页图形和动画。

3）抠抠视频秀

抠抠视频秀能够把视频转化为 GIF 动画，方便又快捷，并且为高清画质。使用此工具无须下载视频，只需将其界面套住播放的视频界面，就可以直接在视频网站上截取自己想要的视频片段。此外它还支持优酷、酷 6 等大多数在线视频网站。

4）Imgplay

Imgplay 是一款制作 GIF 动态图片的 App。无论是手机中的照片、视频还是连拍快照，Imgplay 都可以将其制作成 GIF 动态图片。使用者还可以从视频影像中截取有趣的片段制作成 GIF 动态图片和视频短片。

第四节　图 文 排 版

一、处理文案与图片关系的方法

在图文排版中，需要考虑图片和文案两个主要因素。排版人员可以通过对文字和图片的排版设计两个方面来协调两者的关系，从而构建出能传递有效信息和具有强烈视觉冲击力的页面效果。

（一）强化图片和文案的对比

通过巧妙地运用对比色和互补色，强化图片和文案的对比，不仅可以增强信息的可读性，让画面更加富有立体感、空间感，还可以增加受众的视觉感知。在图文设计中，经常用到的经典配色有青色与红色、黄色与蓝色、黑色与白色等冷暖色的对比。

在进行页面设计时，可以根据页面表达的主题来选择页面的主色调，然后在小范围内使用另一种颜色进行搭配装饰，这样可以让页面形成强烈的视觉冲击力，快速吸引受众的注意力。在图文排版中，文字既是设计者传达信息的载体，也是设计中的重要元素。因此，除了运用色彩来制造对比效果外，对文字进行巧妙的字体设计，同样可以形成对比效果。在选择字体时，可以通过使用与背景图片相融合的字体来制造视觉落差感。若页面的背景比较空洞，可以选择使用带有设计感的字体；若页面的背景比较浓郁，可以使用简约型的字体。

（二）弱化背景

一般来说，为页面设计高清的背景图是为了吸引受众的目光，但有时弱化背景往往能够产生更好的视觉效果，因为一个复杂、清晰的背景图会使页面中的其他设计元素（特别是文本）很难看清。因此，根据图像的复杂程度，通过应用模糊效果来创建一个干净的背景，能够有效地增强页面中文字内容的易读性。通过局部模糊来弱化背景，能够改变图像中的视觉焦点，让主体形象更加突出。同时，将文案添加至模糊区域内，可以使文案从杂乱的背景中剥离出来，从而增加文字信息的可读性。这样，在整个页面中，主体形象和文案就能形成一种视觉平衡。

（三）图文合一

图文合一是一种能够有效增加页面吸引力的设计方法。图片与文字交错式的搭配，能让图片与文字形成互动感，还能让页面产生一种空间感。同时，文字在页面中充当的不只是文案的角色，还是一种装饰元素，从而让页面更加美观。

（四）标签式设计

标签式设计是指将少量的文本信息整合到一起，将文本置于矩形框内或在文本之上添加一个色块，形成产品标签的形式，从而将受众的注意力集中在标签上。在实际设计时，标签的大小需要从画面的美观度、文字数量、背景图案和版面的平衡等多种因素进行考量。

二、图文排版工具与方法

以微信公众号为例，对于发布在微信公众号上的文章来说，精美的排版不仅能为读者提供良好的阅读体验，还能提高文章的格调，增加文章的阅读量。对于新媒体运营者而言，熟练掌握一些实用便捷的图文排版工具，无疑会使日常工作事半功倍。下面介绍几款常用的新媒体图文排版工具。

（一）秀米

秀米是专门为微信公众号文章提供文本内容美化的图文编辑工具，为用户提供了多种风格的排版模板，同时用户也可以自己创建新的图文版式。除此之外，秀米还可以生成长图和贴纸图文，秀米图文链接（图文分享页面）本身也可以作为一个独立的内容传播页面。

（二）135 编辑器

135 编辑器是一款功能强大、极易上手的在线图文排版工具，提供了丰富的排版样式、图板和图片素材，并拥有秒刷、一键排版、全文配色、云端草稿、企业定制等强大功能。

（三）壹伴

壹伴是一款能够增强公众号编辑器功能并显著提高排版效率的浏览器插件。安装此插件后，用户可以高效地完成微信排版、公众号管理、定时群发、一键图文转载、GIF 动画等。

三、如何提升图文版面美观度

（一）文字与背景颜色对比要明显

文字颜色与背景颜色要形成鲜明的对比，若文字透明度过高、字体过细或文字颜色与背景颜色对比不明显，就会产生文字与背景混为一体的情况，从而影响文字的阅读效果。在浅色的背景上要使用深色的文字，在深色的背景上要使用浅色的文字，这样才能保证文字的可读性。

（二）字体要与页面风格相符

不同的字体会传达出不同的气质，如粗体给人以厚重的感觉，细体给人以高冷的感觉。因此，要根据文章及页面的风格来选择符合其气质的字体。若页面文字的字体与文章、页面的风格不相符，则会让整个页面的气质发生改变，也会让读者在浏览页面时产生一种"违和"的感觉。

（三）控制字体种类的数量

除了要选择与文章、页面风格相符的字体外，还要控制页面中字体种类的数量。通常来说，同一个页面中字体的种类不宜超过 3 种。如果同一个页面中使用的字体种类过多，就会使页面显得杂乱，也容易出现字体与页面风格不相符的情况，从而影响页面所呈现的视觉效果。

（四）对齐方式要统一

不同的文字对齐方式会让人产生不同的阅读感受。左对齐方式，符合大众的阅读习惯，给人一种亲切、自然的感觉；右对齐方式，会让页面显得有格调，带有时尚感；居中对齐方式，会让页面显得端庄优雅，整体感强，读者在阅读时可以更好地集中视线；菱形对齐方式，比较有趣味性，会让页面显得别具一格。

（五）文字字号要有层级区分

文字的字号太大或太小都会给读者造成不良的阅读体验，所以要为文字选择合适的字号。一般来说，文章标题的字号可以设置为16px、18px、20px，正文的字号可以设置为14px、16px，注释的字号可以设置为12px、14px。此外，标题、正文和注释使用不同的字号，可以让文章内容有层级区分。

（六）设置合适的行距

行距是指每行文字之间的距离。通常来说，行距是随着字体大小的变化而变化的。一般来说，在正文中，将行距设置为字号的1.5～1.8倍，所带来的阅读体验是比较舒服的。若字数较少，则可以将行距设置为字号的2倍。

（七）设置合适的字符间距

有些人在排版时可能会因为文字内容过长或版面的限制而选择压缩字符之间的间距来控制文本的长度，其实这是一种不明智的做法。如果字符之间的间距过小，就会让文字显得拥挤，影响读者的阅读体验。

（八）设置合适的行宽

行宽是指一行文字的宽度。在阅读文章时，人们的视线移动呈"Z"形，若一行太长，则难以换行，容易让读者产生视觉疲劳。因此，合适的行宽可以让读者轻松地在行间进行跳转，避免大脑瞬间处理过多的信息，从而降低阅读负担。

（九）注意同一个页面中各个元素的亲密性

在同一个页面中，存在一定关联性的各元素之间应当遵循亲密性的原则。页面中标题、正文、图片之间的间隔相同，会让读者产生困惑，无法准确地区分标题、正文与图片之间的关系，严重影响读者的阅读体验。根据亲密性原则，通过设置不同的间距，将存在关联的标题、正文和图片分成一组，这样可以让各元素之间的关系一目了然。

（十）设置合适的留白

制造视觉焦点，吸引读者的注意力是做好页面设计的关键点，而合适的留白能让读者快速找到自己需要关注的信息。

（十一）合理使用装饰性元素

有时为了避免页面显得太空，很多人习惯在页面的空白位置添加一些装饰性元素。这是一种很常见的方法，但不合理的填充容易让页面显得杂乱，使其失去视觉焦点。在为页面添加装饰性元素时需要注意两点：一是添加的装饰性元素只是为了填充空白，不能喧宾夺主；二是添加的装饰性元素要合理，要与页面中的内容有关联。

（十二）合理使用底纹文字

当页面显得单调且添加的装饰性元素会让页面显得杂乱时，可以通过添加底纹文字的方式让页面效果丰富起来。添加底纹文字，就是在背景中增加相关的英文单词或文字。在添加底纹文字时一定要注意，底纹文字的颜色要淡一些，应与页面背景形成和谐的融合效果，且尽可能与文字错开，以免影响文字的识别性。

思考题

1. 如何创作出能引发受众共鸣的 IP 内容？
2. 结合自身生活实际，说说哪类 IP 内容更受大众喜爱。
3. 如何把图文 IP 创作技巧正确运用到个人 IP 上？
4. 合适的图文排版对 IP 推广起着怎样的作用？
5. 互联网背景下，如何避免自身侵权行为发生？

扩展阅读 4-5

避坑指南创作文案分析

第五章 短视频 IP 内容生产

第一节 优质短视频的五大要素

一、价值趣味吸引受众群

常言道:"道不同不与相谋"。价值观的传递是情感交流中十分重要的立足点,而价值趣味,是指媒体内容提供给受众的某种价值观念或趣味取向。一条短视频,可能观众看后味同嚼蜡,不知所云,甚至反感抵触;也可能感同身受,深受启发,点赞送花。这和视频本身提供的价值观念和趣味息息相关。

> 扩展阅读 5-1
>
> 图文内容值得用视频的方式重做一遍

短视频不仅是表象的生产,而且是以情感、价值趣味等要素为基点,营造一种归属感和一致性,观看者不仅痴迷地"看",还借助社交媒体提供的社交性和互动性,走向主动追随。价值趣味体现在记录美好生活,让有共同价值爱好取向的群体聚集在一起,朝着一种共同向往的生活方式而努力。价值趣味还体现在获取知识上,当今时代是一个快餐化时代,每天各种精彩、吸引眼球的事物不断上演,容易导致知识深度不够、认知扁平化等问题。所以,愈来愈多的群体希望用碎片化的时间学习碎片化的知识,而短视频可以完美契合大众这方面的需求。

二、优美画质提升观看体验

优质短视频另外一个重要的元素是"优美画质",画质质感直接决定了观众看视频的视觉体验。如果说,一个视频本身内容、价值观、趣味性都很好,但是却用很糟糕的画质拍摄的话,就很难吸引观众,因为短视频是靠"黄金三秒钟"吸引粉丝观看的,糟糕的画质会给观众留下不好的第一印象。现在的短视频大 V 都有专业的拍摄设备、灯光、化妆道具、后期调色一应俱全,呈现给观众的是视觉大餐。

需要注意的是,不同的播放设备对清晰画质的要求也不同,短视频通常是在手机端或平板电脑上播放,在画质呈现上以符合手机的视觉习惯为佳。画质是否清晰与拍摄设备本身有关系,比如有些拍摄设备仅支持 720P 的高清画质,而当前一些设备已经支持 4K 画质的拍摄,选择 4K 设备清晰程度会更高一筹。画质的清晰还和对焦方式有关,使用 AF 自动对焦模式拍摄,半按下快门后就会锁定对象位置,在合焦之后就会停止自动对焦了。这种对焦方式具有较高的准确性,是广泛运用的自动对焦模式。此模式非常适合拍摄建筑物及自然风景等处于静止状态的拍摄对象。手动对焦功能需要用户根据对焦手动调节对焦环,而手动对焦模式对于拍摄者的技术水平要求更高。在使用时,首先需要在镜头上将对焦方式从默认的 AF 自动对焦切换至 MF 手动对焦，再转动对焦环，直至在取景器中观察到的影像非常清晰为止，然后即可按下快门进行拍摄。

三、优质内容培养忠实粉丝

短视频的兴起迎合了现代观众碎片化、效率化获取信息的需求，但这并不意味着受众阅读质量的下降。相反，受众更希望把有限的时间花费到对自己有用的信息中去，对媒体内容质量有了更高的要求，好内容成为稀缺资源。所以，当网友看到李子柒"采菊东篱下，煮茶弹琴歇"的传统中国生活方式时，由衷赞叹"简直是一股清流"；看到张同学精彩有趣的东北农村生活而心生羡慕。要持续吸引观众，培养忠实的受众群体，就必须做到内容有用、内容有趣、内容有感，着重表现为内容的原创性、不可复制性。

只有创造持久而优质的内容，才是个人 IP 得以持久吸引粉丝的王道。短视频平台基于算法推荐分发，算法推荐逻辑中的重要一条是：下一个比上一个好。在短视频这个内容大广场中，每条视频"划过"的成本太低了，随手上滑就是下一条。短视频能否在观众眼中停留，3 秒时间足以，如果 3 秒内没有吸引观众而被滑过流失，就难以被推荐到更广阔的受众中，流量会越来越少。短视频的播放量、评论数、用户停留时间等，都决定其是否会被推荐，所以优质的内容才能够达到最佳的吸粉效果。

四、动听音乐促进声景融合

短视频是利用视觉、听觉等符合逻辑的组合，向受众传递语意、情感、资讯等信息的新媒体传播方式。听觉体验是短视频中仅次于视觉体验的第二大重要元素，配乐是声音元素的重要组成部分，想要更好地传递镜头意境和情感，需要把控好音乐节奏的搭配。

（一）把握视频的节奏点

灵活调整配乐及背景音乐节奏，将表演动作放在音乐节奏的重音上，使音乐和画风看起来很协调。

（二）挑选符合基调的配乐

根据视频账号的定位、风格，挑选符合视频基调的配乐，选择与短视频内容相符合的音乐类型。例如，如果作品的主题是呈现壮丽的风景，那么可以选用大气磅礴的配乐，如果作品的主题是呈现日常生活的幸福一刻，那么可以选用轻快的音乐。

（三）学会模仿优秀作品

优秀作品的音乐节奏一般都把握得很好，值得创作者好好分析模仿、借鉴，做到青出于蓝而胜于蓝。但要尊重原创内容，不能照搬照抄，要在模仿中发掘展现出自己的独特风格和表现方式。

五、专业团队合作呈现精良作品

当今社会，短视频已经从"一部手机，一个人"的草根创作时代升级到专业化团队精良制作的新时代，抖音、快手、秒拍、西瓜视频等任何一个平台的优质 IP 博主背后都有一个不亚于微电影剧组的团队成员构成。

拍摄优质的视频需要专业的拍摄设备、摄像师、布景、灯光效果、影棚配音等。比如视频博主李子柒以"诗画田园"的怡然生活吸引了海内外上千万粉丝。视频里的李子柒深居幽山，身边似乎只有一山一水、一栋老木屋、一只猫和一位亲人奶奶。事实上，李子柒团队有着专业的助理和摄像师灯光师为她量身定制每一期视频，所以网友看到了山雾萦绕的大山，看到了李子柒手里被精心烹饪的美食佳肴，看到了院子里的猫憨态打盹的细节。李子柒视频 IP 的火热，离不开专业团队从撰写脚本、制作拍摄到后期剪辑的辛勤付出，专业团队的运作，是李子柒能够成为自媒体时代一张闪亮的视频 IP 名片的重要保证。

此外，在短视频的策划阶段还需要制片人撰写专业的影视项目策划书，对短视频的拍摄预算、广告投放、商业传播营销策略等作出专业判断和精准布局，才能够使精良的制作取得良好的商业回报。所以，在自媒体时代，短视频想抢得先机，就需要多维而专业的团队打造精良的视频内容。

第二节 短视频脚本制作

一、脚本创作基础知识

（一）短视频脚本的定义

脚本是指拍摄电影、戏剧表演等所依据的底本或书稿的底本，用来确定故事的主要情节与发展。短视频是一种简短精炼的视频形式，所以通常没有电影或戏剧那种起承转合的故事性，不用特别强调拍摄的形式、剧情的翻转。创作者在拍摄短视频前首先要明确主题，然后列出故事大纲、主线、拍摄的景别、用时、对白、音乐效果等，以保证拍摄的效率。

（二）短视频脚本的类型

短视频是影视的一种分支形式，它涵盖了影视脚本的三种类型。

1. 拍摄提纲脚本

拍摄提纲脚本主要适用于一些纪实性拍摄，比如街边采访、新闻报道、景点、美食探寻类 VLOG 节目。这类节目故事进展通常有很大的不确定性，需要现场发挥，所以通常是列举一些故事提纲，明确拍摄的主题和需要提出的问题，对现场的情景作出预估和判断，并做好预案准备。如果没有对情景作出预估，那么现场可能无法完成拍摄工作。另外，还需要预案以防出现可能影响拍摄效果的情况。短视频的拍摄提纲是一个框架，有了框架，拍摄起来就会非常顺畅，同时也能对拍摄内容的质量把控起着重要作用。

2. 分镜头脚本

短视频分镜头脚本是一种更加详细的拍摄方案形式，分镜头用来确定每一个镜头的故事内容、长度、景别、音乐、解说或对白等，可以提高视频拍摄、后期剪辑的操作性。短视频分镜头脚本示意图如表 5-1 所示。

表 5-1 短视频分镜头脚本（注：长度以单位"秒"表示，"2"表示 2 秒）

镜号	景别	摄法	长度	内容	特技	备注	音乐效果
1	全景	平拍	2秒	身穿白色连衣裙的女主角轻盈地走在商业街上	调色，处理光晕光斑，画面干净	主角为年轻的女生，干净又文静，且商业街有许多鲜花，机尽头中要有女生和鲜花一起的画面。	音乐起↓
2	全景	远拍	3秒	一群打闹的男生，边玩边走，其中一位男生手里拿着汉堡，突然被推倒，手中的汉堡飞上天空，恰巧掉在了女生的衣服上，所有的人都惊讶地望着这位女生沾染油污的白色连衣裙	调色，处理光晕，全景慢镜头切转跟随，画面定格	镜头随着汉堡至接触音乐衣服一刹那。	急转至金属声即停↓
3	全景	近拍（正面拍摄）	5秒	一位大妈微笑着走了出来，手中拿着奥妙洗衣液，放在胸前说出"没什么大不了，我有我奥妙。升级后的奥妙洗衣液全新添加的污渍搜索因子，增加了50%洁净力，能够全方位去除99种顽固污渍，让顽固污渍无处可藏。强效去污，全心全因呵护您的衣服"。	调色，处理光晕，画面继续	大妈继续，其他画面依然定格	
4	全景	平拍	2秒	画面继续，女生的衣服依旧洁白亮丽，男生手中的汉堡并没有掉落在女生的衣服上，一切都是开始时的画面，女生缓缓的转动裙摆。	调色，处理光晕光斑，镜头倒回	女生的表情应是一种音乐享受的表现	起↓

表 5-1 是一则奥妙洗衣液短视频广告分镜头脚本，创作者可以看到它包含了镜头、长度、内容、特效、音乐等内容。短视频虽然短，但每一帧画面、每一句台词、每一个动作表情都需要精雕细琢，才能呈现给观众最完美的观赏体验。

3. 文学脚本

文学脚本通常根据小说、散文等文学作品改编，或者是原创散文文字转换成适合镜头拍摄的文本形式。它通常不需要像分镜头脚本那么详细。文学脚本中只需要列出人物故事主题、台词、拍摄景别和节目时长即可。

扩展阅读 5-2

步步高手机文学脚本分析

二、脚本写作格式

短视频脚本的写作方法，遵循吸引力法则，可以概括为：5秒吸引注意力＋10秒反转＋15秒涨粉。就是说，创作者的视频开头要能够吸引用户的目光，视频中间有反转情节或亮点来留住观众，最后尽量达到涨粉、收获点赞量的目的。美国国家生物技术信息中心的研究表明，人类的平均注意力时间从 2000 年的 12 秒降至 2013 年的 8 秒，这很大程度上是由于信息分散了我们的即时注意力。短视频脚本写作遵循一定的规律性，在这里归纳为"六步骤＋两要素"。

（一）短视频脚本六步骤

1. 构思新颖题材

人们在面对沉冗复杂的讯息和一成不变的陈旧内容时，很容易觉得枯燥乏味，产生不良情绪。只有新颖的故事题材才能够激发观众的兴趣。故事题材可以来源于生活中某一时间的体验、灵感，也可以来自于文学作品或影视作品的启发。比如 2021 年冬天在抖音平台兴起的"张同学"，他将自己在东北农村的生活点滴发布在抖音

扩展阅读 5-3

15 秒视频内容爆火关键点

平台，引起了网友的围观，每天看他起床、喂鸡、买菜、做饭的日常生活，短短的半个月时间，粉丝便突破了上千万人。究其原因，是他短视频呈现的农村生活题材非常新颖独特，给人耳目一新的感觉，对观众产生了强大吸引力。

2. 构建大纲框架

短视频脚本列出大纲的目的在于提前设计好人物和环境之间的联系。同样以抖音平台的张同学为例，张同学将自己视频中的身份和环境关系设定为东北农村的单身中年男子。特定人物的生活轨迹、寒冷的冬天、20 世纪 90 年代的家具、房屋的破旧程度就有了大的故事框架背景作为支撑，故事的立意就有了真实性，张同学的人物形象自然也就生动起来了，观众对故事的情节设定也更容易产生认同感。

3. 主题鲜明

确定短视频影片拍摄的主题，是服装穿搭、路边情侣故事，还是职场小秘诀？只有确定了主题，才能够明确短视频的投放受众群体，该采用什么样的服装、道具等。无论是李子柒还是张同学，他们拍摄的故事情节都不一样，可能是做木桌、采花或是喂鸡，但是都没有脱离农村田园生活的主题。鲜明的主题赋予了故事一个核心的灵魂，不管故事情节怎样变幻，主题恒在。

4. 场景设计

场景是一个剧本故事的形象载体，在写作剧本时，要提前构思故事发生的场景。场景设计的关键在于想象和实地体验，比如一场爆炸戏或者汽车追逐戏就不适宜在短视频中出现，因为涉及的场景选择很复杂，预算成本高，不是一般的短视频可以承受的。如果要拍摄都市白领故事，那么拍摄场景在县城或者乡镇显然就不适宜。如果拍摄对象是一个工人，那么他的工作场景应该是怎样的？这都考验着创作者对场景的设计能力。

扩展阅读 5-4

剧情类账号脚本拆解

5. 计算好镜头时间

短视频的时间以毫秒计，总时间通常不超过 30 秒，因此计算利

用好每一个镜头的时间卡点非常有必要,这要求创作者对镜头的设计精益求精,争取在故事剧本开场时就能吸引观众,在故事结束时打动观众。

6. 思考故事的精彩一刻

一个优秀的短视频剧本通常都会有精彩的时刻,也就是剧情的高潮,可以是故事中的矛盾冲突点、转折点,也可以是音乐对情绪的点燃。"精彩一刻"是剧本写作画龙点睛的一笔,对故事情节的出彩非常重要。

(二)短视频脚本的二要素

1. 设置矛盾冲突和转折点

一个完整的故事脚本通常有"开端 – 发展 – 高潮 – 结尾"四个步骤,其中故事转折和矛盾冲突的设置十分重要。转折可以为主人公设置新的挑战,也为剧情发展营造了悬念,观众的好奇心被调动起来。之所以年轻人对韩剧一边吐槽一边欲罢不能,激发的愤怒和感动眼泪并存,是因为韩剧剧情中反转多,矛盾点设置多,冲突感强烈。美国好莱坞电影也有类似的"冲突定律",人物命运的冲突和转折通常是故事的发展,也可以为后续人物的性格命运的变化埋下伏笔。

2. 从模仿开始

从艺术史的角度看,有一种说法是:艺术起源于模仿。公元前 4 世纪,古希腊爱利亚学派创始人色诺芬尼就"模仿"表达过这样一种观点:人根据自己的样子来造神,假如牛、马和狮子有手,并且能够像人一样用手作画和雕像的话,它们就会把神的身体按照自己的模样来创造。亚里士多德认为:艺术模仿的对象是实实在在的现实世界,艺术不仅反映事物的外观形态,而且反映事物的内在规律和本质。

艺术创作靠模仿能力,而模仿能力是人从孩提时就有的天性和本能。所以,个人在最初撰写剧本时也可以尝试先模仿。比如当下每一段时间都会有一个火热视频,个人可以从模仿入手,模仿别人的视频写一个脚本,然后拍摄剪辑。或者提炼爆款视频中的亮点,还原精彩片段,然后进行二次创作。这样能够让自己快速拥有撰写脚本的能力。在模仿的同时,不能丢失自我,不能千篇一律地简单复制,而要注意是否侵犯版权的问题。

第三节 短视频制作:从拍摄到剪辑

一、选择合适的拍摄设备

(一)拍摄设备选择

古语有言:"工欲善其事,必先利其器。"做短视频最核心的器械要素是相机,相机的好坏直接决定了作品的质量好坏。因此,短视频拍摄,相机的选择非常重要。根据专业程度从高到低,市面

扩展阅读 5-5

简单视频创作方法

上的相机大致可以分为三类（如表 5-2 所示）。

表 5-2 市面视频拍摄工具分类

拍摄设备	优点	缺点	适合题材
单反和微单	画质好、背景虚化强、适应场景多样	价格相对较高、重量体积相对较大	追求电影感的高质量短视频、Vlog、纪录片、微电影
数码相机	小巧便携、画质还行，值得考虑	和同价位微单相比，性价比略低，背景虚化能力一般	精致的个人日常短视频或 Vlog
手机	人手皆备，无需额外购买，轻薄便携	画质一般，变焦一般，功能拓展性差	普通的个人日常短视频或 Vlog

1. 单反和微单

单反相机的预算价格是最高的，推荐适合入手中端单反相机，比如：佳能 EOS 90D，官网价格每部在 9 000 元左右，一部定位中端、集高像素与高捕捉力于一身的 APS-C 截幅单反，4K 视频无裁切，静止图像像素 3250 万。抓拍动态主体的伺服对焦下，最高连拍速度约 10 张 / 秒，大大提高了对体育运动、野生动物等场景的捕捉能力。具备以往专业机型才具备的 "EOS iTR AF（面部优先）" 检测对焦功能，提高了拍摄快速运动人物的对焦成功率。也具备以往专业机型才具备的多功能控制钮（摇杆），操控性能明显改善。

单反相机的缺点也很明显：其一，对操作人员的专业性要求高，参数复杂，通常要经过专业的培训才能完成操作；其二，对镜头的要求高，不同场景需要切换不同的镜头，拍摄人像时有定焦的 35mm\50mm\100mm 三种镜头选择，拍摄大场景需要 17～40mm 的大广角镜头，拍摄远景需要长焦距镜头。这无疑增加了拍摄操作的难度，同时各种专业镜头的运用，无形中增加了拍摄的经费预算。此外，单反相机体积较大、笨重，如果是登山或在狭小空间内操作会有不便。

微单是一种可媲美单反强大功能、画质精美、体积更为小巧灵活的拍摄工具。微单并不是低级单反或者简单的微型单反，在一些场景下微单有着比专业单反更好的表现力。近些年，随着短视频的火爆，一些专为视频拍摄打造或在视频方面有着明显优势的相机横空出世，受到广大粉丝的热捧，如佳能 M6 MarkⅡ和索尼 A6100，以及更加专业高级的索尼 A7S3、佳能 R5、松下 S1 等，都是当下广受欢迎的微单相机。

2. 数码相机

数码相机（俗称卡片机）也是拍摄视频值得考虑的相机类型，它有着微单相机一样轻盈的重量体积、不俗的拍摄功能表现和更加便宜的价格预算。画质方面，数码相机大多采用一英寸传感器，虽然比不上传感器更大的单反、微单，但也足以压制传感器更小的手机以及大多数运动相机；变焦方面，卡片机大多采用镜头光学变焦，虽然不如可换镜头的单反、微单灵活，但也比依靠多个定焦镜头实现算法变焦的手机能获得更好体验。

主要推荐型号：索尼专门为 Vlog 推出的 ZV-1。尽管 ZV-1 非常像第五代黑卡

（RX100M5A）的改款，但改进之处还值得 Vlog 人群买单，比如增强对焦性能、增加触屏功能、屏幕由向上翻折改为向左翻转、增加数码防抖、校正色差、增加一键虚化模式、增添多种音频输入方式等等。

佳能 G 系列，卡片机尽管不像黑卡和 ZV-1 一样具有丰富专业的视频拍摄功能，但却有着易懂的操作界面、好用的全功能触屏操作和讨喜的直出色彩，对小白特别友好。目前，佳能卡片机中，G5X2 和 G7X3 都是非常优秀的产品。另外，如果资金不充裕，佳能 G9X2、松下 LX10、松下 ZS110 等两千多元的卡片机也是可以考虑的。

3. 手机

现在手机的拍摄功能日益强大，比如小米推出的 CC9 Pro，它的摄像头传感器达到了 1 亿像素超清 CMOS。这款产品的像素数量高达 1.08 亿，拍出的照片分辨率为 12032×9024，尺寸高达 1/1.3 英寸。同样，三星拥有的 S20 也达到了一亿像素，单从像素值来看，一亿像素已经超过了很多单反的像素，比如被誉为高端单反的佳能 5D4 采用了 3040 万像素的全新传感器。影响手机最终成像质量的因素主要有三个：大尺寸传感器、GPU 算法以及像素。这也是手机拍摄成像画质无法真正超越单反的原因所在。因此，在选购拍摄视频的手机时，首先要走出唯像素论的误区，不要被商家误导。

（二）灯光设备

在影视制作中，灯光能够烘托气氛、突出形象、反映人物心理，也能够影响观众情绪。灯光运用是影视制作中的重要一环，影视灯光设备的选择和拍摄场景密切相关。例如，做室内直播拍摄工作，可以选择南冠 FS-150 摄影灯 LED 补光灯或者神牛 SL150W 二代摄影灯，这类补光灯价格大约在 1 500 元左右。外景拍摄短片方面，可以使用南冠（Nan Guang）pad 23LED 补光灯，小巧方便，重量仅 400 克，可实现 3 200K～5 600K 的双色温调节和 0～100 的无极调光，价格约为 210 元，学生或者个人 IP 创作团队能够接受。

（三）辅助器材

拍摄视频除了相机、灯光设备这些主件以外，创作者还需要一些辅助器材帮助自己实现更理想的拍摄效果。常用的辅助器材包括存储卡、三脚架、稳定器、收音话筒、滑轨等。

1. 存储卡

存储卡是单反相机的影像存储器，就像人的大脑一样。常见的存储卡类型有 SD 卡、CF 卡，人们常见的相机大多都是 SD 卡，CF 卡主要是像佳能 1DX 这样的高端单反使用，使用频率相对少一些。存储卡的读写速度最好在 95M/S 以上，或存储卡的标识达到 C10 才能满足超高清拍摄和 4K 视频录制。有了存储卡当然还需要读卡器，把数据读取出来，绿联（UGREEN）USB3.0 高速读卡器是很好的选择。

2. 脚架

脚架在拍摄过程中可以帮助摄影者保持镜头的稳定，广义的脚架有三种：三脚架、独脚架和滑轨；三脚架是根据数学概念中三角形的稳定性而发明的一种架置装置，三脚架可选择思锐、伟峰、曼富图等品牌。独脚架有米泊 MQA、曼富图 MVMXPRO500、曼富图 XPRO Plus 可以选择。滑轨可以选择至品创造 Micro2、贝阳等品牌滑轨。

3. 单反收音话筒

为了更好地录制高品质的声音效果，创作者需要给单反额外加一个录音话筒，如罗德（RODE）Videomic GO，阿斯泛（XFAN）A1 小蜜蜂麦克风领夹等。

除此以外，根据拍摄环境和拍摄要求的不同，创作者还可以选择单反相机防寒罩、保暖套、摄影斜挎相机带、遮光罩、反光板、偏振镜、UV 镜、数据线、快门线等一系列辅助工具，帮助自己完成一个视频短片作品。

二、运镜及特效

（一）运镜

运镜全称为镜头运动，人们通常在影视拍摄中，将镜头运动的七种方式总结为"推、拉、摇、移、跟、升、降"七字术语，基本囊括了镜头运动的全部特征。

推镜头是一个从远到近的构图变化，在被拍对象位置不变的情况下，用相机向前缓缓移动或急速推进的镜头。用推镜头，使银幕的取景范围由大到小，画面里的次要部分逐渐被推移画面之外，主体部分或局部细节逐渐放大，占满银幕，可以拉近视觉与物体之间的距离。

拉镜头与推镜头相反，是镜头由近及远的运动，可以拓展镜头内的空间环境，给人一种愈发辽阔之感。摇镜头本身并不运动，而是借助于活动底盘、云台、摇臂等工具，使镜头上下、左右、跟随被拍物体，就像人的目光跟随着被拍对象。摇镜头在描述空间、介绍环境方面有独到的作用。"左右摇"常用来介绍大场面，"上下直摇"常用来展示高大物体的雄伟、险峻。摇镜头在逐一展示、逐渐扩展景物时，还能使观众产生身临其境的感觉。

相机沿着水平方向作左右横移拍摄的镜头，与人们生活中边走边看的状态类似。移镜头同摇镜头一样，能扩大视觉空间，但因机器不是固定不变的，所以比摇镜头有更大的自由，能打破画面的局限，扩大空间。升降镜头运镜包括升镜头和降镜头，升镜头是指镜头向上移动，形成俯视拍摄，以显示广阔的空间。降镜头是指镜头向下运动，可以展示人物与环境愈来愈近的空间关系。

（二）特效

特效是人们在拍摄、剪辑视频过程中，为了达到更加理想的影像画面效果而采取的影像处理方式。短视频特效分为实时特效和后期特效两种。

1. 实时特效

实时特效是指创作者在录制视频的同时使用的特效效果。录视频期间可以选择一些滤镜、美颜、道具等工具。滤镜可以针对整个短视频，美颜可以针对人物。以抖音 App

为例，录视频的时候，左下角有一个小表情的道具特效，可以点击选择自己喜欢的表情，这样，人物脸上就会有表情，非常可爱。还有一些动态特效工具，也可以根据个人的喜好选用录制。实时特效在视频直播中使用的比较广泛，因为视频直播意味着画面的实时输出，没有进行后期特效的时间。

2. 后期特效

短视频的后期特效，可以使用抖音、快手等App软件的自带特效，抖音自带特效可以在选定视频长度以后，选取梦幻效果、转场、动感、自然、分屏、材质、装饰、时间（时光倒流、反复、慢动作）等，也可以使用其他辅助软件App来对视频进行特效处理，如iMovie的功能包括影片预告、全新音频编辑、一步特效、人物查找器、运动与新闻主题、全球首映等，功能相当齐全。再如VUE这款软件支持分段拍摄和剪辑，可以穿插基本的转场效果，支持快动作和慢动作两种拍摄速度，也可以添加音乐和贴画，同时提供丰富的滤镜。

三、场景切换

（一）无技巧转场

无技巧转场是指不依赖于软件的物理特效效果，而利用观众心理感受的适应性、相似性、特异性完成的镜头转场切换。总的来说，无技巧转场主要有以下几种类型。

1. 利用相似性关联物进行转场

前后镜头具有相同或相似的主体形象，或是物体形状相近、位置重合、在运动方向、速度、色彩等方面具有一致性等等，以此来达到视觉连续、转场顺畅的目的。比如主人公精神恍惚，在路灯下快速行走，眼看就要晕倒的样子，前一个镜头是路灯的不断划过，下一个镜头就是医院的走廊灯不断划过，利用路灯和医院廊灯的相似性完成了转场，代表主人公被送进了医院。再比如，一个环境优美的农场，挤奶工在挤牛奶，下一个镜头就是餐桌上一个小朋友在喝牛奶，也是利用了牛奶的相同性质，达到了镜头转场和牛奶广告宣传的效果。

2. 主观镜头转场

主观镜头也被称为第一人称镜头，是指利用人物主观视觉方向的镜头，依照前后镜头间的逻辑关系来处理场面转换问题，它可用于时空转换、场景转换。比如主人公望向夜晚天空，四处绽放的烟花，下一个镜头是一家人团聚，就代表新年到来了。

3. 挡黑镜头转场

挡黑镜头转场又称为遮挡镜头转场。所谓遮挡是指镜头被画面内某形象暂时挡住，依据遮挡方式不同，大致可分为两类情形：一是画面主体主动对摄像机镜头进行挡黑，形成暂时黑画面；二是画面内前景暂时挡住画面内其他形象，成为覆盖画面的唯一形象。比如主人公走向窗前（镜头所在位置），用手擦拭镜头，这样就形成了一个遮挡，下一个镜头观众就看到了主人公在擦拭窗户的镜头。再比如主人公在屋内行走，盆景对镜头进行遮挡，就可以顺利地切换到下一个场景。

（二）空镜转场

空镜头转场是指没有人物出现而借助景物转换场景。空镜头转场大致包括两类：

一类是以景为主、物为陪衬，比如群山、乡村远景、田野、天空等，用这类镜头转场既可以展示不同的地理环境、景物风貌，又能表现时间和季节的变化。

二类是以物为主，比如飞驰而过的汽车、屋内雕塑等。

（三）特写转场

特写是一种对局部进行突出强调和放大的取景方式，展现一种平时在生活中用肉眼看不到的景别。比如特写一支香烟在燃烧，下一个镜头主人公满脸通红大汗淋漓，表示主人公心情的焦虑、时间的流逝。

转场方式还有许多，比如利用声音、字幕、情绪等，无技巧转场合理运用的前提都是依据各种技巧的表现特点，结合所表达的内容，准确地掌握蒙太奇语言。只要是适合内容、体裁、风格样式的方法都是恰当的。

四、拍摄技巧：以构图凸显美感

拍摄要根据主题选取不同的拍摄背景，确定拍摄主题之后，要选取适当的拍摄背景来辅助短片效果的呈现。短视频是基于碎片化时间的一种内容传输，在这种短时间和快节奏的视频模式下，远景的使用率并不高，一般不要用远景镜头拍摄，多使用特写和近景更容易吸引观众注意力。

如果是拍摄采访类短视频，一般会采用中景和近景的切换，主要是表现嘉宾的情绪和心理，镜头要稳，但可以适当移动，制造一种街边采访的环境真实感，可以使用手持稳定器如魔爪micro2、大疆无人机等进行辅助拍摄。

直播短视频的拍摄方式通常是平拍，有时也俯拍。直播的互动性很强，掌握拍摄技巧，可以把直播的这种互动性，延伸到短视频上，从而提高传播效果。

五、视频剪辑

（一）剪辑六要素

电影大师希区柯克说："简单来说，电影就是把不同的图像排列并置，很多人认为剪辑就是把人跟景做切换，去说故事，但我认为没这么简单。"在希区柯克看来，剪辑绝对不是把影像跟影像连在一起而已。沃尔特·默奇认为剪辑的六个要素分别是情感、故事、节奏、视觉动线、拍摄轴线、三维空间连续性。例如，故事要素是视频剪辑中不可或缺的部分，故事可以把众多镜头串联在一起，相当于赋予视频中心思想，有了故事的衔接、串联，整个视频会更生动。一些国内后期剪辑师概括六个要素分别是：信息、动机、镜头构图、摄影机角度、剪辑的连贯性、声音剪辑。

1. 信息

镜头的转换，必须有新的信息增量。

2. 动机

动机分为视觉动机、听觉动机，以及心理动机。

3. 镜头构图

多个镜头按照一定的顺序组合起来，能够完成叙事，观众能够看懂这种叙事。

4. 摄影机角度

遵循的法则：（1）180度法则：一般不超过180度进行拍摄，但是有例外，即技术越轴和艺术越轴；（2）技术越轴：人物运动时，技术越轴表示时间的流逝，人物静止时，切换特写，完成技术越轴；（3）艺术越轴：打破舒适感，让观众感到人物情绪变化；（4）30度法则：两个摄像机拍摄的镜头角度一般需要超过30度，能够提供信息增量。为了追求画面的突兀感以及时间的流逝，拍摄的两个镜头角度可以小于30度。

5. 剪辑的连贯性

核心是内容连贯，内容包含动作、位置和声音这些元素。这些元素将多个镜头按照一定的叙事逻辑完成组合。如果内容不连贯或者动作不连贯，可以中间插入一些镜头，让观众觉得已经过去了一段时间，可以接受不连贯的镜头。

6. 声音剪辑

通过不同声音的切换，可以展示人物情绪的变化和叙事场景的变换。

（二）剪辑工具

1. 专业剪辑工具

Steenbeck是专业性剪辑机器，在欧洲电影和美国好莱坞中应用很广，CMX系统是第一个非线性剪辑系统。Final Cut的出现让业界发生了革命，因为非常便宜，即便现在已经更新到了Final Cut Pro X，还是有很多人坚持使用Final Cut来剪片。

2. 中等剪辑工具

对于影视类专业学生和一般影视工作室来说，经常使用的中等剪辑工具是Adobe Premiere Pro、Eidus两款软件。它们功能较为强大、全面，能够满足一般的剪辑、配音和调色的后期制作需求。

3. 入门剪辑工具

入门的剪辑软件有绘声绘影、迅捷视频剪辑软件等。此外，像苹果系统的电脑平板还自己研发了剪辑软件，使用起来非常便捷。对于短视频制作而言，手机软件如秒拍、快影、剪映等，就可以实现对视频的简单剪辑处理。

六、优质音乐让视频添彩

短视频是一种视听语言媒介，声音和画面一样，在影视艺术创作中，具有形象塑造的功能，与画面叙事相辅相成。短视频的声音处理包含三个部分：一是人声，二是音响，三是背景音乐。

（一）人声

人声包括对白、独白、旁白。对白是指两个或两个以上人物之间的谈话，对白是影片人物交流的基本表现形式，所以被誉为"语言动作"，比如冯小刚执导的电影就惯用"京片子"对白的方式表达导演对社会、人物刻画的情感表达。短视频的对白不是一直都有的，抖音博主张同学的视频节奏快，观众的情感跟随不断切换的画面、伴随背景音乐而变化。

独白是人物自我表述或倾吐个人思想感情的内心活动，是短片的一种重要叙事方式。代表影片有王家卫的《重庆森林》、美剧《纸牌屋》等。

旁白指说话者不出现在画面上，但直接以语言来介绍影片内容，交待剧情或发表议论。如影视剧《红高粱》以"我爷爷和我奶奶"这种旁白形式进行叙事铺展的。在短视频中，如果人物的声音不够美，可以通过变音达到更好的效果。可以将年轻人说话的声音减速变成老人声，或加速变成娃娃音，配合短视频创意能获得不错的效果。

（二）音响

音响包括自然音响（流水声、鸟鸣、树叶颤动、风声）、机械音响（汽车喇叭声、机器轰鸣声、钢琴音）、环境音响（市区噪声、战场枪炮声）等，此外还有现场同期录制的环境同期声，模拟音响如马蹄声等。

（三）音乐

短视频背景音乐的选择可以有效地渲染气氛、刻画人物心理、感染观众等。对于短视频音乐来说，可以选取当下热门的歌曲作为背景音，有一个说法是"BGM 是抖音的灵魂"。相同的背景音乐，百花齐放的画面，本身也是短视频 App 的一大特色。张同学的作品，带火了背景音乐 *Alohan Heja He*，当音乐一响起，大家自然就联系起张同学的短视频。

七、添加字幕、字幕制作软件

首先要明确需要添加的字幕类型，是需要静态字幕还是动态字幕，然后再确定添加横向还是竖向字幕。以 Premiere 为例，打开软件主页，点击页面左上角的"添加字幕"按钮，选择要添加字幕的字体、大小、样式等，完成以后关闭字幕操作面板，点击打开视频横条，根据需要截取字幕的长度即可。

添加字幕的步骤归纳为：打开软件→左上角"添加字幕"→选择要添加的字体、字号、颜色等→关闭字幕操作面板→打开视频进度条→根据实际需求截取调整字幕长度。

许多剪辑软件如 Premiere 都自带有字幕制作软件，但是如果追求特殊的字体效果，可以选择专门的字幕软件来制作。比如 Airtime、sayatoo、雷特字幕软件等。

对于短视频平台而言，添加字幕的方式就更简单了。创作者可以直接点击右上方"自动字幕"，系统能够根据声音自动生成字幕，如果识别不够准确，有错别字的话，可以在线实时更改和添加字幕，非常便捷。

第四节　短视频热门平台实战

一、快手平台实战

（一）重视注册信息，第一印象很重要

下载"快手"的新用户，需要注册账号。短视频 App 平台系统算法会根据注册资料、地理位置、周边用户等情况对账号进行分析审核，这是平台系统认识账号的过程。通过审核之后，系统会为个人推送感兴趣的内容，同样也会为用户引流到志趣相投的粉丝。

（二）找准垂直领域，打造鲜活账号人设

分析数据显示，在快手上最受欢迎的垂直领域类别为美食、舞蹈、动漫、喜剧、汽车等。在短视频平台做内容定位，需要参考这几个维度：紧跟时下热点、变现前景好、有比较大的涨粉潜能、可持续生产内容的垂直领域。

（三）重视视频封面，做好精准推送

短视频制作完成之后，创作者需要选择一个封面作为视频的"门面"。短视频的封面犹如商铺的门面招牌。手机通常采用竖屏模式，创作者可以在封面上最大限度地介绍视频标题，但字数不宜过多，应当让画面有色彩饱和度、冲击力。为了让文字标题突出重点，可以在标题上采用疑问句，或者用省略号，一方面让用户有情境的代入感，另一方面也会激发用户的好奇心。

此外，创作者还要利用平台浏览的高峰期推送视频，开放直播，增加与粉丝的互动和出镜率。数据分析显示，短视频用户最活跃的时间是晚上6点到晚上9点之间。这个时间段，大部分用户结束了一天忙碌的工作和学习，拥有了属于自己的休闲时间。在这个时间段推送视频是最具有平台热点效应的。当然，不同的内容领域会有差别，比如足球节目通常在深夜推送，一些新闻节目则在早晨推送效果更好。

二、抖音平台实战

（一）找准定位

相比快手平台的详细分类推送内容，抖音平台更加重视"泛兴趣"，抖音通常不会限定创作者的行业标签，而是针对年龄群体做一些泛兴趣推送。如果年龄标签是20～25岁，定位"年轻、精致、小轻奢中产"，那么像美妆、旅游、美食、街拍内容都会作为推送重点对象。所以，在玩转抖音之前，必须做好定位。如果目标群体是"年轻小资运动男青年"，那么就需要根据其爱好特长，做"AJ球鞋粉丝team""NBA解密""增肌不增脂小妙招"等专业化细分的内容板块。

（二）精良制作

抖音跟快手、火山小视频相比，其整体风格比较潮流酷炫、年轻化，画质也更加精美出色。所以在抖音平台上，创作者需要用专业的拍摄设备，制作出精良的画面镜头，特别是视频刚开始的"黄金三秒"，细微的不专业晃动、画质差，都有可能让用户手指"一划否决"。

（三）切忌贪长

短视频的性质决定了视频不宜过长。一些抖音新手，为了详细地表达内容，会用冗长的镜头，效果往往适得其反，因为观众的耐心是有限的，即使优质的内容也会导致粉丝流失。一般来说，短视频长度以10～15秒为宜。

（四）关注内容数据，优化传播效果

根据播放量（观看量）、完播率（停留时长）、互动率（点赞、评论）等内容数据，判断内容曝光能力和传播潜力，不断优化内容，扩大内容影响力。

（五）迭代内容创意，实现内容突破

关注并分析平台内的热点内容、创意内容，拆解内容元素，总结创意经验，不断增加新的内容玩法，优化内容创作，实现创意上的突破。

本章小结

1.优质短视频的制作包含了价值趣味引领受众、优美画质呈现、优质内容打造、音乐融合情景、专业多维团队五大要素。

2.短视频脚本写作需要了解剧本的基本结构形式、脚本的类型分类、短视频剧本写作的六步骤和两要素，以打造强大的脚本，为实现最终的镜头效果而服务。

3. 短视频从拍摄到制作，首先需要创作者选择良好的工具，包括相机及辅助设备，然后掌握运镜技巧和特效形式，在剪辑中完成对短片的结构重组和润色。

思考题

1. 优质短视频五大要素的具体内容是什么？
2. 分析抖音视频创作的技巧。
3. 结合实际，谈谈如何正确对待IP爆火？

"张同学"IP爆火原因分析

第六章　个人IP运营

> 企业、品牌、个人正在加速进入IP化生存时代，学会IP化生存的重点在于系统形成IP运营的能力和体系架构。
>
> ——吴声《超级IP》
>
> 当代媒体，不是单一维度的竞争。无论是图文，还是音频、短视频，只会创作还不够，还需要学会做运营。IP作为一个内容产品，其本质上来说就是围绕IP进行生产和售卖的过程。

第一节　增长黑客理论

> 增长黑客，是通过对产品、用户、技术应用的一系列洞察与执行，有机而准确地获取用户量的增长。这样的创业方法论，是"君子爱财取之有道"的那个"道"，这样获取的用户，忠诚度最高，这样的创业公司，才有创新之美。
>
> ——李岷，虎嗅网创始人、原《中国企业家》执行总编

> "在现代商业世界里，当一个才华横溢的创造者是没用的，除非你能同时把你创造的东西推销出去。"
>
> ——大卫·奥格威

一、理论概述

"增长黑客"这一概念兴起于美国互联网创业圈，最早由互联网创业者肖恩·埃利斯（Sean Ellis）提出，已经帮助硅谷多家公司完成产品的快速增长，其中最著名的案例包括Dropbox，Hotmail，Facebook。"增长黑客"英文"Growth Hacking"，指的是创业型团队在数据分析基础上，利用产品或技术手段来获取自发增长的运营手段。说通俗一点，是指一家初创公司内部针对新产品线而诞生的创业型团队，以数据驱动营销，以市场指导产品，通过低成本的手段解决公司产品早期增长问题。

增长黑客是介于技术和市场之间的新型团队角色，主要依靠技术和数据的力量来达成各种营销目标，而非传统意义上靠砸钱来获取用户的市场推广角色。他们能从单线思维者时常忽略的角度和难以企及的高度通盘考虑影响产品发展的因素，提出基于产品本身的改造和开发策略，以切实的依据、低廉的成本、可控的风险来达成用户增长、活跃度上升、收入额增加等商业目的。简单来说，就是低成本甚至零成本，用"技术"使产品获得有效增长。

"Growth（增长）"的对象不仅包含用户量的累加，还囊括了产品生命周期中各个阶段的重要指标。根据不同阶段用户参与行为的深度和类型，创作者可以将增长目标拆分并概括为 AARRR 转化漏斗模型，即：获取用户（acquisition）、激发活跃（activation）、提高留存（retention）、增加收入（revenue）、传播推荐（referral）。在这个漏斗中，被导入的一部分用户会在某个环节流失，而剩下的部分用户则在继续使用中抵达下一环节，在层层深入中实现最终转化。目前，国内已不乏有公司尝试通过增长黑客来获取产品初期的快速增长，而在这些公司内部往往会设"增长黑客"的职位，也被称为"用户增长工程师"，"产品经理"，围绕增长展开工作的团队被称为"增长团队"，其主要职能都与增长密不可分。

二、AARRR模型理论应用

（一）获取用户（acquisition）

获取用户指让潜在用户首次接触到产品，或者可以更宽泛地理解为"吸引流量""用户量增长"。其来源途径可能多种多样，如：通过搜索引擎发现、点击网站广告进入、看到媒体报道下载等。如果以开一家饭馆为例，那么这就像是饭馆在确定了选址、开张营业后，需要努力招揽顾客进店一样，既可以在店门口散发传单，也可以开展免费试吃活动，或者邀请当地的美食节目拍摄一期宣传特辑。不同的推广方式，投入的成本各不相同，吸引顾客的原因也千差万别。有的人不远千里慕名而来，有的人纯粹只是想换换口味，还有的人刚好被"免费"二字所吸引。无论出于何种原因，只要有人肯踏进店门，就算是良好的开端。

（二）激发活跃（activation）

获取到户后，下一步是引导用户完成某些"指定动作"，使之成为长期活跃的忠实粉丝。这里的"指定动作"可以是填写一份表单、下载一个软件、发表一篇内容、上传一张照片，或是任何促使他们正确而高效消费产品的行为。以饭馆接待顾客为例，如果顾客只是站在大堂里无所事事，那么就无法给饭馆带来实际生意。正确的做法是通过店内陈设布置和服务员主动引导，让顾客马上明白：哪里有空位可以就座，从何处获取菜单，如何使用优惠券，怎样办理会员卡，以及跟别人拼桌时如何相处等。

（三）提高留存（retention）

留存，即提高用户黏性，是用户激活后的关键问题，因为留住一个老用户的成本一般远远低于获取一个新用户的成本。因此，提高留存，是维系产品价值和延长生命周期的重要手段。

有一道数学题：有一个游泳池，灌满水需要 X 小时，排干需要 Y 小时，若一边灌水一边排水，问多久能存满一池子水。在许多互联网创业团队里，类似的情况其实每天都在发生——一边使出浑身解数发展新用户，一边却源源不断地流失现有用户而浑然不知。结果后台的累积用户量节节高升，可页面的访问和销量的转化却不成比例，甚至每况愈下。用户留存率是互联网创业者不得不关注的一个重要问题。互联网产品的"留存用户"是相对"流失用户"而存在的一个概念。如果说留存用户是指那些偶然使用了某产品，随后持续购买该产品的人群，那么流失用户则是一段时间后对产品兴趣减弱、逐渐不再购买该产品的用户。一款产品一定存在流失用户，这是用户新老交替中不可避免的，但流失用户的比例和变化趋势能够说明产品满足用户的能力和在市场中的竞争力。归根到底，真正的用户增长就是增长与流失的差值。根据美国贝恩公司的调查，在商业社会中，5%的客户留存率增长意味着公司利润30%的增长。

（四）增加收入（revenue）

商业主体都是逐利的，很少有人创业只是纯粹出于兴趣，绝大多数创业者最关心的就是收入。即便是互联网时代的免费产品，也应该有其盈利模式。在一家客源稳定的饭馆里，增加收入可以通过制定营销策略、拓展外送业务、提高用餐高峰期翻台率等途径实现。而在互联网行业，除了直接向用户收费，还可以通过广告展示、业务分成等方式向其他利益方收取费用。

（五）传播推荐（referral）

社交网络的兴起促成了基于用户关系的病毒传播，这是低成本推广产品的全新方式，运用妥当将可能引发奇妙的链式增长。这就如同检验一家饭馆是否有足够人气，就看有多少顾客愿意主动向身边的朋友推荐。口碑的力量是无穷的，来自熟人的好评往往比高高在上的权威品鉴更具说服力。

扩展阅读 6-1

社交裂变

第二节　IP　运　营

发端于小众，引爆于传播，崛起于大众，这是 IP 的成功逻辑。当 IP 成为互联网"新物种"后，IP 便具有了媒体属性。媒体有自己的变现方式，早期是"前端流量＋后端变现"，现在是"超级 IP＋社群＋后端变现"，变现方式更复杂专业。

一、内容运营

（一）内容运营的含义

互联网时代的内容运营有双重含义，狭义上来说，内容运营是产品运营的一种有效手段，通过内容策划、创意生产、渠道发布等一系列工作实现产品推广。广义的内容运营是指围绕内容开展的内容生产、内容分发、用户获取与商业变现的一系列活动。IP 内容运营则是把 IP 看作一种产品，从本质上来说就是围绕 IP 进行内容生产和售卖的过程。它包含了内容生产、内容分发、效果评估、商业变现等各个环节在内的整个操作。尤其到了数据驱动的时代，内容运营更应该反其道而行之，通过用户行为数据的分析，建立预测模型，针对生产出的应时所需的内容进行分发，迭代更新，反馈收集实现内容 IP 化的过程。

（二）内容运营流派

1. 技术流派

技术流派的核心观点是通过技术的发展和成熟，促进内容运营的实现效率。代表人物如陈越，他认为"内容运营就是强调包括网络基础建设、智能管道搭建、大数据计算等在内的技术，以支撑内容实现指端到端的链接的能力。内容运营可以被看作创新互联网 ICP 的一种合作模式，通过内容运营实现内容与流量的合理运用，从而带动用户内容消费和体验提升，以实现运营商与互联网 ICP 的双赢"。技术流派将内容成功推送到用户的过程称为内容运营，将内容运营看成是以网络建设为基础的线性流动过程，对技术＋内容运营的模式有一定的认知，但是它过于强调技术的主导性，缺乏对用户需求的认知。

2. 纯内容流派

纯内容流派把内容运营看作是以内容为主导，围绕内容开展一切活动的总和，整个流程概括为生产、发行、广告、促活与售卖五个环节。换言之，纯内容流派的支持者把整个运营过程看作是以"具体内容"为核心的生产、创作、发行、推广的过程。这部分研究者抓住了内容运营的关键要素，从内容出发，对其进行定义有一定的科学合理性。值得注意的是，将内容具象化为需要承载媒体文本、电视节目等，针对传统媒体运用互联网技术获得个性的试探性思考，对内容的认知和界定过于局限。

3. 渠道转变流派

渠道转变流派学者认为，互联网时代的到来倒逼原有的"渠道为王"转换成"内容为王"，这也意味着，必须从原来目标为导向的"渠道运营"转向以用户为导向的"内容运营"。换句话说，他们将"内容运营"看作是产品获利和营销的工具。例如，学者王静提出如今的内容运营是从单一广告渠道运营转变而来的，内容运营的目的是"让广告积极融入媒体环境，使得品牌信息与内容相得益彰，实现受众、广告主、视频网站三者内容的相对平衡"。这种观点没有认识到"内容运营"的本质，缺乏一定的科学性和合理性。

（三）树立 IP 品牌

IP 内容作为一个产业，运营的目的必然是实现商业化，要实现商业化就必须树立品牌。成功的 IP 品牌的树立具有多方面的作用。首先，从宏观上来说，对整个行业的发展具有里程碑式的意义，尤其是在拉动传统商业合作加入方面有着不可磨灭的推动力。其次，IP品牌的树立可以带来更多的产品附加值、更好的商业回报。再次，与用户更好的沟通，一个品牌代表了IP的定位、内涵、形象，是与用户沟通的桥梁。最后，能够通过品牌的建设，延长IP的生命力，打造更健康的IP生态。在快速迭代的内容市场，一个IP随时都存在着被替代的危险，所以IP品牌的树立应将实现IP经典化发展，同时又与时俱进，保证IP的生命力。

面对海量爆发的内容，如何实现突围、脱颖而出，品牌是关键。建立独特的IP品牌意味着有形的标识品牌，也意味着无形的情感认同，尤其是超级IP的成长具备独立的人格化表达，必然能够在全产业链中获得最大的利润价值，在泛娱乐市场中占有最大的用户基础。整个IP品牌打造的过程主要包含品牌定位、产品体系、品牌传播及超级IP四个重要部分。

成功合理的品牌定位是创建一个独立IP品牌的第一步，这意味着IP确立了自身的发展方向、目标人群以及发力的细分市场。早在1969年，杰克·克劳特在《工业营销》中第一次提出了"定位"的概念，该概念的提出是营销传播界发生革命性变革标志性的一个动作。"定位"的本质不仅表达产品本身的角色，而且表明触达目标消费者的心智，在消费者头脑中找到定位。

扩展阅读 6-2

动态品牌定位

（四）IP矩阵

一个IP，会拥有几个甚至几十个、几百个微信群、多个微信公众号，同时可能在微博、抖音、快手等多个平台开通账号，进行内容输出。

"樊登读书"通过在抖音生态中搭建IP矩阵，建立了属于自己的抖音用户运营体系，完成一年"涨粉"一亿个的目标。为达成这一目标，"樊登读书"将总目标拆解成三个细分目标。

1. 搭建由几百个抖音号组成的"樊登读书"抖音IP矩阵

围绕这个目标，"樊登读书"运营团队研究了抖音的流量分配机制，创建几百个"马甲"账号，高效率获取用户流量。"樊登读书"选择这套"马甲战术"的目标并不是为了"红"，而是为了将品牌曝光和引流做转化。要让总体的视频播放量、粉丝转化量足够大，几百个"马甲"账号同步运营的策略要比集中运营一个账号更加高效。

2. 利用抖音的流量分配机制

抖音的流量分配是去中心化的，在一个短视频作品发布后，抖音会将它推荐给一部分用户观看，之后根据这些用户的反馈，决定是否将该作品推送给更多的用户。因此，在抖音的这种流量分配机制下，一个账号的粉丝再多、内容再优质，其作品也就是在抖音的流量池内跑一回，传播效率很有限。而"樊登读书"开了几百个"马甲"账号，一起分发内容，就跳出了抖音这一规则的限制，同样的内容可以在抖音的流量池里跑几百回，传播扩散的效率上百倍增长。

3. 批量制造短视频，以满足几百个"马甲"账号对内容的巨大需求

具体的方法是，在"樊登读书"App的视频版块里，选择用户观看数量、观看时长等数据较好的演讲、采访、课程视频,通过剪辑处理成短视频,再上传到抖音。这样的操作方法,可以确保一天输出五六条短视频。在短短一年内,"樊登读书"抖音号就上传了上千条短视频。有了内容产品的高产量支撑,由几百个"马甲"账号组成的"樊登读书"抖音IP矩阵迅速地建立起来。

"樊登读书"的用户运营策略和以做"红"一个IP为目标的短视频运营策略有着极大的区别。目标不同,用户运营策略也不同,最后拿到的用户增长结果就有很大的区别。要在各媒体平台做矩阵,则需要了解和驾驭各个媒体平台的规则。

(五)个人IP的生命周期和内容迭代

早在1966年,美国著名教授雷蒙德·弗农(Raymond Vernon)便提出了产品生命周期理论(Product Life Cycle),一个完整的产品生命周期应该是产品进入市场最后退出市场的全过程,如图6-1所示。

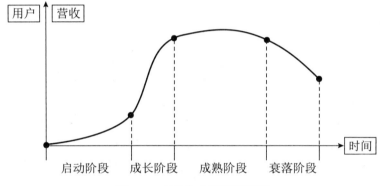

图6-1 产品生命周期模型图

从产品生命周期模型可以看出,该理论诠释了一种产品在进入市场之后,随着时间的递进而出现的用户和营收的变化。整个模型将一种产品的商业化进程划分为四个阶段,每个阶段都存在不同的特征和偏向。在启动(引入)阶段,尤其需要注重产品的培育,着力解决用户的痛点,以满足用户需求和市场需要;成长阶段则需要通过持续的运营实现用户转化;到了成熟阶段,需要注意用户留存,这一阶段也是商业化成熟的关键时期;在产品衰落阶段则需要注意促进产品保持活力和开发产品新的发展方向。

基于产品生命周期理论,IP的商业化过程也可以看作是产品的市场运营过程。作为盈利性的IP必然符合产品生命周期规律。原因如下:其一,目标一致性,都是为了尽可能地实现市场价值最大化;其二,周期一致性,都存在明显阶段划分;其三,手段一致性,在整个市场化过程中同样适用于渠道运营、活动运营等各种市场化手段。以快手的创作者为例,在启动期的运营核心是做好规划,主要是明确目标人群和内容定位、人设定位等;在优化期的运营核心是根据作品数据和"老铁"评论进行优化,主要目的是优化人设与封面标题,寻找到粉丝兴趣点;在爆发期的运营核心是集中解决三大问题,适当提升更新频率,对关注的数据进行优化;在稳定期的运营核心是尝试新的变现途径,尝试通过直播、电商等方式进行变现,并积极与粉丝互动,对账号进行再度优化。

二、活动运营

（一）流量运营

1. 流量定义

流量是指在一定时间内用户点击、注册、浏览、停留、关注、互动等行为数据形成的数据流数量，用以表征用户活跃度或注意力。互联网是一门流量生意，这就需要创作者最大化内容的价值，实现全方位引流。罗辑思维发展早期除了在微信上分发内容之外，还在优酷发布视频节目，在喜马拉雅发布音频，除此之外还涉足图书出版，投资 papi 酱等其他 IP，最后建立自己的得到 App。

2. 流量分类

根据价值创造过程和原理的不同，流量分为公域流量和私域流量两大类。研究和分析这两种流量，找到它们之间的运营逻辑，是流量运营必不可少的环节。

1）公域流量

公域流量是属于平台的流量，平台对创作者的优质内容实施流量分配倾斜，以此打造爆款，进一步做大公域流量，公域流量主导下的内容创作者和内容消费者的社交关系较弱。在平台流量充沛时，公域流量通常是免费或低价的，而且这时的公域流量更容易转化为私域流量。随着流量红利逐渐衰退，各大平台对公域流量的控制力不断提升，流量货币化的诉求持续加强，公域流量的矛盾日益加剧。一般而言，公域流量的重点在于"流量"，它是对费用投入基础上引流而来的流量的一种营销利用的手段。

2）私域流量

私域流量指的是个人（或企业、机构等）拥有完全的支配权的账号所沉淀的粉丝、客户，以及在此基础上形成的可以直接触达、多次利用的流量。例如，QQ、微信、微信公众号等社交软件上的粉丝，这些都属于私域流量。简单来说，它指不用付费，可以在任意时间、任意频次，直接触达用户的渠道，相对公域流量而言，私域流量稳定性和可触达性更高。

在社交媒体还没普及的时候，私域流量就是客户的联系方式（手机号、邮箱、住址等）。随着时代的进步，如今的私域流量存在于公众号、微信好友、微博、社群、朋友圈、头条号、抖音等社交媒体里，这个流量池里聚集的是自己的粉丝、客户和潜在客户。

私域流量本质上是一种全方位的客户关系，私域流量的重点在于"私域"，它是一种客户关系的蓄积、运维和价值"投喂"，以及在此基础上的信任、合作、共赢关系的构建与彼此成就。私域流量的关键是关系的认同和价值与生活方式的契合，它的产出是彼此之间的认同、合作与相互成就。

扩展阅读 6-4

直播带货自然推介流量撬动方式

健康良好的私域流量拒绝急功近利。往往很多人比较急功近利，刚刚建立好"私域流量池"就大肆地进行"有水快流"式的广告营销和产品销售，对用户造成困扰，导致用户流失。私域流量的培养和运营需要大量的时间、内容和精力投入。在运营过程中要讲究平衡投入和产出的关系等等，需要各种战略与战术的有机整合进行系统化的管理和运营，包括内容策划、数据分析、社群管理、活动策划和复盘、用户裂变等。

扩展阅读 6-5

朋友圈——私域流量运营的重要阵地

（二）平台引流技巧

平台引流就是通过一定的方法，将其他渠道流量或者平台的粉丝引到自己的平台上，利用自己的擅长领域做价值贡献，让更多的人成为自己的粉丝或用户。

实现引流变现，需要选择用户流量大、转化率高的平台，比如知乎、今日头条、抖音、B站、QQ、小红书等社交网络。每个平台都有各自的管理规则，所以在引流的过程中，需要先了解相关规则，以免触犯规则被封号处理。

1. 知乎平台引流

1）知乎流量优势

知乎平台拥有亿万用户大军，平均月活跃用户数为 8 500 万，以"85 后""90 后"新生代消费群体为主力军，年龄和学历更具消费力，以大专、本科和硕士为主，知乎平台 30 岁以下年轻化用户占 78.7%，都是现在及未来的消费主流。

知乎长尾流量的效应，能不断获得响应。根据知乎的官方声明，在三个月内，知乎的 Top1 000 问题中，有 44.9% 的创建时间已超过一年，平均创建时间为 19.7 个月（公众号内容 2~3 周；信息流广告小于 1 个月），话题能被不断地挖掘，保持流量的不间断。

搜索引擎权重高，排名靠前。2019 年 8 月，知乎与百度合作，知乎全站问答内容将以小程序形式介入百度 App，用户在百度搜问题时更容易搜索到知乎上的问答，这也是间接覆盖了用户流量入口，证明在知乎引流有足够的优势。

2）知乎引流方法

①利用知乎热榜。一般来说，热榜前 10 的问题，基本可以保持几十万的流量，这是知乎引流最快的方法。可以借助热榜话题，输出一些相关内容，或者参与热榜话题的讨论，表明自己的观点，吸引知友的关注。

②输出高质量的内容。在知乎平台引流，一定要遵循知乎的价值观，知乎作为一个问答型社区，更欢迎高质量内容的答题。因此，做知乎必须输出高质量文章，追求质量而不是追求数量。一篇高质量的文章穿透力更强，传播也更长尾。这与知乎的算法相关，如果一篇新的回答在一个小时之内推送给 100 个人，有 50 个人点赞，20 个人评论，那么这个回答会继续推荐给 1 000 个人；如果这 1 000 个人还是有相同的比例的人点赞、评论，那么会继续推荐给 10 000 个人，以此类推，点赞越多，曝光也就越多，所以内容质量至关重要。

③利用现有的优质内容，植入知+插件。知乎对内容的审核机制是非常严格的，一

旦内容上了首赞，就不会被轻易刷下来。所以，广告主可以利用平台上现有的优质内容，植入知＋插件，提高内容曝光度和点击率，解决流量问题。

④直接投知乎广告。利用第三方人群定向工具，第三方人群包已经过多行业测试均为正向结果，通过产品各维度分析匹配符合人群，进行定向投放，提升目标人群覆盖度和精准度，达成预期效果和目标。

2. 抖音平台引流

抖音引流涨粉方式比较纯粹，发布视频用内容来吸引用户就行，但在这个过程中，最有效率的还是抖音平台自身给予的流量推荐。抖音可以做到针对性定向推荐机制，呈现出千人千面的流量效果。下面介绍几种在抖音内运营、引流的方法。

1）前期账号运营，养好自己的号

第一件作品很重要，一开始播放量不高，这是每个新号都会经历的过程，如果想通过抖音引流或者赚钱，刷流量会导致账号权重下降。发完作品之后，平台会先把作品推送给三百个流量池，根据这三百个流量池观看作品反馈数据，而后再依次推送，所以要确保第一件作品让这些用户满意。如果作品质量不错，用户喜爱，那么要引导用户评论、互动。

2）后期账号运营，保好自己的号

当抖音号运营一段时间后，发现不涨粉，没有播放量，也没有人关注，这个时候需要自我检测账号：是否刷过流量，很多人为了开通60秒长视频刷过流量，凡是刷过，涨粉会受影响，建议申请多个账号，做备用和做矩阵；是否为原创，通过视频编辑软件，或者其他在线工具进行编辑，不能过多进行网络视频二次编辑，尽量多出原创；是否有很多广告，广告太多会被视为营销，可能会被限流，如果账号被限流，最好是及时把带有广告的视频去掉，重新认真编辑视频；非正常操作，如果到处去评论，到处去关注其他账号，有时候系统也会判定此为不正常操作，平台会限流。

3）找对方法运营，做好自己的号

只是正常的维护账号运营还是不够的，涨粉也是运营中的一大重点，做抖音谁都无法做到每个视频上热门，但是要想方法提高视频的播放量，让制作的视频更有机会曝光。

①视频内容必须与众不同。视频内容需围绕目标用户的审美标准来做，可以去排行榜借鉴同行的，或者参考其他平台，然后在别人创意的基础上再创作，以免思维枯竭。

②账号互助，做矩阵。可以在"新媒兔"购买一个已经有粉丝的抖音号，每次更新视频后，用自己的账号去点评。

③找大号来带。抖音从0到1的阶段需要一定的时间和精力，可以考虑借力大号合作帮推荐，这样做，能直接快速涨粉，渡过从0到1之后，从1到10、100就容易了。

3. 精准引流7步法

以抖音账号"声音者振华播音课堂"为例，精准引流可以分为7步。

1）拥有自己的一款产品

抖音用户声音者振华（播音课堂）的产品是普通话教程，通过分享普通话拼读视频，吸引想学习普通话的人购买付费课程。

2）找准定位

让粉丝知道自己的账号能提供什么样的产品或者服务，产品是普通话教程，就只输出普通话播音相关领域的内容。只有做引流的定位精准，引流的人群才精准。

3）分析目标用户的需求与痛点

分析对英式英语感兴趣的人的需求和痛点，是发音不标准、声调不到位、断句有错误，还是朗读没感情？要做到有针对性地发布相关内容。

4）分析目标用户所在的平台

个人的目标客户在哪里？他们存在于小红书社区、知乎的特定问题、抖音的标签视频，还存在于百度和微信搜一搜的搜索栏里，这些渠道选定一个就可以。确定平台，找到自己的"鱼塘"、客户聚集地，利用关键词寻找更多同行，学习借鉴。

5）确定何种内容形式可以满足客户的需求

选择图文或者视频拍摄都可以，当明确了如何解决用户的需求、痛点和内容形式后，接下来就是坚持不断地输出内容，吸引精准客户。

6）深度了解平台规则与算法

先了解各平台的规则和算法，之后再做更多的准备工作，比如标题、封面图、内容等方面。如小红书的等级很重要，养号期间做好等级任务，发布笔记时就应在标题和封面图上下功夫。小红书50%的流量来自搜索，而笔记标题和内容决定了会不会被搜索到，剩下50%是自然推荐的流量，标题和封面图共同起作用。封面图至关重要，可以用黄油相机制作一个优质封面，操作简单，上手容易。标题要多学习同类优质标题，做到吸引用户眼球、易被搜。抖音播放量、完播度、点赞数、评论数和转发数都很关键，这些决定了作品能在哪一级流量池中投放。

7）导流到私域流量池成交

个人在任何平台引流，最后一定是在自己的地盘成交的，因为在平台上沟通有封号、违规的风险。

（三）事件营销

事件营销在英文里叫作 Event Marketing，是指企业通过策划、组织和利用具有名人效应、新闻价值以及社会影响的人物或事件，引起媒体、社会团体和消费者的兴趣与关注，以求提高企业或产品的知名度、美誉度，树立良好的品牌形象，并最终促成以产品或服务为销售目的的手段和方式。由于这种营销方式受众面广、突发性强，在短时间内能使信息达到最大、最优传播的效果，能为企业节约大量的宣传成本等特点，近年来越来越成为国内外流行的一种公关传播与市场推广手段。

通过热门热点事件推广个人 IP 或企业品牌，是现在经常使用的营销方法。热点意味着流量，而流量等同于曝光率以及转化率。2020 年，综艺节目《乐队的夏天》成为热点话题后，北京中信书店在 B 站等视频平台推送与乐队相关的科普视频，讲解相关摇滚明星的成长史，并推荐店内与音乐主题相关的书单，在视频中附带书籍的购买链接。在实体书店 IP 化发展的过程中，书店可借助新媒体平台与有着相同发展目标的品牌开展跨界营销合作，通过连接与传播功能，挖掘更多的潜在消费者。

个人 IP 可以策划一些线下见面活动。适当地举办线下活动，不仅能增进与用户的情感，也是在传播自己，同时为粉丝之间提供链接、交流的机会。

扩展阅读 6-6

案例分析

（四）传播效果评估

1. 新媒体背景下国内媒体传播效果评估研究

传播效果的好坏直接决定了对大众传播活动成功与否的评价，"效果之外，谈何传播"。目前，国内对新媒体环境下传播效果的研究较为丰富，主要来源有以下三种类型。

第一类研究来自学术界。武汉大学刘建明教授指出，在新媒体环境下，可以从传播渠道、发布情况等方面研究、测评传播效果。他强调用户在接受媒体信息后显性和隐性的传播效果，显性指标主要为可浏览到的页面数据，隐性指标主要为后台数据，即用户的浏览痕迹数。中国传媒大学教授刘燕南在电视节目跨屏传播效果研究中提出内容力、传播力和互动力三个综合指标，着力分析媒体传播信息的内容品质、视频效果和互动行为三个方面的情况。南京财经大学新闻学院副教授张春华构建的大众传媒传播力评估体系中，考察影响传播力的因素的模型选取了广度（覆盖率）、深度（受众接收度）、强度（受众认可度）、精度（被引频次和社会评价）、技术、政策作为影响传播力的六大因子，以加权平均算法进行计算。

第二类研究主要来自各类数据监测公司与研究公司。这类机构通过技术手段监测页面数据，并综合各渠道数据形成指标体系。常见的有清博的"清博指数"、美兰德的"蓝鹰网络传播综合指数"、泽传媒的"数熙指数"、新榜的"新榜指数"，以及人民网研究院的"电视台融合传播指数"等。

第三类研究来自拥有后台数据库的各类媒体平台。这类机构利用后台庞大的数据库优势形成单渠道评估体系。例如，爱奇艺基于爱奇艺账号的热度值、粉丝量等页面及后台数据，发布 16 个垂直类影响力榜单；今日头条根据后台积累的阅读量、分享量和评论量等行为数据，结合算法模型加权求得热度值，提出"头条指数"体现特定事件、文章等的热度；快手基于快手后台积累的账号粉丝数、发布量和播放量等数据，提出综合指数 KCI 并发布媒体账号在快手平台的影响力排行榜……从这些不同类别的评估体系来看，各家在评估思路与方法上有一定的相似性。

2. 传播效果评估的重要指标

传播主体应以大数据技术为支撑，通过跟踪监测传播内容的转发量、收听率、收视率、点赞量以及传播平台的关注用户、活跃度、访问数量，量化传播的实际效果。在网络新媒体时代反映为某一媒体账号/短视频/微博/推送等的"阅、播、转、评、赞"等数据。对于"阅、播、转、评、赞"等数据的获取，更多依靠大数据抓取技术和一些分析软件程序。

1）曝光率

让 IP 形象牢牢地黏附在自己身上，最简单"粗暴"的方法是提高曝光率，不断以特定的 IP 形象出现在用户面前，加深用户的印象。以陈欧为例，他如果仅凭一则"我为自己代言"的广告，若之后没有频繁出现在用户面前，很快就会被用户忘记。事实上，陈欧不断地提高自己的曝光度，积极参加各种各样的综艺节目，不断地强调自己的"年轻创业者、勇于追梦、活出自我"的 IP 形象。结果证明，陈欧的这种做法是正确的，不管聚美优品现在发展得如何，他还是管理者 IP 中微博粉丝人数最多的。

曝光率体现在微信平台的阅读量和在看数，并基于这两个页面数据进行计算得出日均、篇均和最高值等维度数据，曝光率还体现在微博平台的点赞量和转发量等页面数据。在视频和短视频平台方面，曝光率体现在播放量等页面数据。

2）参与度

新媒体传播，互动性是一大特点。媒体与用户会相互产生作用和影响，做出分享等行为的用户也属于传播者，所以在新媒体传播力评估中需要纳入更多用户互动行为数据，即受众侧指标，例如评论量、点赞量、收藏量、搜索量、特定活动参与量、特定话题讨论量等指标。如 H5 内容的用户参与量是重要的评价维度。作为一种创新的交互模式，用户可以通过 H5 来参与媒体事件，获得更强的沉浸体验。

3）影响力

影响力是对受众的思想或行动起作用的能力。媒体通过一定的内容、传播渠道和方式，影响用户的认知、态度和行为。只有影响了用户，才能进一步达成传播效果，实现全效传播。

4）行动力

这里的行动力指的是活动方希望用户和粉丝采取的措施，对于企业而言，主要是转化率和交易率。

扩展阅读 6-7

"CCTV-12 大篷车"活动传播效果评估

三、互动：用户运营

短视频时代，用户才是永远的主角。

（一）社群运营

1. 什么是社群运营

在马斯洛需求层次理论模型中，人的生理需求和安全需求满足后，会进一步追求情感和归属需求、尊重需求、自我实现。社群（community）代表的是一种关系构建。基于互联网的任何一个群，都离不开"关系"二字，也离不开"发生"二字，群的主要作用，就是通过关系链接，让群里之前并无联系的各位群友之间，可以或多或少地发生某种关系。

群主组建任何一个群，都是有着明确目的和理由的，或者是汇聚同好，或者是谋求资源整合，或者是方便家人、族人沟通和交流，或者是谋求同业合作等等，不一而足。

互联网社群如同现实社会中的圈子一样，都需要进行体系化运转。

2. 社群运营案例

以"十点读书"为例，一是搭建明确的社群价值体系，让用户清晰知道自己在社群里能获得什么，收获什么样的价值。比如，"十点读书"做的十点成长营，将主题定为学习成长。

二是搭建清晰的内容体系。如果说社群是一个学校，那么内容就是让用户能够系统化自学的教材。比如，"十点读书"设计了"库"（系统化的内容）、"追"（非系统化的连载的内容）、"粉"（IP内容）的内容体系。

三是占领心智的活动体系，即把一场线下活动"线上化"，让用户有一种深度参与的感觉。"十点读书"做整个活动设计的时候有三个核心要点：破冰、即兴和准备——通过"破冰"解决亲近感的问题，通过"即兴"解决参与感的问题，通过"准备"解决内容质量的问题。

扩展阅读6-8

社群运营案例分析

四是明确身份体系。身份体系分为M序列（管理序列）和P序列（专业序列），前者让用户自发成为社群的管理者和参与者，后者则是发掘有专业特长的人，参与到社群管理中。

（二）粉丝运营

1. 粉丝的价值

一旦形成粉丝群体，企业可以借助社群效应，做好公关营销和品牌塑造，通过粉丝之间的群体信息交流持续扩张粉丝群，吸引更多粉丝加入，扩大营销边际效应，并在这个过程中减少广告、运营等成本支出，形成"新顾客—粉丝—企业"的良性互动循环，并不断实现生产、销售的扁平化操作。站在用户管理角度理解粉丝运营，粉丝经济的侧重点在于提高粉丝黏性，这里的黏性是用来衡量粉丝忠诚度的重要指标。

（1）营收价值

在市场营销模式中，粉丝意味着忠诚度较高的买方。粉丝经济里有一句经典语叫"收费的才是真爱"。罗辑思维第一次售卖会员靠的就是这句话，没有阐明会员权益是什么，在短短的几个小时之内，就收入了几百万元，这就是所谓的真爱，粉丝的真爱能带来营收价值。吴晓波频道通过文章与个人影响力，建立起与人的关系，重度经营粉丝，一方面提供广告植入服务，另一方面推广自己的音频产品与吴酒。

扩展阅读6-9

粉丝经济

（2）口碑价值

自媒体时代，人们不仅仅是使用者，还是一个传播故事、点赞、评论、转发的鲜活账号。在互联网时代，很多主播和平台都拥有自己的关注者，优秀的主播和平台拥有的是用户，而更具影响力、表现力的主播和平台则拥有众多会为自己说话的粉丝，这些粉丝就是它们的品牌或衍生产品的最佳代言人。用户不能完全转化为粉丝，粉丝毕竟只是小众的，但是他们的价值不可估量。粉丝不仅仅是购买者，更多时候是充当宣传员、推销员,某种意义上他们就成了企业的员工。粉丝可以帮助企业连接更多用户,他们的口碑价值非常大。粉丝群体的传播是裂变式传播路径,会产生"病毒"式的传播效果。

(3)渠道价值

当某个人成为一个品牌或者一种产品的粉丝后,他自己可能就会在他的朋友圈里面建立一个终端,或是开一家微店,或者直接成了微商,开始销售该品牌产品。

(4)内容价值

有很多企业都面临一个内容困境:自媒体的内容不够,素材不足,一年365天,一天24小时,都要准备自媒体内容。其实内容可以从用户处获得,他们能帮助自己产生足够多的内容。

(5)封测价值

按照互联网的逻辑,所有的内容,所有的产品,在没有经过粉丝群的封测、使用、体验之前,不应投入大的市场。因为一旦需求有大的变动,对于企业来说,可能就是灭顶之灾。所以,过去的企业在营销的时候,通常喜欢建一个样板市场,这是在试错,也是在试对。今天大部分的互联网企业,未来所有的企业都将是互联网企业,都需要有一个自己的用户群体及粉丝群体,以帮助企业评测现在新产生的内容和新产生的产品价值。

2. 粉丝互动

加强与粉丝的互动是增加人气、打造真实粉丝的重要方法。微信、微博等平台有很多种与粉丝互动的方式,如图6-2所示。

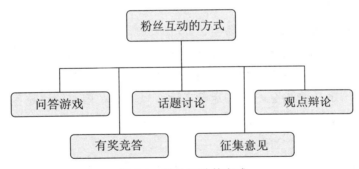

图6-2 粉丝互动的方式

与粉丝互动越频繁,互动效果就越好,就越容易与粉丝建立信任关系。某些个人号的运营者在现实生活中是比较"高冷"的人,并不热衷于社交。如果他们在抖音上只是想分享一下自己的生活或想法,那么继续保持这种风格并没有什么问题。但如果想要走商业化的路线,这种风格就存在很大的问题了。抖音上的KOL有很多,新人层出不穷,一旦运营者与粉丝之间由于缺少互动而关系变淡,那么粉丝就会转而关注他人。

运营者不要过于自信,不要认为自己完全可以凭借内容质量取胜,而忽视与粉丝互动,除非个人的短视频可以长年累月待在榜单第一名。

运营者要把握好与粉丝互动的四个重要方面(见图6-3),并掌握相应的提升技巧。

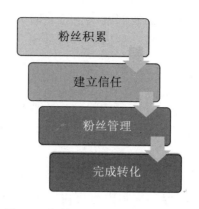

图 6-3 与粉丝互动的四个重要方面

1）粉丝积累

运营者需要精准粉丝，并让精准粉丝的数量稳定增长，而不是长期保持在同一水平。为此，运营者必须将最基本的粉丝运营工作做好，先把粉丝积累起来，要充分利用评论、私信这两大功能区。

尽管精准粉丝在不同的运营阶段都很重要，但如果一定要按照重要程度对不同阶段的粉丝进行排序的话，初期粉丝的价值是最高的。在粉丝数量还不多的时候，运营者与其进行的互动往往更加高效，此时运营者基本上能够将每一位粉丝都照顾到。初期粉丝也是最容易产生黏性的，关注账号时间较长的粉丝将见证内容质量一步步提升的过程。

因此，在运营初期，评论区的价值非常高，即便评论者屈指可数，运营者也不要为此感到沮丧，而要抓住这一机会，尽可能通过评论互动将这些用户都转化为自己的粉丝。在互动时，不能过于生硬，让对方产生一种应付差事的感觉。运营者要通过互动来塑造自己的形象和风格，后期也不要轻易变化。

运营者不必通过私信与每一位新粉丝打招呼，而要将私信与评论区结合起来使用。例如，某个账号做的是烹饪类短视频，用户可能会对某个烹饪步骤产生疑惑，或者想要购买短视频内出现的一些物品，这时运营者就可以通过私信来解决这些问题。不过，私信互动也不能过于频繁，否则可能会产生一些风险。

2）建立信任

运营者在积累一定数量的粉丝之后，就要开始在继续吸引粉丝的同时将目标转向与粉丝建立信任关系。在抖音上，知名度较高的账号往往都有一批忠实粉丝，这批粉丝通常是为其创造最多价值的群体。

与粉丝建立信任关系是一项长期的工作，运营者要充分利用抖音的现有资源，例如，直播比短视频的互动效果更好、操作空间也更大，运营者可以利用直播功能增强与粉丝的互动。

此外，运营者也可以通过最常见的发福利的方式增强粉丝的信任感，这种方式可以有效地提升粉丝的活跃度。运营者可以根据粉丝需求或个人喜好设定福利的内容。

3）粉丝管理

开展粉丝管理的目的是打造自己的私域流量，这要求运营者建立自己的社群。进入粉丝管理这一阶段往往意味着粉丝规模已经达到了一定的水平，运营者已经有了丰富的运营经验。

通过社群与粉丝进行互动，可以增强运营者与粉丝之间的联系。不过，运营者在与粉丝互动的过程中要遵循以下几项基本原则。

①把控秩序。当运营者发现社群成员做出恶意引流或私自打广告等行为时，一定要立刻处理，不能一味地纵容。

②适当激励。激励是与粉丝互动过程中很重要的一项内容，适当激励有助于提高粉丝的积极性。在社群内不一定非要采用物质激励的方式，头衔、成就等精神激励对粉丝也有很大的吸引力。

③信息交流。时不时发表一两个话题算不上完成了互动，在节假日道一声问候、与粉丝交流一些日常生活方面的话题才能让粉丝感觉到自己很受重视。

④完成转化。有些运营者在粉丝运营方面做得很好，但在转化变现时却出现了问题。运营者产生想要变现的想法很正常，但要让这一过程慢一些、自然一些。前一天还是常规的运营状态，第二天就开始打商业广告、接各种推广，这对粉丝来说是难以接受的。

带货是抖音未来的发展趋势之一，但这并不意味着抖音支持运营者明显地广告行为，运营者如果有此方面的打算，最好先在社群或其他功能区与粉丝沟通一下，了解粉丝的态度与需求。运营者也可以通过直播互动来促进转化，但要保证互动方式符合粉丝的需求，让广告的形式更容易被用户接受。

3. 粉丝运营能力

对于想要通过粉丝变现的达人而言，需要具备专业的粉丝运营能力，尤其是其中的粉丝增长能力、留存促活能力和复购转化能力。其中粉丝增长能力，是指能够通过多种工具和手段，邀请观众进行加粉关注，达到涨粉目的的能力；留存促活能力指能够通过多层次的运营手段对粉丝进行多次触达，建立与粉丝的长期信任关系，提升粉丝活跃、黏性和忠诚度的能力。复购转化能力是指对粉丝群体进行细分、挖掘、引导，有效提升复购转化能力。

第三节　运营数据分析

据统计，今天的互联网中，每 60 秒会产生 10 万条 Twitter 微博、50 万次 Facebook 互动、400 万次信息搜索。怎样去了解用户真正需要什么？答案是让"数据"说话。通过数据分析摸准用户的兴趣点，作为内容生产的参考。

一、微信公众号图文运营数据分析

（一）转化率分析

转化率是衡量一篇微信文章价值的重要因素，它可以直观地展现受众是否乐于为文章买单，是否获得良好的传播效果。转化率用百分比表示，但并没有限制，换句话说就是可以超过 100%。转化率越高，说明文章的传播效果越好（如图 6-4 所示）。

转化率重点关注两种：

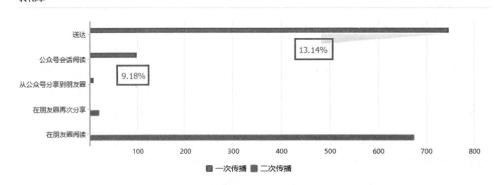

图 6-4　微信图文数据分析

1. 图文转化率，它是整篇文章总的阅读转化情况，统计的用户包括已关注的粉丝和非关注人群。图文转化率＝图文阅读人数／送达人数，因此在上图中，总的图文转化率＝1 210/746=162.1%；这说明图文的阅读量超过了推送的受众个数，是一次较为成功的传播，吸引了许多非关注受众的目光。

2. 一次传播的转化率，就是文章在公众号首次推送时送达给关注了公众号的用户，用户通过会话阅读文章或者分享文章到朋友圈的行为。这里的一次传播转化率有两个：

（1）公众号会话阅读率＝公众号会话阅读人数／送达人数＝13.14%，说明有 13.14% 的关注粉丝在会话中点开并阅读了推送文章。

（2）从公众号会话分享率＝从公众号分享到朋友圈的人数／公众号会话阅读人数＝9.18%，说明有 9.18% 的关注粉丝把文章分享到自己的朋友圈。

一次传播的转化率越高，表明受到越多公众号内部粉丝的喜欢，有利于维护已有的粉丝，增强粉丝黏性，减少掉粉的可能。

运营者应该努力提高每一篇文章的转化率，可以从以下几点入手：第一，题目必须具有吸引力，仔细斟酌每一个用词，或用反问或用悬念或用否定等方式，目的就是让人有点开文章的欲望；第二，内容是王道，选题、内容和表达方式都很重要；第三，排版很关键，这关乎用户的阅读体验，要尽量处理好空格、空行、字体、色调和图文等问题。

（二）阅读来源分析

从表 6-1 可以看出微信文章的阅读来源中，"企业微信来了，你需要了解的是……"这篇微信，绝大部分来自二次传播，也就是朋友圈再分享以及朋友圈阅读。

表 6-1　阅读来源分析

时间	图文页阅读		从公众号会话打开		从朋友圈打开		分享转发		微信收藏人数	
	人数	次数	人数	次数	人数	次数	人数	次数	人数	次数
2016-03-13	10	12	1	1	2	4	0	0	0	0
2016-03-12	47	64	4	13	15	18	4	4	0	0
2016-03-11	362	478	22	74	201	235	20	24	5	5
2016-03-10	825	1158	79	230	471	567	87	109	8	8

从图 6-5 可以看出，随着时间的推移，图文页阅读量逐渐减少，大部分阅读量来自朋友圈。

图 6-5　图文阅读量分析

由图 6-5 大家可以更清楚地看到，微信文章的阅读来源中，好友转发与朋友圈阅读加起来占了将近 80%，而在公众号直接打开的占 20% 左右，剩下的就是通过历史消息以及其他途径的阅读量。

综合以上数据和分析，可以得出的结论是：朋友圈是《企业微信来了，你需要了解的是……》这篇微信最主要的阅读来源，二次传播是非常重要的传播渠道，往往很多形成"病毒"式传播的 100 000＋文章，都是在朋友圈扩散开来的。

因此，除了要利用好公众号会话和粉丝的一次传播以外，还必须重视朋友圈二次传播。需要明确的是：朋友圈的转发分享是自愿的，运营者不能也不应该强制好友转发文章。为了让好友心甘情愿分享自己的文章，唯一的方法就是提供优质的内容，让人觉得有趣或者有用，能引起内心深处的共鸣。当然，取个好标题可能就成功了一半。

（三）用户属性分析

图 6-6 显示了阅读群体的属性，包括用户的性别、使用的客户端以及所在省份。从中可以看到，图中超过一半是男性用户，而女性只占 33%，是不是可以据此得出这个公众号的主要受众为男性呢？那也未必，某次的阅读用户多为男性或者女性，可能仅仅

是因为这几篇文章本身的内容更偏向男性或者女性。如果仅仅从一两次的图文分析就断定用户群体的基本性别属性过于片面,最好是把所有的公众号文章图文分析里面的用户性别属性做对比统计。

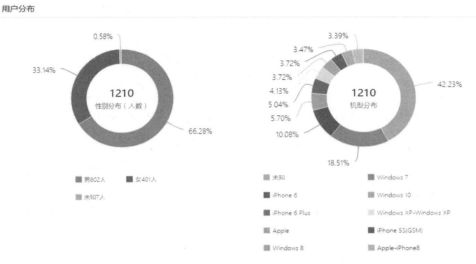

图 6-6 用户属性分析

知道了性别比例就能够做一些针对性的运营推广,如果女性受众居多,可以在三八节、母亲节、购物节等与女性相关的日子推送该类文章,或者策划契合女性的微信活动;同样的道理,如果男性受众居多,在选题上可以偏向男性喜欢的话题,例如汽车、金融等。

如图 6-7 所示,根据数据得出用户所在省份,就可以判断自己公众号的受众主要分布在哪些地方,利用受众省份分布,可以大致分析出用户群总体的阅读、消费、生活习惯以及文化习俗,再根据这些属性进行针对性的运营推广。除此之外,利用省份分布,也可以判断自己公众号的定位是否合理,特别是一些本地公众号,如果当地省份的用户所占比例不够,说明该公众号在当地没有足够的吸引力,传播效果不理想,应该做出相应的调整。

省级行政区	用户数
广东省	659
上海	158
未知地域	66
北京	59
江苏省	29
浙江省	27
河北省	26
河南省	21
香港	15
山东省	15

图 6-7 用户所在省级行政区分析

二、短视频运营必备的8款数据分析工具

(一)新榜(https://www.newrank.cn)

新榜是广大自媒体从业者较为熟知、比较权威的榜单工具。新榜早期以做公众号排名起家,后来不断地与一些主流自媒体平台合作,为头条号、微博、抖音等热门自媒体平台提供数据分析,服务内容涵盖榜单分析、数据监测、运营增长、流量变现等自媒体运营的各个环节,当前提供免费和付费两种服务。

新榜免费功能主要是为各平台(如公众号、头条、微博、抖音)的Top账号榜单提高无偿查询功能。这些榜单分为日榜、周榜和月榜,大致可以查询每个平台下面各个分类(比如娱乐、游戏、宠物等)50~100个Top账号,可以从一定程度上分析受众的喜好趋势变化,对自媒体账号运营有一定的借鉴意义。

付费的功能主要涵盖数据服务、运营增长、内容营销、版权分发等方面,比如数据监控、评论采集、快速涨粉等。总体上看,新榜的功能较为全面、强大,是目前自媒体行业主流的数据分析工具之一。

(二)清博大数据(http://www.gsdata.cn)

清博大数据的榜单查询功能和新榜雷同,可以查询微信、微博、头条、抖音、快手等主流以及一些非主流平台(如梨视频、西瓜视频、美拍等)Top账号榜单,不过它只有一个综合榜单,没有新榜的分类那么细。另外,清博还提供舆情报告、数据报告、热点订阅等服务项目。除上述功能外,清博提供的高级功能如"活跃粉丝预估""分钟监测"等功能是需要付费的。清博提供的功能不如新榜多,可以作为补充和新榜结合使用。

(三)TooBigData(https://toobigdata.com)

什么样的视频最受欢迎,在TooBigData可以找到不错的答案。TooBigData数据功能丰富,汇集抖音各大实用功能,如抖音网红排行、热门短视频、热门挑战、热门音乐、热门带货分析、账号诊断等,并且绝大部分数据都可以免费查看,如抖音热门带货分析,在TooBigData上可以免费查看到Top100。另外,还可以查询快手的Top网红和热门视频,免费查询到的数量会比抖音更多,如可以查询到游戏类的Top1 000账号。对于做短视频运营者来说,TooBigData是不可错过的好帮手。

(四)短鱼儿(https://www.duanyuer.com)

短鱼儿的界面更像是一个工作台,对短视频日常运营需要的功能都有涉及,如新鲜资讯、各种热门视频分析、账号监测、电商数据、达人搜索、网红排行榜等。账号追踪功能可以获取每日数据报表,根据视频数据表现和粉丝数量趋势判断账号状态,及时调整账号发布的内容,制作用户喜欢的短视频;网红排行查询功能,通过抖音达人榜和粉

丝榜找到最热账号，可以免费查询 Top100 账号；数据对比功能，通过几个账号的抖音粉丝数据及趋势对比，比较账号热度及趋势，结合其他信息计算投入产出比；电商排行榜会列出热销商品，帮助人们进行热销产品分析，对做短视频带货的运营者有很大帮助。

（五）小葫芦（https://www.xiaohulu.com）

和前面四个数据分析平台不同，小葫芦主要做和直播相关的数据分析，如抖音、快手、斗鱼、虎牙等主流直播平台的收入榜、弹幕榜、涨粉榜、点赞榜、土豪榜，可以免费查询到的榜单数量比较多，对于一般用户足够了。另外，小葫芦还提供一些和直播相关的小工具，如直播助手、直播互动插件、直播数据统计工具、弹幕助手、直播录制助手等。对于做短视频同时又做直播的用户，小葫芦是一个不错的选择。

（六）飞瓜数据（https://www.feigua.cn）

飞瓜数据是一个专业的热门短视频、商品及账号数据分析平台，大数据追踪短视频流量趋势，提供热门视频、音乐、爆款商品及优质账号，帮助账号运营者完成账号内容定位、粉丝增长、粉丝画像及流量变现。如果是做专业的抖音营销，或帮客户代运营抖音账号，那么飞瓜数据是必备。此外，热门视频及音乐、热卖商品及带货账号，这些数据分析功能都整合在一个工作台界面，可以查询包括抖音、快手、B 站、微视、秒拍等主流短视频平台数据，功能齐全，缺点是免费功能十分有限，大部分功能都需要收费，而且不便宜。

（七）卡思数据（https://www.caasdata.com）

卡思数据也是专业短视频分析平台，涵盖抖音、快手、B 站、美拍、秒拍、西瓜视频、火山小视频等。相比其他数据分析平台，卡思数据的主要功能是网红榜单查询、行业资讯、平台玩法等。免费版的榜单查询，可以查询到 Top100 的网红榜单，如果需要更多高级功能，就得购买付费版了。专门的卡思商业版，分为达人智选，帮助广告主进行网红分析；监测分析，对账号的一些数据进行分钟级的监测，实时把控数据变动；榜单查询，各短视频平台的达人排行榜；电商带货分析，热销商品榜和热门带货视频榜；创意洞察，分析热门视频素材。卡思数据相比其他数据分析平台，功能比较单一，而且免费功能比较少。

（八）乐观数据（http://dy.myleguan.com/#/）

乐观数据是乐观号旗下的短视频数据分析监测平台，利用数据挖掘和分析能力，追踪热门视频和音乐，为短视频创作者提供创意参考和账户数据分析。用户可以通过它查询 24 小时内最热门视频，可根据领域和点赞数进行筛选，拓宽创作思路。对短视频账户进行监控，通过对账户的粉丝、点赞、评论、转发等数据进行统计分析，跟踪增长因素，对视频内容进行调整。另外，乐观数据平台还有网红排行榜，让创作者对自己的内容创作进行定位；电商带货分析，同样是对热销商品进行排行，相比其他数据分析平台，功能略显单一,可以作为补充使用。

三、直播数据分析

直播数据是直播能力的直接体现,任何直播运营上的失误或者疏漏都会体现在各种经营数据上。只有通过不断复盘,对直播数据进行分析,有针对性地调查直播运营动作,才能实现商业价值最大化。直播相关名词解释如表 6-2 所示。

表 6-2 直播数据相关名词解释

名　称	释　义	计算公式
GMV	一定时间段内总销售额	
客单价	每一个顾客平均购买商品的金额	GMV/ 支付订单数
件单价	每一件商品的平均成交金额	GMV/ 支付商品件数
购物车点击 PV	购物袋图标的点击次数	
商品点击 PV	商品点击次数	
GPM	千次商品曝光 PV 产生的平均 GMV	GMV*1000/ 购物车曝光 PV
商品动销率	一定时间段内产生销售的商品数占比	销售商品数 / 总商品数
ROI	投资回报率 / 投入产出比	收益 / 成本
PAU	直播间最高在线人数	
ACU	直播间平均在线人数（直播间每分钟最大同时在线人数之和 / 直播间开播分钟数）	
商品点击率	商品曝光 / 商品点击人数比	商品点击人数 / 商品曝光人数

(资料来源:抖音电商学习中心)

(一)以用户 指标拆解直播数据

1. 涨粉数据:关于用户的引导及转化能力

创作者需要关注的第一个数据就是涨粉数据,粉丝来源方面分别关注的点是直播涨粉以及视频涨粉的占比,不同的来源对应着一个不同的转化路径。比如说通过直播涨的粉,是因为在直播过程中的内容展示吸引到用户,按照这样的直播内容来做转化肯定是没问题的。如果是通过短视频涨粉,可能在这个视频当中有某一个爆款让这条视频火爆,在直播间就需要做一些针对性的爆款的讲解。同时,粉丝来源也决定了整个账号的下一阶段发展路径,是从直播的内容上优化,还是从更大程度上致力于视频运营。

其实,每场直播都有一定的流量曝光,直播过程中涨粉是件很平常的事情。当然,更应该关注的是粉丝来源、视频涨粉 VS 直播涨粉的占比情况。可以在具体直播场次中对粉丝来源进行详细分析,通过壁虎看看抖音版数据"互动分析"界面下的观众来源了解直播间用户的主要来源,如图 6-12 所示。

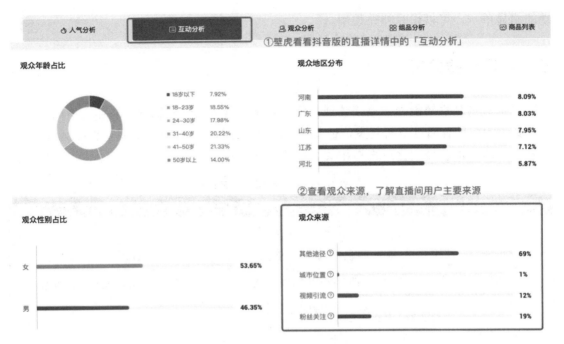

图 6-8 壁虎看看抖音版数据"互动分析"界面下的观众来源

第一,如果直播涨粉达到了 70% 以上,那就可以判定该账号主要涨粉来源是直播;反之,短视频涨粉占比较大的话,可能需要更多地在直播间人设性的内容输出。

第二,转粉率。一般的直播间,如果当场观看的粉丝在 30% 以下,那么其余的 70% 都是一个非粉丝的进线。这样的直播间在整场转粉率做到 2% 以上就是不错的数值。当然,这里说的衡量标准在不同的行业具备不同的指标,仅供参考。

以品牌自播"贵人鸟童鞋母婴旗舰店"2021 年 7 月 25 日直播为例,如图 6-9 所示。通过"直播详情"看到,转粉率高达 2.78%,这个转粉率对直播间的总体进量来说十分可观。这就是反映的整个直播间对粉丝的引导,能不能通过直播风格有效地把这些新观众转化成为粉丝。

图 6-9 "贵人鸟童鞋母婴旗舰店"2021 年 7 月 25 日直播转粉率

2. 场观人次/场观人数：直播间的重复进入率

用户行为中的第二个数据维度是场观人次和场观人数，这个数据点反映的是直播间的重复进入率。通俗地讲，在整个直播过程中，可能有10个人看了直播，但是他们来来回回进入了20次，平均场观人数就是20∶10。这样的数据比值也反映了直播间的两个特点，产品黏性和主播黏性。

1）产品黏性

一些头部主播会直播多款产品，因为他们有活动价格优势，可以让用户知道直播间的产品是便宜的，对产品认可的用户可以随时进直播间了解正在推销的产品。头部主播的带货能力值得人们认可，很多观众进进出出，正是因为这些头部主播的影响力。

2）主播黏性

直播间内经常有老粉蹲守着给主播当水军，有新粉提问时，老粉愿意回复。老粉可能在主播开播的时间段内没有什么事，却愿意在直播间唠嗑，愿意成为直播间的一份子，会进进出出很多次。场观人数实际上反映了直播间的重复进入率，影响因素就是产品黏性以及主播黏性。

3. 用户停留时间：新、老粉丝停留指标判定

1）老粉停留时间

第一个数据维度是老粉的停留时间，反映的是老粉的黏性，老粉的平均停留时间不要低于1分30秒。粉丝的停留时间越短，证明直播间的复购率越低，用户黏性越弱。

2）新粉停留时间

第二个数据维度是新粉停留时间，也就是引导用户转化成新粉停留在直播间。新粉停留时间应不低于45秒。如果想要获取更多的自然流量，成为平台认可的优质直播间，新粉应停留1分30秒。新粉停留时间，反映的是主播能不能吸引新用户。

对直播间的长效发展而言，没有新粉源源不断地进入，整个直播间的长期存活率是比较弱的，所以既要关注老粉的停留时间，也要对新粉进行引导，让更多新人在直播间里停留足够的时间。

4. 互动数据：直接影响进入流量的构成

点赞、评论、购物车点击、商品点击都是互动数据，在直播前设计话术的时候，也要非常关注这四项操作。

粉丝互动是用户不用在直播间花钱就可以达成的，这样的数据指标比较好引导，也能影响下一阶段的直播间进线。互动数据需要主播以及助播在直播间进行有效引导。例如："给主播点点赞，点点关注""拿起你发财的小手，给主播点点赞"等，而整个直播的评论互动就要做一些有趣的引导，最好不要在直播间里只说一些"想要的扣个想要""扣了想要的给你优先发货"等话语。

要让用户能够真实感受到主播是一个真实的人。比如要做一项优惠活动，可以询问用户："宝们觉得这波活动合不合适？""给你们的价格优不优惠？""我这波给你们争取的福利真是拼了很大的力气"等这样一些人设型的真实性的互动。购物车点击和商品点击，就要依靠助播来做一些引导。例如，把手机放到镜头前，对着摄像头说："点

击下方购物车 X 号链接领券下单购买",这样会有非常多的用户跟着这个动作点击购物车,因为购买也可以是一个潜意识的引导。

5. 粉丝活跃时间分布:突破流量瓶颈

粉丝活跃时间分布也分成了两个部分,一个是每日的活跃时段,另一个是每周的活跃日期。

关注这些数据需要知道两件事:第一,粉丝们在什么时间段比较活跃,什么时候直播才能最大化消费粉丝,让粉丝最大限度地进入直播间,产生购买行为。第二,很多账号开播时,最先进来的用户 80% 都是老粉,用户的反馈和整个直播间的进程都被老粉带着走,所以需要选择避开老粉的活跃时间来进行直播。

因为毕竟直播间权重还是在的,避开老粉进行直播,直播间肯定还会进来数量相当的新粉人次,这个时候去做精准的新粉引导,可以优化粉丝层级。

6. 弹幕情况:因商品而停留及用户带动情况

直播间的弹幕情况。一是首次发言率,该项数据反映的是新用户进入直播间有没有被主播所带动。二是商品相关的弹幕率,此项数据需要看有多少人因为直播间的商品而停留。

"用户行为维度数据"的各项关注要点及影响因素/重要性如表 6-3 所示。直播间这些用户行为反馈的数据越好,越能得到更多的自然流量。积累一定量的用户,有利于运营转化。

表 6-3 "用户行为维度数据"的各项关注要点及影响因素/重要性

	数据指标	关注要点	影响因素/重要性
用户行为维度	涨粉数据	①粉丝来源:直播/视频涨粉占比 ②转粉率指标:2% 以上为优秀	①粉丝从哪来的?对应不同的转化路径 ②直播间引导粉丝的能力
	场观人数/场观人次	直播间的重复进入率	有产品优势的大主播以及黏性较强的人设主播,直播间重复进入率会更高
	停留时间	①老粉停留指标:1 分 30 秒以上 ②新粉停留指标:45 秒以上	①老粉黏性 ②留粉能力
	互动数据	点赞、评论、购物车点击	直播间热度,影响下一阶段的流量
	粉丝活跃时间分布	①每日活动时段 ②每周活动时段	①用户最大限度消费的时间段 ②避开老粉重度活跃时间段,突破流量瓶颈
	弹幕情况	①首次发言率 ②商品关联弹幕率	①新用户带动成效 ②因商品而停留的用户量

(二)以经营数据指标拆解直播数据

经营维度的数据反映的是直播间目前经营情况以及经营所处阶段,经营数据可以从大局上来观测店铺整体变化的维度。

1. 涨粉数据

第一个数据指标要关注的是涨粉数据，在运营指标拆解的情况下，大家需要关注涨粉数据的两个方面，分别是总粉丝的增量以及直播涨粉的数量。

涨粉数据可以判断出直播间是否有源源不断的新粉丝加入，整个账号能否继续呈健康的发展态势。直播间的流量构成是由老粉和新人决定的。对于内容平台来讲，是否推送更多的流量，在一定程度上是以新粉丝进入直播间后所呈现的停留数据、购买数据以及各项过程数据为依据。

2. 平均停留时长排名

从阶段性的指标来看，需要监测直播间是否是正向发展、增长粉丝的情况。以90%的维度来衡量，几万场观（单场观看量）以内的小直播间，是否能获得更大的自然流量，取决于实时监测主播在停留数据的排名如何，排名越高，越能够获取更多的直播推荐。

如果做的是垂类直播，针对的精准人群比较少，总场观可能在2万～3万以内，这样的直播间推荐条件要求排名会更高一些。

如果推荐的是一些低客单价的产品，整场直播都是高性价比的产品，那么平台的判定将是比较有利的，继而会给予更大的流量池。直播复盘时，应当更多地做纵向对比，即和自己做对比，看看每场直播过程中客户的平均停留时长有没有变化。

参考指标为平均停留时长在1分30秒或以上，当然各个类目行业都有不同的指标，主播努力把留人时间拉长就行。

3. 总场观

第三个经营指标数据是总场观。总场观反映的是一场直播中观看人数的总和。监测该项数据，一方面是为了了解直播间的场观处于整个行业的位置，另一方面是为了继续记录每场直播的数据，以监测直播间的基础场观是否有波动。

直播间拥有足够的曝光量才能持续赢得用户，达成销售目标。所以，监测直播间的场观数据并改变营销行为对于一个专业的直播间来说同样十分重要。

4. 流量占比来源

第四个数据维度就是直播推荐的流量来源占比，其中一部分来源是平时刷视频会出现的直播间流，来源于直播广场中；一部分是粉丝用户的推荐信息流；剩下的是一些流量比较小的入口，例如复制链接进入的、他人分享进入的、商品跳转进入的、看视频点头像进入的等等；还有一些高端的付费方法，比如品牌方投放开屏广告，比较适合预算充足的商家。

面对这么多的流量来源，我们需要进行分析，因为流量来源不同，对应的直播间的稳定性也是不同的。

如果直播间的短视频流量占到了较大的部分，就要保持账号的短视频内容输出，这样的直播间是比较稳定的，因为短视频的权重池要比直播间的流量池稳定性更高。因为对短视频的判定只有几个指标，点赞、评论、完播、转发等，反观直播间的数据维度就会更多一些，点赞、点击购物车、评论互动、停留时间、点击商品下单购买等。整个直播间的数据考核的指标太多，并且有一定的不稳定性，所以，短视频流量相对来讲会更稳定一些。

再者，通过直播推荐，也会存在一定的不稳定性，比如都是通过低客单价商品去拉动自然推荐流量，那么直播间的稳定性就会弱一点；如果直播间持续卖的是高客单价的产品，那么整个直播间的标签是非常统一的，这样，直播间的稳定性相对也会好一些。

如果，此场直播中粉丝来源占比17%，相对来说粉丝的黏性较高，视频引流占比16%，可见在直播前或直播中，输出视频内容也可以让用户进入直播间达到引流效果。

5. 退货率

退货率反映的是客户收到货后的满意度。在这项数据指标下，需要规避一下消费者收到货之后的"质量退货率"。一些消费者在退货的时候选择了质量退货选项，遇到这种情况，一定不要同意质量退货，当然，前提是商品真的没有质量问题。

质量退货率会影响带货口碑和小店评分。货品是店铺能够长期发展并盈利的决定性因素，只有货品质量好，平台才会认为直播间是优秀的，人们才愿意停留、购买、复购。

6. 带货口碑/小店DSR

很多商家不太关注带货口碑/小店DSR（Detail Seller Rating，卖家服务评级系统），但是等真正发现自己的评分过低，出现问题的时候又追悔莫及。

店铺DSR的考核有三个数据维度：第一，商家回复有没有做到三分钟内的高效响应；第二，物流体验，可控因素相对来说会少一点，但也非常影响用户的购物体验；第三，带货口碑，这部分和店铺DSR考核的指标是有差别的，退货率对店铺和直播间的影响都不容忽视。好评率、差评率也要注意，平台希望直播间能够推出优质的产品、优质的服务、优质的转化。"运营指标"的各项关注要点及影响因素/重要性总结如表6-4所示。

表6-4 "运营指标"的各项关注要点及影响因素/重要性

经营数据维度篇——核心总结		
数据指标	关注要点	影响因素/重要性
涨粉数据	①总粉丝增量；②直播涨粉	直播间是否有源源不断的新粉进入
平均停留时长（排名）	平均停留时长在1分30秒以上	在平台的排名靠前，获取的流量越优质
总场观	总观看人数决定流量进入	基础场观是否有波动？是否满足带货需求？
流量来源占比	直播间流量来源情况	直播间从哪里获取流量？还有哪些新入口？
退货率	消费者收货后的退货占比	消费者对产品的满意度（质量退货）
小店DSR/带货口碑	小店服务评价、好评率、物流	店铺评分/口碑评分直接影响流量

第四节 实战：不同平台AARRR运营策略

运营是指通过计划、组织、实施、协调和控制等管理职能，实现用户拉新、促活、留存、转化和裂变等运营目标。

一、微信公众号运营AARRR

微信公众号是由微信推出的一款公共服务平台，自2012年推出以来，微信公众平台已发展成为用户获取信息的重要渠道，也是企业组织提供服务、营销推广的重要途径。

（一）微信公众号获取用户

用户数量的多少是衡量平台运营成功与否的一个重要依据。微信公众号从推出发展到现在，已经过了粉丝快速增长的红利期，开始进入成熟发展期。从目前的微信营销推广可以看出，新注册一个微信公众号，如果没有好的内容，没有强大的第三方推广覆盖渠道，很难做到几十万、几百万粉丝，这是新微信公众号推广遇到的典型性问题。

1. 大号互推：共赢+互补，快速涨粉

所谓大号互推，即账号与账号之间进行互推，指的是两个或者两个以上的账号运营者，双方或者多方之间达成协议，进行粉丝互推，以实现共赢的一种方法。

在微信公众平台上，某一个公众号会专门写一篇文章替一个或者几个微信公众号进行推广。这种推广即公众号互推。这两个或者多个公众号之间，其运营者可能是认识的，双方或者多方之间约定好有偿或者无偿给对方进行公众号推广。

其实，除了微信公众号以外，其他的一些平台也是如此。运营者在采用互推吸粉引流的时候，需要注意的是找到互推账号，尽量不要在相同类型的账号之间互推，避免不正当竞争。

两个互推的账号之间尽量以存在互补性为最佳。例如，如果自己的账号是推送主营健身用品的，那么选择互推账号时，就应该优先考虑推送瑜伽教程的平台账号，这样，获得的粉丝才是有价值的。

账号之间互推是一种快速涨粉的方法，它能够帮助运营者在短时间内获得大量的粉丝，效果十分可观。

2. 投票功能：微信公众号有效吸粉方法

投票功能是一种非常有效的引导用户的方法。在微信公众平台的后台，运营者可以通过发起投票来吸引粉丝。发起投票的步骤如下。

步骤1：进入微信公众平台的后台，①单击"功能"下方的"投票管理"按钮，然后进入"投票管理"页面；②单击"新建投票"按钮。

步骤2：进入"新建投票"页面，运营者在该页面按照要求填写内容，随后点击"完成"即可完成新建投票。

3. 邀请式"老带新"：更多保障成功引流

在用户运营过程中，当积累了一定数量的忠实用户后，利用老用户来"拉新"是一种低成本的获取用户的方式。它主要包括两种形式：一是利用奖励机制让老用户邀请新用户关注平台账号；二是利用奖励机制让老用户分享平台账号推送的信息给周围的朋友。

在邀请式"老带新"中，一般的规则是：当老用户（推荐人）邀请新用户（被推荐人）关注或消费时，每带来一个新用户就可以获得一定的奖励。奖品可以是实物，也可以是现金券。有时候老用户有奖励，被邀请到的新用户也有奖励，这样就为成功"拉新"提供了更好的保障。

4. 分享式"老带新"：价值认可引导用户

相对于邀请式"老带新"，分享式"老带新"这一方式运用得可能更多，但在拉新效果上却是不及邀请式老带新的。因为，老用户邀请式"老带新"包括引导用户关注的话语在内，然而对分享而言，仅仅只是看到了认可的内容，就分享给新用户，此时对新用户来说，无非表现为如下两种反应。

被分享的人没有被激发起足够的兴趣，因而是不会加入关注者或消费者行列的。此时，被分享的人还只是一个旁观者，而没有成为平台账号的新用户。

被分享的人对分享的信息，或是基于兴趣，或是基于利益，或是在有一定兴趣的基础上基于对分享者的信任，因而点击关注了分享的信息，成功地成为平台账户的新用户。

因此，在分享式"老带新"中，其奖励机制的设置包括两种情况：一种是老用户分享了并有截图证明就有奖；另一种是以老用户分享之后引来的新用户作为判断奖励的依据。

（二）微信公众号用户促活

一些已经运营了很久的微信公众号，也开始进入内容难以持续更新、粉丝黏性降低、粉丝不断取消关注，最后导致微信还在运营，但处在一个不上不下，粉丝增长缓慢、甚至掉粉现象的尴尬状态。

1. 通过内容运营促活用户

一定频率的内容曝光是保持公众号活跃度的重要前提。有时候人们不从某个商家那里消费，并非没有需求，很可能是淡忘了相关商家，或是需求没有被激发。例如，周末的中午正当自己不知道午餐要吃什么的时候，突然看到朋友晒在海底捞吃火锅的照片，可能立马就会做出"去吃海底捞"的决定，这就是个人的需求被唤醒了。如果关注了海底捞的微博、公众号，或是加了店长的微信，此时刚好收到更新的海底捞信息，同样也会被提醒，激发出消费需求。

2. 借助互动促活用户

一项研究表明，企业吸引一个新顾客的成本是保留一个老顾客成本的4～6倍。同样的，持续性经营微信公众号内容，长期与用户保持互动，维持用户数量并培养忠实用户，是进行微信公众号营销的前提。通过加强与用户的互动和对话，一方面有利于释放用户的表达欲望，增强用户的价值感和归属感，增加用户黏性；另一方面通过用户反馈，了解用户的真实需求，实现更加精准化的传播。

参与微信互动的用户一般都是所谓的"铁粉"，只有对每个用户的留言进行认真回复，才能激发用户互动的积极性，吸引更多的用户参与互动，不断扩大忠诚用户群。如果留言一次两次没有回复，会逐渐挫伤用户参与互动的积极性。

正和远景创始人兼CEO陈为（公众号：正和岛）发现青岛有一家服装定制企业，虽然很有实力，但品牌知名度不高，几乎没有外界人知道。但是海尔总裁张瑞敏曾好几次带高管去那里学习，这引起了陈为的注意。于是，正和岛公众号用一系列文章，深度挖掘该企业的经验和价值,并举办线下活动,邀请该企业高管进行分享。陈为积极地向吴晓波引荐该企业 CEO,为其提供更多传播机会。此外,正和远景还为企业发展会员、产品销售提供帮助。据媒体报道,上述这家企业不久后就获得了 30 亿投资。由此发现,正和岛公众号带来的绝不止一家微信公众平台的价值,这样的公众号更容易获得它的客户群体——企业家的信任。

(三)微信公众号用户留存

1. 用户留存原则:差异化和精准化服务

用户是具有差异化的个体,不管是个人爱好,还是个人属性,都是不同的。运营者如果想留住用户,让用户对平台产生认同感和归属感,就应该提供差异化、个性化的产品服务内容。差异化、个性化的精准服务,有利于用户的留存,从而有利于后续营销目标的实现。

2. 做好引导,快速进入用户角色

在具体的用户留存运营中,对一些新用户来说,他们是首次使用平台产品和关注平台内容,还不了解平台。此时,如何让用户更快地进入角色,成了决定用户留存的主要因素之一。

只有做好引流到平台的新用户的引导工作,才能使用户对平台及其内容产生兴趣,从而愿意继续关注平台内容并体验产品。此时,可以从平台产品出发,做好用户引导的设置工作。

例如,在资料页上,要想做好用户引导,就需要在功能介绍上体现公众号的亮点和内容,为用户了解公众号和阅读公众号文章提供认识基础。图 6-10 为"手机摄影构图大全"公众号的资料页界面。该公众号的功能介绍上用了"1 000 多种构图技法""1 000 多种场景和物品构图"和"1 000 多张作品展示"连续呈现平台内容,又用了"全面""深入""生动"加以修饰,带给用户专业体验。

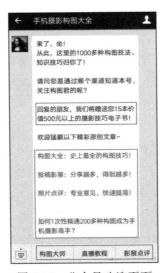

图 6-10 公众号欢迎页面

又如，在图6-10的公众号欢迎页面上，运营者在设置上为留住用户做了许多努力：①对公众号中的精彩文章进行了超链接设置，点击进去后，可以进一步了解平台；②"自定义菜单"设置，有利于用户有针对性地进入平台和阅读相关内容；③设置了奖励选项，只要用户回复自身的渠道来源，就能获得高价值的摄影技巧电子书。

3. 推陈出新，不断优化产品

如果产品主体是技巧性、专业性的文章内容，就应该提供有自己观点和见解的优质内容，并根据需要不断进行优化。

4. 放置链接：引导用户阅读

链接是一个很好的提高阅读量的入口。对于运营者来说，最好每一条回复中都加上一些文章的链接来引导用户阅读，让用户在平台停留更长的时间。例如"罗辑思维"微信公众号在发送自动回复的时候，就会在最下面放一条文章链接，如图6-11所示。

图6-11 在回复中加入文章链接

（四）微信公众号变现

任何变现的基础都是流量，没有流量肯定没有转化，而稳定流量的关键因素之一就是内容，所以在变现之前，最基础的内容一定要做好。个人公众号变现有7大方法。

扩展阅读6-10

流量主开通门槛

1. 流量主

首先，公众号变现的最基础的方式就是开通流量主，粉丝只需要达到500就可以开通流量主了，这个门槛算是比较低的了。

流量主的收益是根据广告的展现和点击来计算的，但是对很多IP新人来说不是很友好，许多人兴致勃勃地开通流量主之后，可能会发现一天的收益只有几元钱。也有很多阅读量非常高的公众号，流量主一天的收益高达几百元、上千元。10w+的文章是不断分享、传播达成的，但是对作者的文笔、选题、价值体现、表达形式都有较高的要求。

2. 微信图文推广

微信图文推广就是利用自己公众号发布平台上现有的图文广告，获取收益。这种变现方式是按照文章的阅读量计费的，一次阅读大概 0.4～0.6 元。这些广告文案都是已经写好的，个人公众号接单时只需要发布即可。接这种广告的时候，最好是选择和自己公众号类型接近的广告，如果是情感类公众号，却接了房地产广告，就会对公众号产生一定不良的影响。

3. 分销广告

在公众号中看到的一些推荐小说、推荐课程的内容，有不少都属于分销广告。当读者通过推广文案购买了小说或课程时，那么公众号博主将会收到一定的佣金。同理，也可以利用公众号推广一些电商产品来赚取佣金。

当公众号做大做强时，会有一些广告主来推销广告，当然也可以主动联系一些广告。如果公众号专业性强，垂直度高，则能接到不错的广告；普通的公众号，广告价格有两种：一种是按照阅读量收费，一种是按照粉丝数量收费。2 万以上的粉丝数量接广告会比较容易，1 万粉丝每次广告的价格大概是 200～500 元。专业性强的 KOL 广告费会更多。如果是按照阅读量收费，公众号博主平时就要好好重视粉丝的活跃度，提高粉丝的黏性，这样，广告的价格才会比较高。

要避免接药品、医疗器械、减肥、丰胸、增高等消费者投诉较多的广告，以免被平台删文，甚至封号。

4. 付费社群

创建一个付费社群，在社群中分享专业的知识、资料，收益就是入群费。付费社群需要投入精力收集资料、创作内容、管理社群。只有体现出这个社群价值，别人才会觉得付费进群是值得的。

5. 知识付费

知识付费就是将知识变成产品或服务，以实现商业价值。如运营派、人人都是产品经理、运营研究社等，他们都会开展很多线上、线下课程，公众号只是其中一个入口。知识付费对运营团队的专业性有很高的要求。

如果精通某一门小语种，或者有绘画、书法等技能，可以通过微信公众号传授技能，实现知识变现。

6. 粉丝打赏

公众号自带赞赏功能，在文章结尾之后放上"打赏二维码"，体现的是读者对文章的认可，是文章价值的体现。

7. 付费订阅模式

一般情况下，当自媒体人拥有一定的人气并能持续为粉丝提供有价值的文章时，可以尝试付费阅读，利用微信公众平台把付费的用户单独划到一个分组，然后用微信公众平台推送的时候，只把文章推送给 VIP 用户，实现付费阅读。这种模式有以下优点。

第一，可以培养粉丝用户的阅读习惯，比如一天推送一次，或者每周固定时间推送两次；第二，开启付费阅读后可以为自己增加一部分收入，激励自己输出更有价值的内容。

（五）微信公众号自传播

用户传播行为与信息吸引力正相关。戴维斯（Davis）认为，信息的感知有用性和感知易用性对用户的分享行为具有直接影响。在微信公众号中，不同的文章对用户的吸引力是不一样的，文章内容越有价值或越吸引人，信息传播的范围就越广。

1. 定期推送内容，增加受众接触公众号信息的频次

为了增强微信公众号信息的传播效果，自媒体应定期推送内容，增加受众接触公众号信息的频次，培养用户对媒介产品的依赖感，以此提升传播效果。例如"人民日报""央视新闻"等微信公众号，不仅日均发文量多，而且与网友的互动频繁。对于一天只能发送一条信息的微信公众号来说，消息推送更应该注意时机，尽量定期推送信息来培养用户的阅读习惯，并多利用评论功能了解用户的阅读感受，为微信公众号提供持续的影响力和关注度。

微信公众号应该采取错峰推送信息的策略，以提高所推送文章的打开率，并通过后台分析文章的每小时阅读量来调整推送时间，找到最适合自己的推文时间段。在此基础上建立用户的推送认知，选择最佳推送时间，培养用户的使用习惯。

2. 提升公众号吸引力，注重内容的服务性和实用性

提升微信公众号信息的吸引力，可以从以下三方面努力。

（1）行文和排版体现微信传播的特点。由于字数的限制，微信公众号标题应有新意并且简洁生动。例如《"喊话"鲁迅：1919年的"春运"路好走吗？》《1999，中美逆转的36小时》和《北京，请下雪》等标题能够保证第一时间吸引读者注意力，促进用户对推送信息的阅读和转发，提升传播效果。相较于其他媒介，微信公众号上的文章可以更好地把文字、表情、图片和视频等元素进行有机结合，丰富传播内容和传播形式，增强信息传播效果。

（2）产品内容的差异化服务。目前，微信公众平台可以分为服务号、订阅号和小程序等类型。2020年，中国微信公众号数量为162万个，同比增长65.14%。因此，产品服务内容的差异化不单是用户的多元化选择的结果，也是诸多订阅号、服务号的生存之路。例如，2018年故宫设计的《乾隆二十六年，我在故宫射小鹿》等一些H5页面，虽不是传统的订阅号文章推送，但凭借制作精良的内容和动态视觉效果，吸引了大批粉丝，引入大量流量。

（3）公众议题的深层次展现。在融媒体时代，用户对优质内容的生产需求愈加强烈。一些"爆款"作品往往看似记录生活中琐事，实则富有感染力，给人以深刻的反思和启示。例如2018年7月21日，原《南方周末》资深记者兽爷在自己的公众号上发表了文章《疫苗之王》，爆出了疫苗行业的许多内幕，引发了各类媒体对问题疫苗的评论和解读。在微信公众号信息传播中，如果某一信息能够使受众产生"认同感"，就会引起共鸣，从而推动着该信息的进一步传播。

二、微博运营

微博作为超级社交媒体平台，拥有数以亿计的活跃用户。但是，并非所有的微博用户都能够拥有强大的影响力和流量创造能力，除一些名人、明星博主用户外，能够拥有数百万甚至上千万粉丝数的微博草根用户寥寥无几，所发布的微博能获得上万评论、点赞量，能吸引粉丝积极互动的草根用户更是稀少。"微博搞笑排行榜"是草根用户之一，但粉丝数已达五千七百万，成为拥有巨大流量和粉丝影响力的微博用户。下面通过分析"微博搞笑排行榜"来论述微博的运营。

（一）微博用户拉新

具有时效性和新鲜感的内容，更易得到粉丝的关注。利用稀缺感的洞察、塑造冲突、热点跟随、创新制作方式等策划选题，持续吸引粉丝关注。微博上有很多运用平台模式进行内容生产的草根用户，如 ID 喜脉洗脉、ID 别是个沙雕吧、ID 阿粪青等。其中，运用平台模式在微博平台内获得巨大粉丝量和影响力的最具典型性的微博用户当属 ID "微博搞笑排行榜"。

"微博搞笑排行榜"注册于 2010 年 3 月，是最早的微博用户之一，目前共发布微博两万余条，粉丝数五千七百万。不同于其他专业媒体类以及机构类微博用户，甚至不同于很多其他草根微博信息内容提供者，"微博搞笑排行榜"是因微博而产生的信息内容提供者。它有明确的内容定位和目标定位，即搞笑、段子、趣图、笑话、有趣、幽默等，并且主要的目标受众群体是社会上的"80后""90后"以及在校学生等。所发布的微博内容很少涉及社会公共热点事件，也不涉及博主个人生活及心情等方面的内容。"微博搞笑排行榜"账号注册之初，博主每天搜罗全网最有趣、最搞笑的微博，整合发布最新鲜的笑料，以此收获了一大批前来微博寻找娱乐、释放现实生活压力的粉丝，是一个内容汇集平台。

（二）微博用户促活

在获得初步的、一定数量的粉丝之后，"微博搞笑排行榜"博主开始每天在固定时间（夜间 12 点，后改为夜间 10 点）发布一个互动话题，如："说一件你最近烦恼的事，大家来出主意或安慰一下"（2020 年 1 月 2 日），"哪句特别美妙的诗词，你非常喜欢"（2020 年 1 月 11 日），"来回忆童年，有哪些最经典的作文好句"（2020 年 1 月 14 日）等。这些每日话题最重要的信息并不来自于博主这一句简单的话，而是评论区动辄数百、甚至上千条网友评论，以及其他网友对评论的再评论。目前，"微博搞笑排行榜"已经很少发布其搜罗来的搞笑段子、图片等，而是专注于每日的话题发布，主要依靠这种平台化的内容生产模式生产内容、吸引用户，并利用这种极强的参与感增强用户黏性。

作为以平台模式运营的微博用户，评论区互动成为"微博搞笑排行榜"内容生产的主阵地。其中不仅有内容生产者和内容消费者之间的互动，更有博主"榜姐"与粉丝的互动，这两种互动对正在参与互动以及处于单纯信息消费状态的用户都产生了巨大的吸引力。

首先，内容生产者与内容消费者之间的互动是指在"榜姐"发布互动性话题之后，"榜姐"的粉丝在第一时间进行评论。在话题发布之初，越早评论越有可能成为热门评论，从而得到其他用户的点赞和再评论。"榜姐"每日话题热门评论可以获得数千点赞数和数百条再评论。这时，其他用户的点赞和再评论就成为对发出评论的用户人气和影响力的肯定，成为一种社交货币。其他用户的再评论内容是与评论发出用户的直接交流，表明对其内容的肯定，或是对其内容的补充。这样参与话题互动，用户不仅满足了自身话语表达的需要，还实现了与更多人的社交，获得了更多的补充信息。更重要的是，点赞和再评论代表的吸引力形式货币极大地满足了用户受尊重的需求。所以，抢"榜姐"每日话题热门评论成为"微博搞笑排行榜"粉丝的一大乐趣，成为抓住粉丝的强大黏合剂。

其次，博主与粉丝的直接互动也成为评论区一大亮点。单纯从社交层面来看，若社交双方同时拥有话语权，彼此能够平等地进行信息输出和观点交锋，将有效增强双方关系的黏性。"榜姐"对评论区粉丝评论的再评论构成了这种平等的社交表象，增加了博主对粉丝的吸引力。而通常获得"榜姐"点赞或评论的评论，往往是相对来说较为优质的评论。优质内容获得博主点赞或评论，无形中成为播主对优质内容的推荐，评论内容往往更容易被其他用户注意到，从而实现优质内容的循环再生产，满足了用户对高质量内容产品的需求，用户逐渐产生对博主的信赖。

（三）微博用户留存

博主除继续发布搞笑内容外，最主要的内容是每日话题——博主每天在固定时间（晚上12：00，现改为晚上10：00）发布互动性话题，由粉丝完成主要的内容生产。粉丝对话题的评论，加之网友对粉丝评论的再评论，无限扩展了话题的内容，实现了话题内容的价值再造。评论区内容的多样化使得拥有不同兴趣和需求的用户都能找到自己感兴趣的内容，既能满足大众化的信息需求，也能满足市场个性化的内容需求，从而吸引并留存用户。

（四）微博变现

1. 粉丝打赏

如果利用微博做自媒体平台，并且粉丝积累到一定的程度，每个月的阅读量达到300万人次，粉丝人数小于100万人，就可以申请新浪微博自媒体。申请成功后就可以启动打赏功能。

2. 广告收入

"微博搞笑排行榜"作为平台化生存的自媒体，最主要的盈利方式是广告，将数量庞大且活跃的流量变现。"微博搞笑排行榜"发布的广告有别于明星微博以及企业微博等的硬广告，博主所发布的广告绝大部分以原生广告的形式呈现。即博主将与品牌合作的广告文案设计成与博主发布的每日话题相似的互动型话题，从而淡化广告色彩。如与迪卡侬合作的广告文案"春节探亲，你有过什么样的送礼踩雷尴尬经历"（2020年1月8日）；与快手（你多久没认真生活了）合作的视频广告文案"看视频，说说你认真生活的一段时光"（2020年1月16日）。

评论区粉丝互动仍然非常友好，并没有表现出对博主发布广告内容的反感情绪。这样的广告呈现形式很自然地嵌入博主长久以来所营造的互动场景中，与博主发布的普通微博浑然一体。这种广告形式最大的特点在于，它不会破坏原有的叙事文体和话语风格，也没有破坏粉丝的内容消费体验，而使用户可以更自然地接受广告内容，也有利于提高广告的点击率和接受度，从而为广告的变现作了充分的情感铺垫。

除品牌广告外，"微博搞笑排行榜"的另一大广告合作方是微博平台。榜姐与微博平台的广告合作采取的是更隐蔽、原生态的，甚至是几乎不露痕迹的广告形态。充值微博会员是微博平台的重要盈利方式之一，只有成为微博会员，才能在微博平台发布带图评论。"微博搞笑排行榜"发布的很多每日话题，如"有哪些经典的动图，百看不厌，看一次笑一次"（2019年10月24日）、"你相册里，有故事的一张照片"都是带图评论型话题。此类型话题的评论区经常可以看到粉丝"为了发图片专门去充了会员"之类的评论。此类话题也在每日话题的固定时间（晚上10点至12点）发布，与其他文本型互动话题毫无二致，但确确实实是博主与平台合作的广告形式。从其评论数量可见，这一互动型广告的流量转化率极高，且并没有引起绝大部分粉丝的反感。

（五）微博裂变

"微博搞笑排行榜"作为微博平台中利用平台模式运作的用户，充分运用了微博平台在内容分发方面的各项优质功能，内容传播效果得到保障。微博中的传播方式主要是社交性传播，其中助力内容分发的功能有：关注、转发、话题、超级话题等。博主发布的微博，其粉丝能在第一时间获知，若该信息获得粉丝的认同，粉丝还会将博主发布的信息一键转发，将这条信息同步到自己的微博中。如此，粉丝的粉丝也接收到了这条信息，然后可能重复上述操作。这样，博主发布的信息就获得了无限传播的可能性。

微博的话题功能指的是在发布信息时，用户用在两个"#"号中间加入话题词的方式即"#话题词#"为自己发布的信息打上标签。当微博用户点击该话题或者在搜索框搜索该话题时，系统会自动搜索出所有包含这一话题词的相关信息，这就使得用户可以看到自己并没有关注的用户所发布的与话题词相关的信息，不仅实现了信息的聚合，用户与用户之间还可以展开讨论。如"微博搞笑排行榜"发起的话题"#榜友种草#"，4.2万条讨论，微博获得了5 700多万的阅读量，这种陌生人之间基于共同话题的社交传播效果可见一斑。此外，当某个话题词的阅读量、转发量、点赞数等因素达到一定数量时，就有可能出现在微博"热门话题榜"即"微博热搜"上面，一旦话题上了热搜，所有的微博用户都可能看到，由此产生的传播效果将不可估量。

超级话题是微博里的兴趣内容社区，它结合了微博原有的话题模式和社区属性；超级话题可以聚集对某一类话题有兴趣的粉丝，并可以对这一话题做长期持续讨论。和关注某个博主一样，用户可以选择关注自己喜欢的超级话题，用户发布的超话也有机会被所有超话粉丝同时看到，并加入讨论。不同于普通话题，只有在超级话题页面发布的内容，才会显示在超级话题社区页面内，而且并不会被用户自己的粉丝看到。只有勾选将发布的微博同步到自己的微博里，粉丝才能看到博主所发布的超话内容，以此扩大话题传播范围。发布于超级话题中的信息，并不会像普通微博信息一样瞬间被湮没在信息洪流中，而是随着用户对信息的评论、转发获得了被长久关注和持续传播的可能性。截至目前，"微博搞笑排行榜"发起的"#榜姐每日话题#"超话获得68.9万粉丝和136.1亿阅读量。

三、抖音运营

抖音是一个以算法推荐为主导的短视频平台。抖音能在短时间内迅速扩大市场，积累用户，成为中国最大的短视频平台，离不开背后强大的算法推荐系统。虽然抖音号的运营门槛较低，但是要成为拥有数十万、百万、上千万粉丝、亿万流量的头部账号，甚至具有高变现能力，绝非易事。对于普通的内容创业者而言，如果没有核心的内容竞争力，很快就会被踢出市场。

（一）抖音用户拉新

垂直、有深度的内容可以更精准地获取用户。抖音从本质上来讲就是内容运营，靠内容来获得关注、靠内容来涨粉、靠内容来带货，想要获得更多的粉丝，就要在内容上下功夫，可以借鉴"蹭热点"但不支持"搬运"。

针对性利用平台推广，扩大流量池，粉丝数量增加存在一定的阶段性。热门视频的产生除了需要好的视频内容，往往还需要一定的营销手段。优质视频内容通过平台推广可以覆盖更广的人群，抖音平台的"Dou＋功能"允许用户购买流量，可以选择目标年龄人群、目标城市、投放时间长度等，有针对性地扩大流量池。经营成千万粉丝级的抖音账号必定是一个漫长的过程，粉丝阶段性增长的背后往往是热门视频的间歇性出现。对一些特色优质视频进行有针对性的推广，经过一段时间的热度积累，将有助于粉丝数量增加。

（二）抖音用户促活

用户促活，即用户激活，指通过引导用户完成关键业务行为，使其认可产品价值，完成从新用户到忠实用户的价值提升。激活包含召回流失，但减少流失并不能提高激活率。

1. 点赞量

点赞量可以反映短视频质量的好坏。点赞量与用户喜好是正相关的，如果视频点赞量一路走低，运营者就必须进行反思。面对点赞量较低的情况，运营者可以尝试以下三种方法。

1）内容要新颖

这里所说的新颖并不是要运营者制作在抖音上独一无二的短视频，在内容丰富、竞争者数量众多的抖音上制作独家视频并不现实。在运营初期，参考、借鉴热门短视频是很正常的事情，但在中后期一定要保证内容新颖。如果内容过于大众化，就很难让用户提起兴趣，更不要说让他们点赞。

2）制造记忆点

用户对短视频进行点赞，除了表示自己的喜爱、支持态度，有时还有另一个用意——便于记录。很多人看书时会使用书签，看到喜欢的内容会抄写或做标记等，某些抖音用户在点赞时也有类似的目的，他们希望以后还能轻松地找到这条短视频。运营者可以对内容做出调整，引入能被用户牢牢记住的内容，引导用户点赞收藏。

3）设定关键词

短视频的点赞量不高，除了内容质量可能有问题，还有一个原因，那就是曝光不足。如果运营者能够充分发挥关键词的作用，就可以提高短视频获得系统推荐的可能性。

2. 评论质量

扩展阅读6-11

抖音娱乐直播流量分发逻辑

短视频的评论区也是运营者要重点关注的地方，运营者不仅要统计评论量，还要对其总体质量进行评估。单条短视频的评论量一般与粉丝规模相匹配，新视频的评论量有所提升，这些都是正常的现象。如果评论量达标，但大多数评论都是简单的语气词或一个表情符号，那么这其实也不利于账号的发展。为了从整体上提高评论质量，运营者可以使用以下三种方法。

1）自创话题

对那些尚处于孵化期的新账号来说，获得许多"神回复"基本上是不可能的，但运营者完全可以通过自己创造话题的方式来带动用户，而不是被动地等待用户评论。为了让用户产生讨论的欲望，一定要创造有趣的话题，同时可以适当地加入一些具有争议性的元素。

2）提高回复效率

在评论量还不是很高的时候，运营者一定要尽可能抓住每一位留言的用户。为了将其转化为自己的粉丝甚至忠实粉丝，回复的速度一定要快。隔一天或更久才收到回复，用户当然会认为运营者的态度很敷衍。

3）通过内容进行引导

运营者可以在短视频内容中加入一些可能引发互动的小设计，例如，放一些"如果是你，你会怎么做"这样的问题，引导用户发表评论。

3. 转发规模

在抖音上，比较容易被用户自发传播的短视频以搞笑类、颜值类居多。对于测评、探店类短视频，大多数用户都是抱着了解即可的想法，顶多会和其他人口头交流几句。

如果运营者恰好处于前一类领域，那么只要将工作重点放在提升内容质量上就可以了。如果运营者处于后一类领域，可能就需要借助其他社交平台进行引流，或者将内容方向向态度、情感等倾斜。毕竟，引发共鸣也是促使用户自发传播短视频的有效手段之一。

4. 完播率

抖音短视频的时长大多数还集中在十几秒的区间内，如果用户连看完这短短十几秒的耐心都没有，那么短视频的质量一定不怎么样。短视频的完播率与内容、时长都有一定的关系。据统计，15～20秒的短视频的完播率比较高。对新手来说，创作处于这个时长区间内的短视频难度不算太大。时间越长，内容越充实，需要考虑的细节就越多，创作难度也就越大。要想优化完播率这项数据，就要努力提高内容质量。如果用户被短视频吸引，那么自然会从头看到尾，还有可能会反复看好几遍。

5. 粉丝涨幅

很多新手对粉丝涨幅这项数据不太关注，他们的评判标准非常简单：今天涨了10个粉丝，明天又涨了15个粉丝，就说明自己是有进步的。从某个角度来说，这的确是一种进步，但还需要结合短视频的播放量来综合分析。

假设运营者创作了一条爆款短视频，播放量高达几十万，但粉丝的上涨幅度仍然停留在十几个这样的水平，这说明运营者在引流方面还有待提高。

（三）抖音用户留存

1. 挖掘粉丝需求

如果运营者具备打造社群的意识，并且认真地做了粉丝运营方面的工作，那么其在挖掘粉丝需求的时候就会更加轻松一些。毕竟，社群最根本的作用就是让运营者与粉丝联系得更加紧密，使运营者能够更直接地听到来自粉丝的真实声音。

如果暂时没能打造出社群体系，也没有关系，运营者可以通过评论区或私信区收集粉丝的需求。大部分粉丝并不会过于直白地表示"我希望短视频里面有这样一些内容……"或"希望下一条短视频能介绍一下……"，运营者要注意辨别某些委婉的需求表达。当然，运营者不必照单全收，粉丝的意见固然很重要，但可行性也是要考虑的，满足每一位粉丝的需求几乎是不可能做到的。

2. 常与粉丝互动

保持与粉丝互动，首先要持续输出内容，因为优质内容是需要靠量积累的。保证内容更新频次，保证对粉丝的曝光度，保持良好的更新习惯，有助于打造勤奋的人设。

与粉丝互动的重要性如何强调也不为过。在更新内容后要重视评论区，因为这里是与粉丝互动的主阵地，有时候神评论比内容还精彩。在互动时，高粉丝量观众优先回复，负面情绪巧妙回复，频繁互动的粉丝保持关注。

3. 向粉丝发福利

福利可大可小，要根据运营者自身的实力来定。刚起步的账号可以采用成本比较低的方式发福利，如念出、抄写粉丝的昵称并在短视频中展示等。如果粉丝量破百万的账号还在用这种方式发福利，粉丝就会觉得运营者对粉丝不重视、不用心。发福利并不一定需要运营者砸进多少真金白银，但一定要与账号的形象和实力相匹配，否则反倒容易导致粉丝流失。

4. 输出优质内容

吸引粉丝要靠短视频本身，这一点即便在拥有了百万粉丝之后也不会改变。按常理来说，短视频的质量应该随着粉丝数量的增加而逐渐提高，毕竟只有优质内容才能吸引更多的粉丝。但是，某些运营者在粉丝数量达到一定水平之后，反倒忽视了内容质量，导致老粉丝纷纷离开。在内容输出上运营者要保持内容垂直性，做到对粉丝有用；用垂直内容打造垂直IP人设，让粉丝信任；利用垂直人设追热点，让粉丝喜欢。

另外，某些运营者进入瓶颈期的时候会考虑转型。这是一种风险极高的行为，最好在与粉丝沟通到位的前提下进行，不要毫无预兆地彻底改变内容风格。

5. 带货可信度高

抖音上从来不缺少带货的人，但能坚持下来并且建立良好口碑的百万级账号却不算多。毕竟，抖音带货与淘宝店卖货还是有区别的，后者的交易体系更加成熟，而前者基本上依赖于粉丝对带货者的信任。

也就是说，运营者要想获得更好的带货业绩，就必须增强粉丝对自己的信任。无论是自己选产品还是帮品牌商做推广，运营者都一定要保证产品质量过硬。

抖音的交易体系还不完善，目前还存在许多问题，因此运营者一定要通过各种手段让消费者安心，并做到这几点：有问题及时处理；有质疑及时回应；哪怕由于个人疏忽导致产品出现了什么问题，也要避免用逃避的态度面对问题。

6. 重视线下渠道

拥有百万粉丝的账号不能再拘泥于线上，也要重视线下渠道。例如，papi酱也会参与一些线下的演讲活动或颁奖典礼；李子柒虽然个人形象比较"仙"，但并不是真的不食人间烟火，其出席的线下活动也有很多。运营者不能忽视线下渠道，特别是在已经有能力在线下做一些事的时候，通过线下渠道通常能够将自己与粉丝的距离拉得更近。

（四）抖音变现

抖音号的粉丝多并不等于变现能力强。抖音号变现的方法目前主要有以下几种。

1. 电商变现

抖音账号开通商品橱窗是能够变现的最快途径，利用淘宝客的分佣模式，只要个人视频成交一单，就会有收益。在短视频播放页面挂橱窗链接，通过介绍产品或者让产品出镜吸引观众点击商品链接，达人拿佣金提成。抖音开通商品橱窗的条件是实名认证、粉丝达到1 000人、缴纳500元保证金。需要注意的是，内容如何与电商进行连接，必须考虑商品是否与自身的定位、受众相符，否则不仅电商效果甚微，还会对账号产生不良影响。

2. 广告变现

对于自媒体类账号而言，为商家提供广告是主流的变现方式，变现的能力取决于自身的粉丝数量以及粉丝类型。商家选择与产品形象相符、面向群体相符的KOL合作，借助其人气、资源进行推广，通常单粉价值2分钱，达到10万粉丝，可以入驻星图平台，走官方推广的道路。

一般而言，抖音KOL发布的广告视频有两个来源：①视频由广告主提供，KOL只发布而不创作；②视频由KOL为广告主量身定做并发布、推广。

目前，市面上的广告视频以第二个来源居多。一方面，平台对广告的监控严格，若广告痕迹过于明显则不仅没有效果，可能还会导致账号被限流，对广告主和KOL双方都无益；另一方面，大多数抖音创作者具有内容创作能力，由他们创作更能迎合粉丝的胃口，而不是生硬地进行推广。

3. 直播变现

直播的变现方式主要有三种。一是植入广告，广告主借助"网红"的人气进行商品的推广，"网红"收取广告费用；二是打赏、收会员费，粉丝在抖音平台上购买虚拟礼物和该"网红"的专属会员，这部分收入一般都由平台与"网红"主播一起分成；三是电商变现，这与淘宝直播相同，接入了购物车功能的账号，在直播的页面上有购物车的入口，例如一些服饰类的账号，"网红"主播可以直播试穿效果，粉丝可以直接购买相应的商品。

4. 整合营销变现

在很多时候，抖音营销是整合营销中达到变现的一个小环节。毕竟有不少商品并不一定适合在抖音中直接变现，即使在淘宝、京东这些成熟的电商平台上，也有很难转化的品类。

所谓整合营销，就是根据企业的实际情况与需求，把各个独立的营销板块有机地综合、协调起来，达成整体协同的营销效果。这些独立的营销板块，包括不同场景下、不同对象、不同形式的营销，例如线下的地铁广告、电梯广告、产品包装、门店促销、人员推销、客户服务，线上的营销广告、软文、游戏、活动等。

借着抖音之风，海底捞突然成了"网红"，原因是"海底捞的隐藏吃法"火遍了网络。"#海底捞"的单个话题已经有数十亿次播放，营销效果不言而喻。

对于一家火锅店，本来应该是食材涮一涮、酱料蘸一蘸就可以入口了，但"鸡蛋虾滑油面筋、网红牛肉番茄饭、海鲜粥、自制拍黄瓜"这些既简单又新颖的吃法，又一次刷新了大众对海底捞的印象。

除了抖音中的营销，当顾客在门店消费时，服务员也会热心地向顾客推荐相应搭配的菜品，并且贴心地为顾客处理食材，甚至菜单上还有抖音"网红"菜品方便顾客点单，大大增加了顾客在海底捞享用餐饮的乐趣，引发了顾客自主传播的行动。

海底捞甚至顺势而为，将抖音中"面筋＋虾滑"的"网红"吃法，直接打造成新菜品"抖抖面筋球"。这一做法不仅使得菜品大卖，还进一步激发了大众的创造力，大大增强了大众去海底捞吃火锅的趣味。

这就是海底捞抖音营销的成功案例，几乎是零成本的"病毒"式营销，是线上抖音营销与线下人员推销、客户服务等协同合作的成果。

扩展阅读 6-12

短视频带货的优点与挑战

5. IP 变现

对于不少"网红"而言，当个人品牌打造成功，拥有上百万甚至上千万粉丝时，他的影响力便已不小了，甚至可以不局限于抖音"网红"的标签。这类"网红"已经完全能利用自己的人气变现了，尤其是"网红"孵化公司旗下的艺人，在公司运营下可以拿到不少优质资源，可以为线下活动站台，参加各种电视节目，接各种商业广告等。

经典的案例有"摩登兄弟",他们通过抖音平台聚集的人气实现了从"网红"圈到娱乐圈的跨越,真正从"网红"变成了明星。"摩登兄弟"还参加了江苏卫视跨年晚会,频频与明星同台,对外宣布准备发布唱片,开演唱会……

还有卡通漫画"猪小屁",这个深受低龄人群喜欢,颇有"治愈感"的 IP,通过周边产品与早教产品的合作等,也实现了变现。

在文化产业中,还有相当多的变现方式,比如电影、小说等。

6. 导流变现

为其他账号导流也是常见的一种抖音号变现形式。第一种导流的对象是外部的账号。粉丝数多的账号利用自身人气为外部的小号导流。粉丝可以从标题、话题、评论等进入另一个账号,实现小号粉丝数的增长。

另一种导流的对象是创作团队内部的其他账号。创作团队利用粉丝量级大的账号为新的小号导流,就像明星为新产品打广告一样,帮助小号快速获得第一批种子粉丝。专业内容团队基本上都会运用这种方式,这种方式可以把小号孵化的时长快速缩短。通过搭建矩阵号、CP 号的方式,团队能迅速扩大粉丝的覆盖范围,突破单个账号的限制,整体上减少风险,增强变现能力。

(五)抖音裂变

基于内容热度流量池的叠加推荐是抖音运用最广泛的算法。抖音流量池的主要评价指标包括评论量、点赞量、转发量和完播率。新作品经过平台对比后会被分配到一级流量池中,即基础流量,进入一定数量级用户的推荐界面。在统计该作品的传播效果后,会形成一个加权分数,分数越高获得叠加推荐的机会越大,并可能进入二级流量池进行更大范围的分发,表现差的视频则失去被推荐的机会,沉淀至流量池底部。流量池推荐更多基于多种用户的实际行为分析,因此常常会出现大量级播放次数的视频,产生明显的"马太效应"。

这种"信息流漏斗算法"构建出中心化的内容创作者,粉丝向头部大号聚集,抖音 3% 的头部视频占据了 80% 的用户播放,5% 的内容创作者覆盖了 98% 的粉丝总量。头部的优质内容汇聚了大部分流量,抖音网红基本都是超级大 V,千万量级的粉丝规模屡见不鲜,并且抖音内容适用期限一般为 90 天左右,较长的内容留存时间可保证精品内容的曝光度,引起大规模的关注和转发,实现爆发性增长。

四、快手运营

作为短视频头部平台之一,快手诞生于 2011 年 3 月,最初是一款用来制作、分享 GIF 图片的手机应用。2013 年 7 月,快手从纯粹的工具应用转型为短视频社区,成为用户记录和分享生产、生活的平台。快手不围绕明星和 KOL 做中心化运营,而是把流量给普通人,让他们的短视频也有机会被看到。

扩展阅读 6-13

抖音商品开橱窗变现

（一）快手用户涨粉

1. 怎么涨1000个粉丝？

每个新用户发布作品都会至少给予数百个曝光，做到流量公平普惠，像阳光一样撒给更多人。对每一个刚进入快手、刚开始拍作品的新人，快手都会给一定的推荐量，分为同城推荐和发现推荐。

就目前快手普遍的情况，作品播放量和涨粉量的比例是30:1，如果想要涨1 000个粉丝，作品需要起码3万的播放量。

对新人来说，同城推荐和发现推荐的占比有很明显的差别。发现推荐占比一般：如果作品还不够优秀，没有被官方认可，那么作品出现在发现页的概率几乎为零。而同城推荐占比最大：如果没有粉丝，作品质量也一般，同城按距离分配的流量是主力。①在大商场或人流比较多的地方发视频，有机会被更多的人刷到；②在同城推荐中，有地方特色的视频播放量比较高，比如：河北媳妇、河南硬核防疫、北方元宵等。

2. 怎样知道同城喜欢看什么？

同城推荐和作品质量是新手需要注意的两个关键因素。怎样知道用户喜欢看什么？同城的用户更关心什么呢？可以借助百度搜索风云榜。

百度搜索风云榜统计了全国数亿网民的搜索结果，包括关键词排行榜、分类热点、地域风向标、人群风向标。用好了风云榜，就掌握了全国网民的爱好地图，就不会再担心缺乏热门素材了。

3. 涨粉技巧

除了通过同城推荐、粉丝的喜好涨粉以外，老铁在发作品的时候，还可以从发布时间、冲刺热门、互动等引流涨粉。

1）利用流量高峰时间

刚开始发作品的创作者，选择平台流量活跃高峰期发布，是最为稳妥的选择。据快手官方统计，一天有三个流量高峰期：早上7：00～9：00、中午11：00～14：00、晚上7：00～10：00，尽量赶在这几个时间段发布作品，会得到更好的效果。

当然，这是针对新手的方法，当用户积累了一定量级的粉丝后，可以借助自己的粉丝画像进行调整，在目标粉丝最活跃的时间段发布视频。

2）短时间内冲刺播放、评论和点赞数据

快手的推荐算法中，完播率、评论、点赞、关注等数据都是影响其是否能上热门的关键，无论后期是否会使用平台"作品推广"功能。因此，老铁在发布后的1～2小时内，在朋友圈、微博等渠道求转发、关注或点赞是很有必要的，当热度足够时，便有机会一次冲上热门，获取更多流量。

3）互动程度影响是否热门

快手的社交属性很明显，粉丝们比较看重交流互动，而视频能否上热门跟互动程度有很大的关系。在快手，目前有以下4种方式可以与用户互动。

（1）评论区互动。用问句、设置悬念的方式，及时回复粉丝留言，当粉丝看到创作者的回复时,有可能会继续在评论区与创作者互动,有效提高留言活跃度。

(2)直播互动。如果说快手视频可以涨粉,那么直播就是用来固粉的。老铁可以在直播间不定时发发红包,给老粉一些福利,留住粉丝。

(3)"说说"功能。很多大主播会用"说说"告诉粉丝目前的状态、预告下一期直播、发视频的时间,一段话配一张图就可以吸引大量粉丝互动。

(4)"群聊"功能。目前"群聊"功能主要用于达人和粉丝深入沟通,也可以在群里发放一些福利、新款固粉。

4. 快手账号涨粉途径

快手账号涨粉的第一种途径是靠内容涨粉,深入了解平台的算法规则,推出优质的视频内容,依靠系统算法分发获得平台流量,进而涨粉。

第二种涨粉的途径是直接做投放,当单粉丝成本能够 Cover 的情况下,直接快速地给作品做投放,快速地测试账号定位,可以大幅度缩短账号的运营周期。

(二)快手用户促活

在内容价值主张方面。快手倡导的是"记录世界记录你""拥抱每一种生活",平台定位比较稳定,旨在满足用户平等表达自我和被他人认同的需求。快手的内容中有大量普通人真实工作与生活的呈现,视频并不注重剪辑、特效等后期技术,更像一本全民生态百科。从 Top100 的内容创作者标签来看,快手主要由草根(44%)和网红(38%)构成。这样的内容定位虽然不利于爆款的出现,但是却能激发用户相互交流的欲望。因此,快手的社区氛围比较浓厚,用户界面呈现双列点击,观看视频下滑是评论区,通过比较顺畅的引导机制鼓励创作者和观看者之间进行交流。根据相关调研数据,快手内容评论率是抖音的 3 倍,互动率是抖音的 2.5 倍,互动中表达亲密与期待较多,粉丝和 KOL 之间地位较为平等。

根据相关调研数据测算,快手主要基于社交和兴趣分配流量,初始流量池约 60%~70% 的标签用户和 30%~40% 的关注粉丝。其中"关注""发现""同城"的分发比例约为 2:2:1,这使得快手每万次播放评论次数高于抖音,达到 11.1 次,其用户黏性仅次于微信,达到 58%,高于抖音的 49%。另一方面,在快手良好的社区氛围的带动下,内容创作者很容易与粉丝和社群建立连接,从而在不断激励下生产出更优质的内容。另外,快手进一步将"公平普惠"的原则融入其推荐算法中,引入"基尼系数"机制,避免用户注意力或流量资源的两极分化,让每个人获得相对均等的展示机会,以此保持平台社区的初心和活力。根据相关调研数据,快手将头部内容流量限制在 30% 左右,把大约 70% 的流量分配给中长尾内容,由此带来较高的内容创作活跃度。

(三)快手用户留存

快手的私域流量大致可以理解为视频版的"微信公众号",关注页在快手处在非常重要的位置,打开率非常高,创作者发布的作品,它的粉丝大概率会看到。也就是说,创作者在快手沉淀的粉丝,就是自己的粉丝,它不用付费触达,自己可以反复利用和变现。

首先，在称呼上，快手博主习惯性地与观看者以"老铁"相称。"老铁"一词原指莫逆于心、互动密切的人，进入网络后语义不断泛化，一方面具有淡化、模糊网络交互距离感和陌生感的功能，在另一些情境下又可以作为体现联结感情的标识。其次，快手 App 在数字指标上展现出极高的用户黏性，这不仅得益于每个用户都可以在平台上找寻到符合自己旨趣的次级群体，带来特定文化沉浸的快感，而且得益于快手既生产文化商品，也满足关系性需求。

在戈夫曼看来，社交互动都是拟剧化的表演，因而有前台和后台之分。快手上某 IP 非常乐于面向受众在首页贴出微信号，在朋友圈分享日常化的内容，即开放私人性的"后台"，使线上的关系互动得以一定程度上跳出匿名化空间，渗透入线下的私人领域，从而使纯陌生人交往变为拟熟人交往。有时"老铁"们甚至会自发组建粉丝群，组团来到实地进行线下体验。快手用户日常生活的高度卷入性是其明显区别于其他商业化短视频平台的最大特征。再者，社群本身成为一种生产力是通过直播者和观看者之间收发礼物实现的，对于观看者而言，虚拟礼物需要支付现实货币购得，但他们更倾向于将赠送礼物认定为一种人情的呈现、关系网络的象征性表达，而非经济理论下的物质交换。在莫斯的观点中，商品是"异化物"，礼物是一种"非异化物"，礼物流动的过程即是关系培养、维系和再生产的过程。对于博主而言，他们的运作期待也不全是直接利益最大化，而是更偏向互惠最优化。除了更多的情感付出和道义承诺，快手博主还会不定期送出自己的礼物，使关系双方达成一种隐秘的平衡。

（四）快手变现

快手比抖音更容易变现，一个很关键的因素是快手的社交属性比抖音强，快手官方将快手定义为短视频社交社区。2020 年 1 月 9 日，2 300 万用户在快手获得收入。快手三大商业化模式帮助创作者高效变现，如图 6-12 所示。

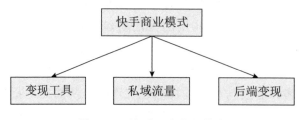

图 6-12　快手三大商业模式

1. 私域流量

私域流量帮助创作者提升了粉丝的黏性和互动率，大幅度提升创作者变现能力。快手 App 中的"关注"功能占据了很大一部分流量，这也是快手官方重视"私域流量"的结果。快手的老铁们会经常点击关注页，去看自己关注的账号有没有更新视频。最易实现消费转化的粉丝是 KOL 的铁杆粉丝和活跃粉，他们对 KOL 的信任度更高，自然更容易产生在 KOL 的影响下做出购买决策。私域流量的变现是可持续的、成本更低的、更加多元的。快手私域流量主导和去中心化运营的方式使得创作者与粉丝建立了情感关系和信任，主动消费内容的频次更高，商业化信息的触达率与转化率亦更高。

2. 变现工具

快手提供多种变现工具，如"快接单"使创作者可以在平台上通过短视频或直播形式接受广告主订单，获取丰厚报酬。

3. 后端变现

拥有后端变现能力的创作者通过直播带货的方式在快手上搭建自己的电商平台，满足用户消费需求。基于此，直播是快手最成熟的变现方式，主要包括直播打赏和直播带货。

直播打赏是指快手主播与粉丝在平台的网络直播间里实时地交流与互动，粉丝给喜爱的主播打赏或送礼物，快手从中抽取50%的收入并替主播缴纳所得税。

直播带货是指快手主播在网络直播间向其粉丝推荐商品以促成交易的行为，该促销行为建立在主播与粉丝的情感互动和信任关系的基础之上，快手从中抽取交易佣金。

（五）快手裂变

在内容分发机制上，快手尽量秉持了"去中心化"中平等赋权的原则，不刻意运营和引导创作者。快手的内容推荐主要是依赖智能算法，虽然快手的算法规则也会包括点赞、评论、播放次数等权重，但是对这些标准设置的门槛相对较低。例如，快手推荐的短视频大多数点赞量都很高，但一些点赞量较少的短视频也能够被推荐，这种算法逻辑的背后是赋予了每个用户生产的内容都有被展现的机会。

快手直播的流量来源有如图6-13的5个渠道，最主要的是自己的粉丝，直播的时

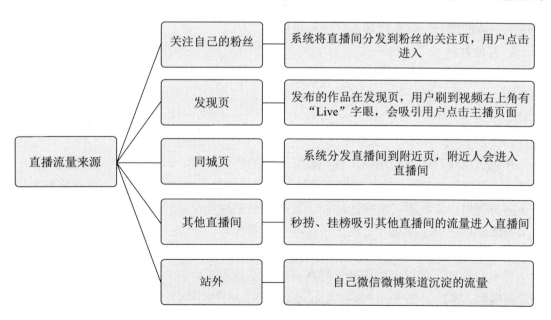

图6-13　快手直播流量来源

候会出现在粉丝的关注页,快手的公域发现页也会有流量,发布的作品会在公域发现页曝光,用户刷到作品时,右上角会有很明显的"Live"字眼,用户点击即可观看直播。为了使作品增大曝光率,还可以给当天作品购买发现页并推广,或者通过连麦、秒榜玩法,吸引其他直播间的流量。

五、今日头条运营

(一)今日头条用户拉新

拉新的核心是"找到目标用户,满足需求,引导其注册使用"。找"目标用户"从"量"入手就是流量曝光,需要根据现有的运营方式具体分析,是否是在目前资源下,可曝光推广的最大化。如果答案是否定的,就需要盘点还有哪些资源可以利用,以扩大推广及曝光量。从"质"入手,需要考虑目标用户的精准度。选择合适的目标用户,为其投放他本人可能感兴趣的热点,才有可能吸引他。

(二)今日头条用户促活

1. 加强互动

互动是最简单最直接的激励。拥有了用户群体后,必然需要定时维护或是在线关注用户的疑问或需求。可以根据时间段,在线与用户进行互动,或是闲聊或是解决具体问题等。

2. 开展活动

不管是什么用户,都是需要定时开展有关活动,否则就成了"死群""死圈子",造成用户群的浪费,或是对他人产生不良影响。

3. 发放礼品

通过不定期开展一些免费活动并发放礼品,自然会受到用户的欢迎,从而增加用户的黏性。

(三)今日头条用户留存

要想留存今日头条的用户,就要做好一定的价值预留,以便再次吸引用户。今日头条研发总监梁汝波认为,推送频率要个性化,对于接受度高的用户,给予更频繁的推送;对不同类别用户设置不同的推送时间,这样可以更好地保证一定数量用户的留存。信息推送要注意以下三个要点(个性化+精准+免骚扰)。

1. 针对不同类型的用户进行个性化推送

首先,针对足球迷可以推送世界杯直播或集锦相关内容。其次,结合不同场景做一些定期提醒,譬如父亲节,电商类App可以推送父亲节礼物大促销等。结合时令的推送,可以让用户感觉这是一种有价值的信息。

2. 针对不同用户群推送最合适的内容

如何把内容推送给需要的人？友盟推送可提供多种分群方式：①预置的版本、渠道、地域等筛选条件；②开发者根据用户行为给用户打标签等。也可以预先设定规则，根据用户订阅内容、好友互动和使用习惯等触发这些规则智能群发消息，提升用户体验效果。

3. 避免打扰用户

如果用户深夜收到信息，再好的消息也会引起反感，甚至被删掉。在终端用户体验层面，提供免扰时段、冷却时间、提醒设置等比较丰富的推送规则，给予用户更多的选择权，以此来提高满意度。

（四）今日头条变现

如果利用独立博客作为自媒体平台的话，那么等个人的博客达到一定流量时，就可以申请一些联盟广告，比如百度联盟、搜狗联盟的投放联盟广告可以靠用户点击量获取收入。今日头条广告系统也是采用用户点击广告来获取收益的一种方式，简单来说就是平台的商家给自媒体人一部分广告分成。比如今日头条的自媒体人士因为文章质量比较高，发文也比较频繁，会享受开通广告分成的待遇，可以在网站后台选择显示今日头条广告，平台的商家会按照点击率给自媒体人分成，这与网站的联盟广告类似，这种广告分成可以选择一些第三方平台，用自己的独立博客申请联盟广告，这也算自媒体人士的一种盈利模式。此外，图文自媒体还靠软文广告及稿费获利。

扩展阅读6-14

价值预留

（五）今日头条裂变

根据今日头条的解释，头条号指数的意义在于：创作者的文章有多值得被推荐。所以，头条指数的高低直接决定了文章推荐量的多少。在今日头条这样的平台，推荐量的高低直接决定了文章的阅读量，也直接决定了作者的收益。所以，努力提高自己的头条指数，是很正确的行为。头条指数的评判基础在于五个维度：原创度、垂直度、传播度、关注度、健康度。

1. 原创度

（1）保证原创，文章的版权属于作者自己。原创是今日头条最看重的，否则审核不通过或不推荐。

（2）在今日头条首发，今日头条会对发布的文章进行全网比对，如果不是首发，原创度跟首发相比会降低。

（3）尽量手动发表，不要在其他平台"同步"功能，例如：使用"微信同步功能"，将发布在微信公众号的文章同步到今日头条，这样虽然是原创，在今日头条看来就不算是手动，会造成原创度降低。

2. 垂直度

（1）每日更新，垂直度要求"非原创内容"每日坚持更新1篇，"原创内容"坚持每周更新2～3篇。原创与非原创不是根据原创标签来定的，而是根据头条审核来判定。

（2）文章领域不是自己定的，而是由今日头条根据文章内容和读者的反馈来确定的，所以，写文章尽量选择相同领域、相同或相近的行业。多领域发表，肯定是会影响垂直度的。

（3）所谓交叉领域是机器审核时判定一篇文章含有两个领域内容，比方说写旅游同时涉及美食，那这是属于旅游领域和美食领域。

3. 传播度

关于传播度，今日头条指出：保持稳定的更新，聚沙成塔，就会得到比较高的累计阅读量/累计播放量。传播度并不是考核转发、收藏和分享的数量，而是考核所有内容的累计阅读量和播放量。

4. 关注度

（1）吸引读者关注自己的头条号，增加粉丝数量，这是提升关注度的根本。

（2）粉丝对文章的评论、转发、收藏和点赞等行为是提升关注度的重要指标。引导读者评论、转发、收藏点赞并及时回复，是很重要的。

5. 健康度

（1）关于健康度，今日头条给出的解释是，发布的图片、视频、声音等内容一定要清晰优质。也就是说，如果发的图片很模糊，发的视频不清晰，画面不好看，就会降低健康度，甚至发的文章有错别字也会影响健康度。

（2）文章不涉及色情内容，政治思想积极向上，遵守法律法规，维护社会公德。

（3）文章有吸引力，引导读者完成阅读。如果读者点开文章很快就退出来，那么这一次点击是不算阅读量的。反映到健康度里面就是，读者没有读完自己的文章，健康度会降低。因此，创作者要提供吸引人的作品，作品尽量避免拖沓冗长。

（4）标题不夸张，不作"标题党"，不发布旧闻和重复内容，力求原创。

本章小结

思考题

1. 什么是个人 IP？
2. 独立 IP 对搜索引擎优化的影响有哪些？
3. 内容运营指什么？产品运营指的是什么？
4. 微博运营类型包括哪几种？
5. 用户运营的四个重要方面是什么？
6. 构建或改变运营能力的三种基本依据是什么？

第七章 IP运营变现和个人IP价值影响

在超级个人IP的时代，商业模式已经发生了翻天覆地的变化。IP运营的最终目标就是将创意和社交互动转化为经济效益，假如价值无法变现，再有趣的媒体也只是自娱自乐。

第一节 IP内容的变现逻辑

一、变现定义

变现属于价值捕获维度，是指平台或用户基于已有的公域流量或私域流量，通过流量获取货币化收益的过程。根据价值捕获来源和方式的不同，变现可分为交易推广型变现和情感关系型变现。其中交易推广型变现是平台基于公域流量变现的方式，主要包括信息流广告和电商导流，集中体现为平台基于用户规模的商业价值，并由此衍生出用户收益；情感关系型变现是用户基于私域流量变现的方式，主要包括直播打赏和直播带货，集中体现为用户之间情感连接和信任关系所带来的用户价值，并由此衍生出平台收益。

二、变现分类

目前，我国IP内容的变现逻辑主要分为一次变现和二次变现，两者的区别主要在于变现的路径不同，前者是对内容产品的一次收费，而后者则要通过内容平台、通过对内容衍生价值的二次开发来获取收入。具体手段与模式包括以下几种。

（一）一次变现

1. 用户付费

用户付费指用户直接对内容进行付费，这种方式可以大大缩短从内容到收益的路径，对于创作者来说是最直接可见的变现方式，但也是要求较高的方式，对创作者的知名度、专业度、产出内容的质量要求都相对较高，且目标用户为有付费意愿的特定群体，主要应用在知识付费和自有IP领域。

2. 版权收益

版权收益是内容产业的传统收入模式。近年来，随着互联网版权保护逐渐严格，版权收益来自两种渠道：一是优质原创内容的创作者被侵权并发起维权后所获得的补偿费用；二是对现有内容文化进行深耕后，所开发的周边衍生品的售卖收益以及开发过程中的授权费用，如IP"吾皇万睡""长草颜团子"等。

3. 内容电商

内容创作者通过自建电商平台售卖商品的模式称为自营模式，内容创作者负责电商销售的全流程，通常需要大量的资本和流量作为支撑，典型案例如"一条""年糕妈妈"等。通过第三方平台售卖商品的模式称为电商导购模式。第三方电商平台提供产品供应、电商运营、开发等服务，内容创作者只负责选品和内容推广，通过销售分佣获得收益，典型案例如"黎贝卡的异想世界""Alex大叔"等。

（二）二次变现

1. 平台收益

内容创作者在平台上发表内容，平台通过保底、分成、激励和奖金等方式对创作者进行补贴。这一模式在内容平台的快速成长期往往存在红利，能够给符合平台利益的内容创作者较高的补贴。随着内容平台的竞争趋于稳定，内容创造者需要寻找其他变现模式。

扩展阅读 7-1

IP 的商业逻辑

2. 广告收益

广告是内容创作者最重要的收益来源之一，也是最成熟的商业模式之一，其基本逻辑是由内容换取流量（即用户的注意力）进而换取广告收入。广告变现的路径主要有三种，分别是媒体广告平台基于内容流量的效果广告，内容创作者直接与品牌方或代理商进行合作的品牌广告和原生广告，以及内容创作者与品牌方深入合作的整合营销服务。

第二节 主流变现方式

一、平台分成

平台筑巢引凤，吸引自媒体运营者入驻，一方提供平台，一方输送内容，通过广告分成、创作补贴等方式不断吸引更多优质的创作者入驻。在IP团队创作初期，渠道分成是其最直接的收入和变现来源。

每个平台都有各自的分成条件。今日头条新手期过后，推荐视频超过10条可申请分成；腾讯视频每天上传视频，娱乐搞笑类作品有分成；优酷账号5级申请开通视频创收获得分成。每个渠道分成条件不一样，获得分成也不一样。比如，头条号图文普通作者作品每播放10 000次获得分成12～25元，原创作者作品播放每10 000次获得分成45元，签约作者每月10 000元保底，作品播放每10 000次额外获得分成25元左右。头条号视频普通作者作品播放每10 000次获得分成2～12元，原创作品播放每10 000次获得分成25元左右，签约作者20 000元保底，额外作品播放每10 000次分成25元左右。同样的视频在不同的平台投放，分成不一样。对于创业初期的自媒体运营团队，渠道分成是最直接的收入来源，因此为了获得更多的分成收益，要积极向更多有分成的平台发布。

二、广告变现

自媒体也是一种媒体，与传统媒体电视、报纸、杂志一样，具有媒体属性，商业广告是主要的变现方式。广告有两种，即硬广告和软广告。硬广告指直接介绍商品、服务内容的传统形式广告，有点强制使人接受的感觉，容易引起关注用户的反感。硬广告主要是贴片冠名，如在短视频中将品牌名或产品名作为短视频栏目的名称，通过在片头进行标示、结尾处使用字幕鸣谢、视频人物口播等形式进行宣传。软广告多采取故事化叙事的模式，模糊了广告与内容的界限，软性植入为主，注重广告与内容本身的契合，甚至大家都不觉得这是广告，可以达到"润物细无声"的效果。

硬广告和软广告都可以获得收益。比如，当自媒体运营者粉丝集聚达到一定流量时，可以通过申请联盟广告并投放、开通广告分成。比如百度联盟、搜狗联盟等就有广告分成的做法，可以通过用户点击量获取收入；很多自媒体擅长写作，不管是专栏作者还是普通作者，拥有一定的流量和人气，都可以通过软文植入广告来获得收入。但是KOL的人气源于运营者与用户之间的频繁互动和沟通，如果广告植入过多，用户可能会产生反感，导致掉粉。

品牌方需要用户和流量，新媒体运营者需要资金，二者合作可以实现双赢。如一些头条创作者可以入驻巨量星图平台，通过"广告主发订单→创作者接单→创作者产出内容→创作者获得收益"的模式直接和品牌对接，进行变现。

三、平台电商变现

越来越多的消费者在看直播、新媒体文章和帖子的过程中购买商品。电商变现就是通过运营新媒体平台，获取流量，然后通过导流到淘宝、京东或者微店等方式，实现商品销售获利。平台电商变现分为直播带货和内容电商变现两种。

扩展阅读 7-2

创始人IP化，亲力亲为建立品牌认知

（一）直播带货

直播带货是指IP达人通过直播镜头近距离对商品进行解说，在场景营造和气氛烘托下，以较低价格限时限量进行商品售卖。相比拍商品推荐视频，直播卖货有三个优势：首先，可以直观展示产品的细节，更加真实可信；其次，看直播时，粉丝的购物冲动会比较强烈、购物决策时间比较短，销售转化率会更高；最后，直播气氛热烈，活动丰富，粉丝购物热情更高。

（二）内容电商

内容电商就是通过文章、图片、视频等形式，将商品的文化内涵和使用体验传递给消费者，激起粉丝的购买欲望的场景式电商销售模式。相对于传统电商而言，内容电商不需要消费者去专门的平台进行搜索、购买等一系列烦琐的操作，而是将商品与内容高度融合，在人们日常上网、看文章、刷朋友圈、看视频的过程中就能实现购物。一般 IP 运营者会在平台上利用自定义菜单栏的功能添加微店、淘宝店、天猫等购买产品的地址链接，或者直接在文章内添加链接，以此引导粉丝进行产品购买。

但是，内容电商要采用这种盈利方式的前提是自己拥有微店、小黄车、淘宝、天猫等店铺，或者是跟其他商家达成了推广合作的共识，在自己的平台上给合作方提供一个链接入口，或者在推送文章中插入合作方的链接。如 B 站的悬赏计划，是在为 UP 主、粉丝及品牌之间搭建的协作平台，UP 主发布种草视频，粉丝通过视频链接下单，UP 可以因为成交而获取分佣。

四、内容付费变现

内容付费是指售卖有价值的内容，将其作为核心盈利手段，比如会员制、付费组群、VIP 付费订阅、内容打赏、直播打赏、付费培训或会议等。凯哥讲故事、樊登读书会、数码摄影学校等都是典型的内容付费模式。

内容付费模式和广告模式最大的区别在于粉丝经济：内容付费由于其内容本身即为产品，所以特别注重粉丝能否转化为订阅用户，粉丝不在于多而在于精，优质的内容是其核心竞争力；而广告模式则更注重粉丝的数量，也就是说投放广告是根据粉丝数量付费的，能影响多少人决定了自媒体的价值。

用户对系统化、结构化的深度内容需求激增，且对互联网内容的付费习惯已经养成。截至 2021 年 10 月，今日头条付费专栏的付费用户近 800 万，基于用户对深度内容的消费需求，已经有 1.7 万名作者通过创作付费专栏获得了内容的直接变现。"习得技能、解决问题；提升认知、拓展视野；充分满足好奇心"是用户付费的三个特征，满足其中一点即可进行付费内容创作。

五、代理运营变现

随着信息化发展，新媒体成为重要的信息宣传渠道，一些政府机关、事业单位和企业也越来越重视新媒体宣传，越来越多的政府机构、企业进驻新媒体平台。但是成功运营不是一件容易的事情，很多账号因为没有用心运营，成了僵尸号，甚至带来很多负面影响。为了改变这种现状，一些自媒体平台账号已经在运营上小有成就，掌握了一定的经验和技术，通过提供服务的方式代理运营一些政府机构、事业单位、企业的新媒体平台，完成策划、文案、设计、客服等工作。服务商以其优质内容基因和爆款IP孵化能力，为政务部门或企业提供整合营销等服务方案。

六、私域变现

私域流量是指从公域、它域（平台、媒体渠道、合作伙伴等）引流到自己私域（官网、客户名单），以及私域本身产生的流量（访客），可以进行二次营销。具体包括通过垂直内容吸引粉丝，培养信任；转化到私域进行产品或服务变现；适用于高客单价或非标准化的产品，如房产、家庭装修、定制珠宝、情感咨询等。

扩展阅读 7-5

抖音的POI功能：利用定位功能为实体店增加线下客户

七、粉丝影响力变现

很多内容创业者的产品灵感来自粉丝互动和评价，然后结合自身研究能力和开发实力，生产高溢价能力的周边产品。

个性书店"单向空间"运营自己的公众号，主要发布一些面向文艺青年的活动信息和优质文章，同时也通过该渠道倾听粉丝的声音。每逢春节前后，老黄历的销售额就会大幅度提升，有丰富售书经验的单向空间发现，人们喜欢日历。于是"单向空间"用老黄历的形式，加上文艺青年喜欢的经典名句，设计成日历推出后，居然在粉丝中掀起阅读和转发的热潮。受到鼓励的"单向空间"决定把这种形式继续下去，坚持了近一年，这一内容的忠实粉丝群体逐渐扩大后，"单向空间"了解人们喜欢日历，但是没有一本针对文艺青年的，于是孕育了《单向历》，仅2017版一款单品就售出15万册，2018版销售38万册。

新媒体长时间运营，集聚一定量的粉丝，通过粉丝影响力就有一定变现的能力。粉丝影响力变现主要有两个方面。

一方面是品牌效应。新媒体运营者凭借绝对的实力获得名气和声望，从而形成业内公认的品牌，广大粉丝会主动帮运营者宣传新媒体平台，扩大影响力，形成品牌效应。而品牌效应又会吸引不少投资者的注意，拓展运营者的业务。如头条号"硅谷密探"就是一个非常成功的案例，它在头条号上获得上千万阅读量的情况下，轻松获得了多轮资本投资，其投资方包括中科创星、集结号、黑洞资本和云起资本等业内大咖。

另一方面是粉丝直接打赏。新媒体运营者可以凭借强大的粉丝基础来拓展各种业务和活动，提高自身知名度，成为达人IP。粉丝也乐于通过打赏等方式来奖励自己喜欢的网络达人，令其增加线上收入。例如，有些网络写手不擅长营销，却有出色的原创能力，他们通过新媒体平台和文学网站连载原创作品，粉丝规模不断扩大，不断积累人气，人气越高，被打赏的可能性就越大。

第三节　个人 IP 价值影响

一、个人IP价值概述

（一）个人 IP 价值的概念

个人 IP 通过话语权、形象和信誉度与他人产生链接，建立信任，形成影响力，由此带来溢价，从而转化成货币价值和无形价值等，这些总称为个人 IP 价值。

在互联网时代到来之前，最有影响力的传播媒介是电视和电台，这种传统媒体对个人宣传的门槛很高。互联网让人们几乎站到了同一个起跑线上，宣传成本大大降低。只要 IP 有个性、个人会表达，IP 的价值观被广泛认可和接受，那么 IP 便具有了价值，继而能够转化为货币价值。电商直播李佳琦一年直播带货的总量达几十亿元，相当于一个超大规模的商场一年的销售量，IP 本身的价值带动着货币价值的提升。

（二）个人 IP 价值的构成要素

IP 价值是一个层层递进的价值圈层，从 IP 的核心到表层，可以分为五个层次。最核心的要素是核心价值观（values），然后依次向外展开的要素为鲜明形象（image）、故事（story）、多元演绎（adaptation）与商业变现（commercialization）。

如图 7-1 所示，越向内层，IP 价值的实现越由内容创意者决定，IP 的文化属性越强；越向外层，IP 的商业属性越强。

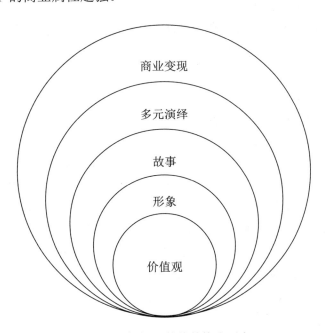

图 7-1　个人 IP 价值的构成要素

1. 价值观

价值观要素是原创 IP 内容是否具有开发和传播价值的第一标准，也是 IP 最核心的要素。IP 作为文化商品的载体，具有经济效益、社会效益以及精神传播等深远意义。

价值观要素在 IP 传递过程中影响深远，是 IP 能否长久被受众喜爱的核心因素。因此，在筛选和开发 IP 过程中，需要过滤掉暴力、色情、封建迷信等非正能量的内容，着重表达契合社会共同认同的核心价值。具有开发潜力的 IP 内容得到受众的认可，才有可能集聚更大范围的"粉丝效应"。在开发初期，定位共享的价值观念与精神取向，合理规避不受大众理解和接受的价值观；在开发后期，要针对不同受众群体，开发多样化价值观，既要具有传播广度，也要具有传播深度，以使不同观众产生认同感。因此，选择普世的价值观是 IP 开发过程中的重要因素。

扩展阅读 7-6
自媒体工作者坚守核心价值观

2. 形象

个性鲜明的角色形象是 IP 的基本单元。形象要素需要时代化的个性予以支撑，需要与消费者的生活环境发生链接。一个识别度极高的个人 IP 形象可以不断地进行发散演绎，创意出各种引人入胜的故事，受到广大受众的喜爱。

扩展阅读 7-7
董明珠从"个人品牌"塑造到"企业品牌"的打造之路

3. 故事

故事是 IP 价值较浅层的构成要素。通过创造让人感同身受的内容，引起受众的共鸣。超级个人 IP 的故事往往就是通过传播具有创意、富含情感且打动观众的内容，在不同载体的转化下进行传播并保证故事的延续性。例如，《哪吒》就是一个极其注重中国风艺术风格以及人物美术设定的案例，在故事和价值观的层面加以打磨，让不懂中国文化的外国观众都能看懂，这是其故事主线的成功表现。

故事引擎只是推动 IP 的一种工具，它只关注故事的讲解方法，具有一定的局限性。故事是人物在特定情景下的经历和选择，本身会受文化环境、时代背景以及媒介性质所限，难以跨越时间和空间。只注重最表层形式的操作，会导致 IP 难以持续发力。

4. 多元演绎

多元演绎是优质 IP 在形象要素的基础上，在不同的内容载体上对故事进行的延伸，通过持续建立情感连结受众，并将更多的受众转化成"粉丝"。"粉丝"是忠诚度和热情度都非常高的受众，IP 孵化与开发的目的就是将更多的普通受众转化为超级"粉丝"，通过"粉丝"的忠实消费实现 IP 价值开发的最大化，进而延长 IP 的生命周期与变现能力。

多元演绎不仅是明星 IP 吸引受众的关键要素，而且在维系超级"粉丝"的过程中发挥着更加重要的作用。明星 IP 的跨界开发过程就是要不断深化和强化"粉丝效应"，有效地延长 IP 的生命周期，实现明星 IP 的可持续开发。

5. 商业变现

对 IP 进行商业化运作，促进粉丝的转移和流动，可以实现 IP 的商业变现。能够转移的粉丝数量越多，其价值越高，能够转移的付费粉丝的数量越多，其价值越高。而用户和流量在行业中有公认的价格范围，并以此作为计算的参考，根据测算结果决定此IP是否有持续开发的意义。

二、个人IP价值影响

（一）文化价值

文化的本质是以"文"化人，具有"育人""化人"的功能。文化价值是社会的产物，它包含两个方面的内容：存在着能够满足一种文化需要的客体，存在着某种具有文化需要的主体。当一定的主体发现了能够满足自己文化需要的对象，并通过某种方式占有这种对象时，就出现了文化价值关系。人不仅是文化价值的需求者，更是文化价值的承担者。文化价值是由人创造出来的，同时，文化价值也是为人服务的。

因此，在社会文化价值中，发展人的文化创造能力具有重要意义。达人IP的形成可以不断提高人的文化创造力，持续创造和输出优质内容，以普世的价值观陶冶人，创造美、传达美、发扬美，由此产生宝贵的文化价值。

中国的传统文化蕴含着独特的价值观和世界观，具备打造世界顶级个人IP的创作源泉，可以创造出巨大的价值。

（二）商业价值

狭义的商业价值（Business Value）指企业在生产、消费、交易中的经济价值，通常以货币为单位测量。广义的商业价值指的是决定企业长期健康和福利的价值。商业价值把公司价值拓展到经济价值（也称为经济效益，经济附加值和股东价值）以外，包括其他形式的员工价值、客户价值、供应商价值、渠道伙伴价值、战略伙伴价值、管理价值和社会价值，其中很多价值是无法用货币进行衡量的。管理学大师彼得·德鲁克是商业价值的早期倡导者，提出公司应该为客户创造价值的同时，帮助企业创造商业价值。

例如，随着直播行业的爆发与繁荣，其内部生态逻辑也越加清晰，直播电商串联了品牌商、直播平台、电商平台、MCN机构、主播、消费者等六类角色，把具备导购能力的个体势能放大，让他们得以与目标客户建立在线连接，并能够通过定期交互实现维护巩固。直播赋能后的导购更能深度挖掘消费者全生命周期价值，创造需求端持续增长的机会。作为渠道而言，随着直播电商的工具价值不断

扩展阅读 7-8

汝瓷大师李廷怀（奇人匠心）："古人给我们留下了天青色，我们能给后人留下什么_"

扩展阅读 7-9

寻找"李子柒"背后的文化价值

扩展阅读 7-10

"三年来挣的第一笔钱，感觉自己又有用了"

扩展阅读 7-11

我从来没被100多万人喜欢过，我要去试试

被开发，平台、商家、MCN、主播的踊跃进入以及消费者的认同追随，从各个环节反向驱动渠道变革，直播电商已成为最具潜力的新兴渠道之一，其渠道价值在于"网络效应"+"供需最短链"。

（三）个人价值

个人价值有两种原始定义，其一，人的自我价值是指个人或社会在生产、生活中为满足个人需要所做的发现、创造，是自我发展及社会对个人发展的贡献。其二，与之相对应的，则是个人的社会价值。个人的社会价值是指个人通过自己的实践活动为社会的发展需要所做出的贡献，简单地说就是个人对社会的贡献。

本章小结

1. 一个强大的 IP，其核心都蕴含着强大的价值观，而且影响深远。
2. IP 价值是一个层层递进的价值圈层，从 IP 的核心到表层，可以分为五个层次。最中心的要素是核心价值观，其次是形象、故事、多元演绎与商业变现。
3. 一个成功的个人 IP 的塑造，对受众会产生深远影响，尤其是在文化价值，商业价值和个人价值方面的实现。

思考题

1. 请结合案例思考，故宫 IP 输出了哪些价值？
2. 请分析故宫 IP 打造的方法与价值圈层的联系。
3. 谈谈故宫 IP 对自身 IP 的启发。

扩展阅读 7-12

故宫超级 IP 打造记

第八章 自媒体时代个人 IP 发展趋势预测

伴随着互联网技术的快速迭代，网络世界已经逐渐由机器连接的"终端网络"过渡到超链接形成的"内容网络"。依附于微信、微博及抖音等自媒体平台的多元化内容生产，不仅取得了高额流量及可观财富，而且吸引到众多资本和风投机构的关注。"内容网络"正引领人们步入自媒体创业时代。

第一节 5G 对内容媒体的总体影响

咨询公司 Ovum 发布《5G 如何影响媒体与娱乐经济》，预测 5G 用户的月平均流量将从 2019 年的 11.7GB 增长到 2028 年的 84.4GB，其中视频流量使用将达 90%，而基于 5G 的移动视频收入将达到 85% 的年复合增长率，极大地促进网络视听经济发展。

一、视频内容生产方面

（一）释放 UGC、PGC 制作潜力

5G 是推动智能化变革的强劲动力，可以满足 AI 技术演进对数据要素的数量、丰富度和传输处理速度的更高要求，为自然语言处理、计算机视觉等提供新动力，而软件及操作系统的智能化，进一步帮助人们提高效率，降低操作门槛。"5G＋AI"技术的完善，在视频内容创作领域意味着会产生更多智能、便捷、功能丰富的视频制作辅助程序，如 AI 智能变脸、场景加载等，能够极大地缩短视频从拍摄、精编到上传的全过程，使内容创作成本进一步降低。

2020 年两会期间，人民日报智慧媒体研究院推出全新 5G＋AI 模式，用"智能"开启不一样的两会报道。5G＋AR 采访眼镜可帮助一线记者在会场中实时了解人物信息资料，以第一视角进行现场直播，而且只需手势或语音控制即可完成视频录制、拍照、直播等工作，拍摄时还能与后方编辑实现屏幕共享、实时互动。记者将在一线获取的视频素材回传至智慧平台，iMedia、iMonitor、iNews 第一时间对素材进行处理，用智能剪辑、智能导播等方式，更高效准确地制作视频新闻，实现对新闻"采、编、发"的全流程智能化管理。iMedia 智能媒资系统内置人工智能多媒体信息识别能力，可对视频画面进行人像识别、文字识别和语音识别。面对海量视频资料，新上岗的智能剪辑师将大显身手，只要短短几分钟，就能根据需要迅速生成视频、自动匹配字幕。除此之外，它还能完成画面人物的动态追踪、去除视频的拍摄抖动、多方位修复视频画质、迅速实现横屏转竖屏、

适配短视频平台。如果视频内容较长，它能自动搜索人物、定位关键信息时间，剪辑效率飞速提升。

5G 时代，受益的不仅是专业媒体人员，普通创作者将成为更大的受益者。自主生产内容方式的简易化，有利于更广泛的主体参与，激活短视频市场。2020 年 3 月，中兴正式发布首款 5G 视频手机，其宣传称，该手机配备视频编辑功能，十多种转场特效、多视频拼接及滤镜、配乐，即使视频新手也能轻松创作出专业级视频。借助 AI 技术和智能分析，内容平台可以帮助作者科学选题、创作，提供强大的素材搜集、智能匹配、加工制作等创作支持。5G 的到来，带来了"网红经济"和自媒体浪潮，网红和自媒体从业者展示自己的才华，一个人即是一个团队。一个人传播新闻、一个人做电视节目，甚至一个人拍摄制作电影的智能化创作方式出现，将会让更多人加重自己创作者的标签，UGC 迎来新风口。

PGC 与 UGC 将同步爆发，但原创高质量内容始终是短视频的核心竞争力，相较于 UGC，PGC 视频能满足人们在短时间内更高效获得有价值内容的需求。在 5G 时代短视频无处不在、无时不有的背景下，用户对短视频的需求将不断增加并细化，依托某个领域有所积淀的专业人士或团队生产的视频具备极大的吸引力。另外，在 5G 技术加持下中长视频的崛起，为 PGC 视频的完整性表达留下巨大空间。

（二）MGC 模式崛起带来新可能

基于 5G 技术，MGC（机器生产内容）将成为内容生产的现象级产品。5G 低能耗和高容量特性构造了万物互联的基本现实，让所有的传感器可以永远在线，而且把很多传感器连为一体，使人与人、人与物、人与场景有了时刻在线、互联互通的现实可能。按照 5G 专家的说法，具有超级连接能力的 5G 网络，将承载 10 亿个场所的连接、50 亿人的连接和 500 亿个物体的连接，把数字世界带入每个人、每个家庭、每个组织，构建万物互联的智能世界。这意味着，无论是环境还是可穿戴设备，都会参与到未来的内容生产当中，从而促使 MGC（基于技术、传感器数据以及人工智能处理的内容生产）崛起，成为 5G 时代的一个重要生产类别。

近年来，媒体行业内容制作的智能化趋势已然出现。2017 年 12 月，新华社发布了中国第一个媒体人工智能平台——"媒体大脑"，并发布首条 MGC 视频新闻，时长 2 分 08 秒，计算耗时只有 10.3 秒。媒体大脑通过摄像头、无人机、传感器收集视频图像数据，进行智能化整合分析和处理，它对内容生产的变革更多地在于抓取、处理数据的快和准，有效地提升了行业生产力。而在 5G 技术支撑的万物互联情况下，传感器还会实现生理性连接、心理性连接，甚至连人的情绪都可以进行数字显示，为短视频内容制作带来新面貌。例如，基于手机前置摄像头或其他传感器装备，能够实时感知用户对观看内容的情绪，借助 5G 的超响应连接，网络和系统能够快速对人体的物理响应作出反应，及时调整观看内容的走向，创造用户与视频新的交互方式，让其在体验中互动并参与创作。

二、内容分发方面

（一）AI 和大数据技术提升内容分发效率

在大众媒体时期与互联网初期，内容分发主要依靠职业编辑人员的手工操作，这种分发方式不仅效率低，而且难以满足个性化需求。为解决这一问题，搜索引擎率先尝试利用人工智能的精准匹配来进行内容分发，从而在固定互联网时期构建了第一个全网的内容产业生态系统。AI 和大数据技术的进一步发展，使得内容的传播和触达趋于千人千面，提升了内容分发效率，内容体验更为优质。

（二）分发变革拓展视频游戏感的变现能力

5G 技术的加持，或能帮助寻找视频内容新的利基市场，如挖掘现场活动视频流的变现能力。具体来说，在现场活动（如足球比赛）中捕获的所有视频中，只有大约 10% 实际上是分发的。而利用 5G 移动边缘计算等技术，将使更多视频资产货币化，如现场观众手机镜头所拍摄的视频。也就是说，体育场内的 5G 移动视频用户，不仅可以观赏活动现场盛况，还能同时访问并消费与比赛有关的多个视频流，可能包括运动员关键时刻的慢动作、回顾动作等，这将增强现场实时的游戏感体验，为用户拓展新的消费内容。

三、视频内容消费方面

（一）"去场景化"与"再场景化"趋势

5G 支持下，AR/VR/MR 技术的成熟和普及，将颠覆娱乐视频用户的体验模式。各类新媒体智能终端在搭载 5G 以后，可广泛运用 AR 和 VR 技术，人机交互打破二维平面进入 3D 次元，呈现 360 度强大情景式、交互式的震撼场景。这些能够人为设计、建构的虚拟沉浸式环境，在丰富用户体验的同时，也为娱乐消费场景的重塑、连接和创造带来新契机。如以低成本方式重构想象空间，吸引具有相同"趣缘"的人通过线下"入口"汇聚在线上特定场景，形成新的价值平台。实际应用中，已有 5G ＋ VR 视频直播打破空间限制，实现观看演唱会或球赛异地同场、身临其境。

（二）信息传播的"在场"感受

5G 为人们创造了新的"现场"与建立在这一基础上的"在场"，原因正是直播、VR/AR 等技术的应用，其影响最直接的、表现最突出的就是新闻和社交两大领域。VR/AR 技术的核心理念就是追求信息的"在场"体验感，给予受众 360 度的沉浸体验。VR/AR 技术使得信息传播中的应用模式丰富而多元，未来 VR/AR 信息必将成为媒介领域的主流产品。

（三）沉浸式娱乐带来全新触达渠道

5G 技术破解 AR/VR/MR 应用的瓶颈和局限，为行业带来巨大想象空间，沉浸式消费体验迅速成长为一个触达消费者的全新渠道。AR/VR/MR 视频生态的开发与完善，逐步培养人们新的视频消费习惯。虚拟、增强现实技术将通过虚拟物品、虚拟人物、增强性情境信息等形式，给人们带来连接媒体的全新方式。3D 全息影像、触觉装备等高级交互体验将出现。感官维度进一步升级，催生全新的娱乐盈利方式，新增加的感知、交互维度体验可根据不同层级进行标价和变现，如连接 5G 的触觉装备将提供新的媒介市场。伴随传统业务升级，超高清视频直播进入全息通信时代，感知也将进一步提升。

四、商业模式方面

（一）创新广告形式

5G 将克服 4G 网络时期移动广告面临的关键性挑战，使其大幅度优化并带来巨大的潜在收益。一是得益于 5G 强大的数据处理能力，超高清视频广告将更加普遍。二是 5G 与 VR 等技术的结合，不仅可以提升移动广告的"沉浸式体验"，还能在技术辅助中创新广告形式。广告平台商 OmniVirt 统计数据表明，2018 年 360 度 VR 视频广告的视频完播率相比常规视频广告提高了 46%，点击率增加了 300%。三是借助 5G，移动广告迎来个性化新时代。随着人工智能赋能下的物联网设备崛起，眼球动态追踪和生物识别技术，使用户情绪状态和注意力水平等数据被收集分析和使用，让视频广告实现对效果的实时检验，最大限度精准投放。

（二）拓展多元商业模式

一些平台正在尝试 5G 技术条件支持下多元商业模式的开发。一是打通视频产业链上下游，打造共享收益的内容生态合作模式。例如芒果视频平台与华为围绕视频内容、会员及联合营销、大数据推荐、应用推广、IPTV 产品和华为云 CDN 服务等六大板块展开深度紧密合作。二是通过付费捆绑，将套餐和内容结合，提供差异化服务。如韩国三大运营商之一 LG 的"U＋"为消费者提供差异化 5G 服务体验，在 5G 套餐中捆绑了五大沉浸式媒体产品，包括 U＋职业棒球、U＋高尔夫、U＋偶像直播、U＋AR、U＋V 等，把套餐和内容做出独家特色，大获成功。三是希望通过 VR 服务攻占媒体市场。爱奇艺首席内容官王晓晖曾表示，爱奇艺开始加速推进 VR 应用，目前，爱奇艺 VRApp 已经可以适配多种 VR 设备。韩国电信公司 KT，主要推出 4K 无线 VR 服务"KT Super VR"及可穿戴式 360 度 VR 相机，在市场上培植竞争力。

第二节 内容载体的未来趋势

一、短视频的未来趋势

得益于移动互联网、大数据、自媒体、人工智能、短视频等带来的红利，创立于2012年的字节跳动和创立于2011年的快手，经过近10年的高速发展，已经成为我国新媒体产业发展中的流量担当。2017年、2018年、2019年，快手的营业收入分别为83亿元、203亿元、391亿元。2020年，快手总营收为588亿元，同比增长50.2%。

扩展阅读8-1

竖屏平台创作

字节跳动的发展速度更快、规模更大。根据富途证券的研究数据，字节跳动2020年营收规模约为2 400亿元，其中，广告营收为1 750亿元，电商业务营收为60亿元左右，直播业务营收为450亿～500亿元，游戏业务营收为40亿～50亿元，教育业务营收为20亿～30亿元。

（一）竖屏视频开启短视频创作新风尚

移动互联网时代，随着智能终端的普及和用户消费需求的变化，竖屏形式的短视频内容越来越吸引用户注意力，竖屏剧开始在各大视频平台涌现。竖屏是与手机智能终端最为匹配的表现形态，单手刷手机浏览竖屏内容，正好契合了人们在快节奏时代下的现实需求，方便手机用户使用。竖屏格式使拍摄重点更为突出和直接，画面内容布满整个屏幕，很多细节之处被注意到，能够帮助用户短时间内获取到最重要的信息和动作，用户不需要花费太多精力去解读。竖屏模式是一种能让用户不知不觉间被高节奏、高密度、碎片化的信息流所吸引的内容形式。可以预见，未来竖屏内容会成为一个主流方向。而包括5G网络在内的国家新基建战略的推进，也将进一步扩大竖屏移动媒体内容的优势与影响力。

（二）短视频自媒体广告的未来发展趋势

1. 融入人工智能技术并创新内容

随着大数据和云技术的不断发展，人们的工作状态、生活习惯和行为方式不断发生变化，短视频自媒体广告日渐繁荣。将人工智能技术融入短视频自媒体广告中，使得广告拥有更多的媒体资源、用户资源与大数据资源，还能够使广告更为精准地传播，从而扩大品牌影响力。例如，国产品牌完美日记，诞生历史只有两年，却成为2019年天猫彩妆品牌国内的销售冠军，人工智能技术功不可没。目前，很多视频软件都具有强大的人工智能技术，例如美颜、调色、剪辑等技术，可以为自媒体人提供专业的技术支持。但是，只有专业的技术还不够，不断地创新，才能吸引更多的受众。据2020年9月12日《中国青年报》报道，2019年8月至2020年8月，共有2097万人在抖音直接获得收入。有的国家级贫困县在抖音上卖货的人数过百万，他们用自己的特色产品和个性化的沟通方式，满足屏幕对面消费者对有价值内容的需求。可以预言，未来广告是技术创新加内容创新，这也将成为广告发展的新趋势。

2. 中国文化的应用将成为消费红利

近两年，人们对文化创意产品的钟爱带动了中国传统文化的继承与发展。中国文化源远流长，带有故宫符号的故宫淘宝店，民国风格的百雀羚长广告，李宗盛的纪录片短视频《人生没有白走的路，每一步都算数》，其中的"中国精神"感动了无数年轻人。这些中国广告风格都能带来市场红利，这些传统文化符号都能成为自媒体广告从业者的拓疆利器。

3. 创建人与人之间的深度连接成为新的核心

创建人与人之间的深度连接是品牌的核心竞争力。随着自媒体的发展，广告与产品之间逐渐出现大量的弱连接作品，而这些作品和消费者之间反而呈现强连接现象，这种现象在未来将趋于常态化。自媒体时代的品牌树立要依靠"人与人的连接"，通过打造有价值的内容对品牌进行赋能，实现人们之间的深度连接，成为新品牌的核心竞争优势。例如，现在很多年轻人都愿意将自己喜欢的产品或品牌通过网络分享到朋友圈，在这种网络社交中无形地为品牌做了信用背书，若还能被朋友圈连续分享，其效果就会呈现象级表现。这种不断制造内容迭代分享的供给能力，正成为市场竞争中新的稀缺资源。

这里"人与人的连接"说明，品牌的变现能力不仅取决于产品质量，还取决于品牌是否能进入社交自媒体，能否以其内容的价值创新性引发分享、点赞、讨论、再分享等行为，连接人与人之间的关系。因此，一个品牌的基本盘，有两个组成部分：产品品质和品牌所引发的人与人之间深度连接的能力，后者是前者的放大器。技术很快就会过时，资源也会贬值，但人与人之间的连接能力是可以一直持续的。所以拥有这种人与人之间连接能力的品牌，其品牌专业度和经济效益会不断地提高，形成销售的专业壁垒。

（三）新闻短视频的发展充满想象

1. 创新新闻报道方式

在短视频开始向新闻评论领域"试水"时，也不乏通过泛娱乐化元素培养用户黏性的实践。在2019年全国两会期间，"人民日报评论"推出的《两会"石"评》栏目，将创意快板与口播评论相结合，推出了聚焦农业生产的"'90后'与'90后'的同一个梦"和关注学生课业减负的"宝宝不高兴，后果很严重"等系列短视频评论，均取得了良好的社会传播效果。

《新京报》"我们视频"子栏目《陈迪说》摒弃传统媒体评论的经验主义风格，采用三维动画、模拟场景等视觉手段增强评论内容的说服力，同时兼顾产品呈现中的现代美学设计与品牌形象管理，成功地打造出具有区分度、影响力的评论员个人IP，是将评论区分度转化为用户认可度的成功例证之一。

2. 激活新闻评论的用户生产力

随着 5G 时代的到来，传播技术进一步驱动短视频内容生态发生变化，自带剪辑功能的智能手机应用程序激活了短视频新闻评论的用户生产力，新闻评论成为移动用户参与新闻实践的一个入口。高卷入度、强参与度的UGC短视频评论颠覆了以往专业媒体"自上而下"的评论视角，被技术赋权的用户开始基于现实空间与虚拟空间发生的社会事件进行"自下而上"的论点输出，这种"去中心化"延伸了专业媒体新闻评论的触角，使得短视频成为其自我表达、个人言说的承载介质，并促成用户个体从"读评论"到"看评论""听评论"，再到"拍评论"的升级。同时，个性化的论点输出也塑造了新闻评论创作新的增量市场。

（四）短视频社交成为标配

平台化的新媒体为信息传播提供了一个公共空间，在该空间内形成了信息传播网络和社交关系网络。其中新媒体时代最突出的特性就是通过对"社交货币"的消费来获得社会归属感，加强与他人的联系，形成巨大的社交关系网络。创作者与受众在不断建立联系、增进了解、长期涵化过程中建立起印象认知，实现互构。

1. 社交式传播中实现交互

在新媒体时代，视频已经成为继文字、图片、音频后，公众最青睐的获取信息的方式。信息传受双方的边界被打破，二者借助社交平台可实现自由交互，用户在观看视频获取信息的同时，可以随时在弹幕、评论区留言、提问，其他用户也能够针对评论内容加入话题讨论。

2. 双向涵化中实现互构

根据库利的理论，个体的行为取决于对自我的认识，而这种认识主要是通过与他人的社会互动形成的。短视频具有很强的日常感和亲近感，每一次拍摄的背后实际上是创作者在不断分析粉丝的兴趣、喜好基础上设计的非日常化的"表演"，深耕粉丝感兴趣的领域，持续生产优质视频内容获得粉丝的注意力，以此增加点击量，在这个层面上是粉丝对创作者一次涵化过程。对于粉丝而言，他们将时间和精力倾注在创作者身上，潜移默化地接受创作者传递的生活状态、购物理念、学习态度、价值观等。因此，创作者和粉丝就是在这种双向涵化的过程中实现互构。

（五）以技术手段保护原创短视频著作权

大数据、人工智能、区块链等技术的持续发展促使了高效识别、审查、监控系统的普及。字节跳动公司自主研发了内容识别系统，每个视频内容上传后，会得到唯一的"内容指纹"文件，系统会将这个文件与正版库中合作伙伴提供的版权视频进行对比，一旦内容匹配确认为抄袭，版权方可以选择让侵权视频下架，或者获取相关收益。

人工智能深度学习、跨界融合、群智开放、自主操控等新特性将对短视频版权的主动保护发挥重要作用。如 2016 年 12 月，阿里巴巴集团与阿里达摩院共同发布的全链路数字版权服务平台"鲸观"，官网称鲸观可以实现10秒内对5分钟时长的视频全链路处理，以毫秒级速度支持百亿级指纹检索，让机器监控短视频盗版侵权成为可能。

以人工智能技术保护短视频版权，可以对全网不间断地扫描视频内容，主动对用户指定作品进行保护，并能快速定位到版权内容的侵权视频，同时通过下架等方式及时止损，大大降低维权成本。

区块链的智能合约、时间戳等机制的高灵活性，使得短视频版权记录更易于追踪，而且增强了后期可操作性；其 24 小时不间断运行、自主验证机制等特点和优势，对于防止假冒、提升安全性、增强用户体验等方面也发挥着重要作用。

二、直播电商的未来趋势

5G 技术将打破网络直播当前所面临的技术条件限制，为网络直播的全方位提升提供更快更优良的网络支撑。技术所带来的媒介创新给观众提供了新的使用场景，能为网络直播吸引更多不同内容偏好的观众，并能获取更多的营销利益。在主流媒体加入和相关法律的规范之下，直播行业将进入良性循环状态，从而得到新的前进动力，实现新的发展。

（一）技术端：5G 技术嵌入，驱动直播场景创新升级

随着 5G 技术与直播电商的深度融合，展示清晰化、场景多元化、体验沉浸化将成为直播电商新的发展方向。

1. 展示清晰化

云计算、大数据、AI、AR、VR 等技术的突破，为商品全面、清晰地展示提供了技术支持，当前直播中经常面临的网络延迟、画面模糊、直播卡顿、视角单一等情况都将迎刃而解。5G 技术必然会带给受众更高的直播音质和画质体验，用户无论何时何地都能无卡顿地使用网络直播服务，拉近了主播与用户的心理距离。

2. 场景多元化

2021 年 6 月 17 日中国三名航天员在中国国际空间站太空直播中展示诸多中国元素，表明直播带货已经与太空甚至宇宙相关联，新技术势必驱动立体化服务与场景化体验融合发展。利用 5G 技术，网络直播还能够摆脱固定网络和 Wi-Fi 的空间限制，打破传统的空间场景，改变单一的"直播间"信息传递模式，使传播者能够更加关注用户的注意力，制作更为精良、优质、亲民的信息产品，从而营造出一个非权威、非官方的生活化的社交场景。

技术升级拓宽了直播场景的范围，直播场景多样化已经成为用户的重要诉求，5G 技术推动无人机 360 度全景直播、超高清 8K 画面直播的普及，画面传输信息将更丰富，开拓更多直播场景成为可能。在可及的未来，会有越来越多的人将自己的生活场景"直播化"，随时随地随意制作视频、观看直播将成为每个人日常生活的一部分。

3. 体验沉浸化

借助 5G 及其衍生技术，网络直播可以实现主播与观众、观众与观众之间的高频率、

低延迟、全方位互动交流，极大地提升了用户黏性和公众参与度。技术升级带来的沉浸式观看与互动，增强了直播带货的真实感和趣味性。用户可通过裸眼 3D、全息投影等方式，自由选择观看视角，模拟进行产品使用，从而获得沉浸式购物体验。直播间的"游戏"属性可能会增强，直播带货或许会成为一场用户购物的互动游戏体验，虚拟主播/机器人主播也会因此普及。

4. 多行业融合，多领域协同

5G 技术的融入，解构了网络直播的地域限制，也消解了对网络直播内容的约束，使网络直播融入新的模式，"直播+"成为新媒体行业的重要力量。"直播+教育""直播+体育""直播+电商""直播+招聘"等形式催化了"万物皆可直播"的全民直播热。通过"直播+"，各行各业无论是在传播力还是在营销力上，都有所提升。云会议、云培训、云招聘等，云端的虚拟直播使得原本需要"真实在场"的沟通环节、沟通场景逐步走向虚拟，变得精简便利。此外，"直播+"模式的发展，赋予了许多普通民众跨越阶层获取更高阶层资源的渠道与能力。例如，在 5G 技术的加持之下，通过观看"直播+体育"便能使热爱体育的普通受众观看到世界各地的比赛。

新科技的不断进步和多元化平台及跨境电商的不断发展将为直播带货创造更多新契机，如早年成立的阿里全球速卖通、小红书，到现在的"快手进口店"等都是这样的代表性平台。未来在产品供应链的各个节点上，多个服务方在以消费者为中心开展工作的同时，也可与消费者进行全域、全场景、全链路、全周期的适时互动，实现更加完善的立体化服务，并持续产生和创造出更多流量，使其公域营销与私域营销无缝对接和转换，从而实现人、货、场在不断互动过程中更加紧密地连接。针对现阶段各平台服务内容同质化严重的现状，未来将会出现更多异质化服务模式，比如针对二次元群体和老龄化群体等不同消费者群体的个性化、定制化及适老性服务将有很大市场发展空间。直播带货的发展，将成为品牌、商家、企业与消费者之间信息连接的桥梁和情感联系的纽带，新技术、新服务、新体验势必将引领新的经济发展潮流。

（二）政策端：政府扶持＋监管，双管齐下助推行业健康发展

1. 扶持发展与创新监管并举

直播电商行业的纵深发展，离不开政府监管机构以"扶持发展，创新监管"为原则的全面统筹。直播电商成为拉动经济增长的新动力，这与中央和地方的扶持政策是分不开的。2020 年 2 月，商务部办公厅率先提出鼓励电商企业通过直播等带动农产品销售。2020 年 4 月 20 日，习近平总书记在陕西省柞水县金米村调研脱贫攻坚情况时，鼓励当地电商直播工作人员"电商在推销农副产品方面大有可为"。随着直播电商在推动消费、促进就业、创造经济新增长点等方面的作用日益凸显，以"网络直播＋精准扶贫"为代表的网络直播营销方式，将网络直播变为国家脱贫攻坚、助推社会文明进步的重要新生力量。网络直播的表达形式，将脱贫攻坚、精准扶贫总体目标具体化，实现了官方呼吁的平民化、非主流话语的主流化。疫情前后多地政府将发展直播电商经济作为推动当地经济发展的重要措施，积极部署战略规划并制定扶持政策，高度重视电商主播人才的培

养与引进。截至 2020 年 8 月，累计全国共有 22 地（含省、区和市）出台了直播电商扶持政策。

据《中国互联网络发展状况统计报告》显示，2020 年，我国网上零售额达 11.76 万亿元，已连续八年成为全球最大的网络零售市场，同比增长 10.9%。其中，实物商品网上零售额 9.76 万亿元，占社会消费品零售总额的 24.9%。据艾媒咨询的数据显示，2020 年中国直播电商市场规模达到 9 610 亿元，同比增长 121.5%。

2. 直播带货助农可及性将不断增强，从而起到助农、兴农及撬动产业发展的作用

在我国全面消除绝对贫困后，2021 年中国两会期间，政府工作报告提出要建立健全、巩固拓展"脱贫攻坚成果"长效机制，继续加大产业扶贫力度并深入开展消费扶贫，给直播助农助力产业发展提供政策保障和发展方向，已有很多地区在此方面成为先行者，未来势必会带动更多地区直播助农向好发展。比如浙江诸暨的珍珠类产品，消费者在直播间不仅可以看到其成品，也可以通过现场连线实时视频互动看到珍珠养成、开蚌以及珍珠产品制作过程，参与感增强的同时其购买意愿也显著增加。直播带货平台可向阿里巴巴等学习平台下沉、直播扶贫专员培训等方式扶持更多优质草根主播的先进经验，使直播带货企业的综合服务可以触达更多县乡村等基层和底部地区，这既有利于平台的多元化发展，也有利于国家全面推进乡村振兴战略，实现经济效益和社会效益双丰收。

扩展阅读 8-2

密集出台"强监管"规则，引导行业规范化发展

3. 法律规制逐渐完善，网络环境不断净化

伴随着直播带货过程中新问题的不断涌现，国家政策和相关层面的监管势必不断加强，相关新标准和新规范将不断推出，使直播带货及其相关商业行为更加有法可依。这将直接促进直播带货产品的高质量发展，同时也可更好助力企业从平台、渠道等多方面为消费者持续创造更大价值。中国广告协会制定的《网络直播营销活动行为规范》于 2020 年 7 月 1 日起实施，对严厉打击直播带货行业刷单、虚假宣传等行为出以重拳。国家市场监督管理总局于 2021 年 3 月 15 日出台《网络交易监督管理办法》，其主要内容包括：通过网络社交、网络直播等其它网络服务组织、开展网络交易活动的网络交易经营者，应当以显著方式展示商品或者服务的实际经营主体、售后服务等信息，或者进行链接跳转提示；网络交易经营者不得欺骗、误导消费者等。2021 年 7 月 10 日，国家网信办修订《网络安全审查办法》，规定用户信息超百万的运营者国外上市必须接受审查，并向社会公开征求意见。以上诸多政策、法律及规范的出台，在法律层面为直播带货行业在法律层面做好保驾护航工作。

未来随着直播电商的升级发展，相关监管措施将更加完善有效，直播电商将加速告别野蛮生长状态，步入规范化、可持续化发展的正轨，成为经济双循环的新引擎。

4. 新理念与主流价值观同步传递

随着经济发展和社会进步，企业在社会发展中的社会责任感不断加强将是必然趋势。直播平台的受众中有很多是青少年，因此，运营过程中一些商业新理念和价值观传递会对年轻群体造成很大影响。从发展角度看，政府及相关部门也会因社会发展需要和消费者需求变化，不断加强与直播平台、企业等方面的合作，同时也会更多关注直播带货等商业行为实施过程中商业理念和价值观的传播与教育作用，以积极向上的价值观引导青少年和消费者健康成长。

"双循环"新发展格局下的网络直播带货将在法律环境允许范围内获得更大发展，从服务创新、主播素质、助农可及性、品类划分，到载体媒介、法律环境、价值观传递等多个方面，都将与社会多种经济与文化生态紧密融合，同时也将会面对更多新挑战。网络直播带货发展只有与多方面联手协作，才能实现多方共赢，不断促进我国企业发展与国际经济发展接轨，为未来我国社会经济良性发展做出更大贡献。

（三）行业端：直播内容精细化、带货品类垂直化

1. 布局直播电商业务的平台更加多元化

我国布局直播电商业务的平台主要分为三大类：第一类是传统电商平台开辟直播区域，如淘宝、京东、拼多多、苏宁等，通过丰富的货品和商家资源、成型的服务和消费者权益保护体系以及平台治理规则优势，自行搭建直播功能和业务板块，为商家提供直播工具类的销售运营服务。阿里巴巴发布的财报显示，2020年淘宝直播GMV超4000亿元。第二类是内容创作平台的电商业务，如快手、抖音、斗鱼、小红书、B站等，以平台上丰富的达人资源优势，转型拓展直播类电商业务。相关资料显示，2020年快手的直播收入为

扩展阅读8-3

直播带货三种场景

332亿元，占全年总收入的56.5%，较2019年增长5.6%；字节跳动2020年的直播收入达到450亿～500亿元。第三类是社交平台的电商业务，如新浪微博、微信公众号、微信小程序等平台，以社交流量优势，为商家拓展私域流量类的直播电商业务。当然，还有综艺直播带货、网站直播带货（华为、小米、腾讯）、官方媒体直播带货、网络与传统媒体融合直播带货等。以上直播带货形式从实施场景上划分，可主要分为现场直播带货、网络直播带货、线上线下融合直播带货三大主要类别。

2. "兴趣电商"兴起

2021年4月，抖音电商提出"兴趣电商"这一概念，从全新视角为抖音的直播电商做出更准确的定位。兴趣电商的生意逻辑是通过兴趣分发技术，把人设化的商品内容与潜在海量兴趣用户连接起来，用直播和短视频内容激活用户的消费需求。

扩展阅读8-4

兴趣电商的3大逻辑、5大价值、4条赛道

直播电商正加速渗透新人群和新品类。发现感兴趣的商品、购买高性价比产品、获得更直观产品讲解是观看直播电商前三大需求。"发现有趣商品"，即消费者在娱乐中满足自身未知的潜在购物需求。兴趣电商不仅激活了消费者的新需求，也在潜移默化地影响商家心智。消费者观看直播购物原因如图8-1所示。

◉ 消费者观看直播购物的原因

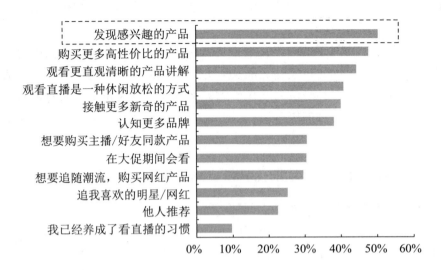

◉ 低线消费者观看直播购物的原因

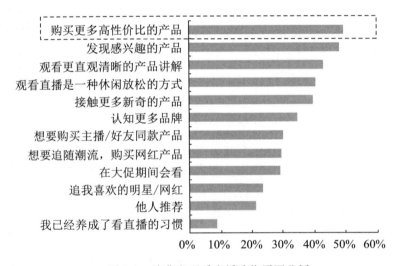

图 8-1　消费者观看直播购物原因分析

（资料来源：艾瑞咨询、平安证券研究所）

3. 在直播电商的内容层面做"加法"

当前环境下纯带货的直播电商模式已经难以打动消费者，难以刺激消费需求，直播内容只有向精细化、品质化发展，才能重新释放吸引用户的活力。"直播＋泛娱乐"为直播电商的内容创新提供了一个思路。据艾媒咨询数据显示，在 2020 上半年泛娱乐平台的创新内容调研中，在线直播用户更偏好趣味挑战、脱口秀及剧情讲解的形式，其占比分别为 42.1%、41.7% 和 39.5%。因此，在进行直播策划时，将用户需求作为落脚点，丰富直播内容与形式，才能够更加精准地匹配消费者需要，优化消费体验，从而提升直播转化率。

4. 在直播电商的业务范围层面做"减法"

垂直化将成为从现在到未来很长一段时间内的竞争点。在电商平台中，如淘宝、京东、拼多多等，其垂直化特征存在已久；而在主播圈层中，头部主播已经抢占了包括美妆、美食、服饰等部分品类市场。垂直化策略中，商家通过消费者定位，能够精准掌握其需求和特征，同时根据消费者需求，进行定向选品和产品升级，从而提升消费者满意度，实现品牌可持续发展。不管是平台、商家，还是主播，只有垂直化深耕自己的粉丝，聚集忠诚度高、消费力强的私域流量，才能提高直播转化率，突出竞争重围。

5. 品类多元化，国潮品牌成为新亮点

直播带货最初以美妆、服饰、母婴用品、日用品、家居等作为主打带货产品。近年来，由于客观环境和市场需求的不断变化，直播带货产品品类逐渐呈现多元化发展态势。尤其是2020年新冠肺炎疫情期间，直播带货品类的多元化表现更加明显。直播带货品类的多元化，还表现在已有多家企业进军医药等从前不被看好的直播带货领域。如2016年前后，苏宁云商、阿里巴巴、苏宁易购、百度、京东等公司纷纷布局医药电商领域，以寻求新的市场机遇等。

另外，当前直播带货品类中，一些国潮品牌成为新亮点。根据百度《2021国潮搜索大数据报告》，国潮品牌近十年间关注度上涨了528%，说明国潮品牌已升级进入3.0时代，其核心付费用户为"90后"与"00后"青少年，在其全部用户中占比达到74.4%。其中，完美日记、花西子等美妆国潮品牌和区别于传统美食的新型健康零食产品等就深受"95后"Z世代消费者的喜爱，李宁、安踏和百雀羚等一些传统国产品牌重新赢得消费者青睐并成为国潮品牌。

6. 逐步实现全供应链质量追溯及持续扩容

产品质量是企业的生命，也是产品的生命，更是直播促销的根本。因此，在直播带货的产品供应链各个节点都要严把质量关，在更加科学化的基础上充分建立起产品流通的全程可追溯制度，使产品流通的全过程都可以跟踪追溯，确保消费者的诉求得到更好地满足。

未来直播带货的物流支持将更加依托新技术驱动，包括新型美观独特实用的产品包装、先进智能的物流配送、全程可追溯的即时服务、体贴及时的售后服务保障系统等，都将有更大的发展空间。比如医药、生鲜等产品的冷链物流配送，将依托新技术使直播带货的服务功能在多元化、专业化的同时，借助严格的监管体系实现进一步的标准化、体系化、规范化，从而进入一种先进有序发展的新常态。

扩展阅读8-5

二维码医药等健康品类进入直播带货领域

（四）人才端：加速人才系统化培养，直播电商与就业双向利好

1. 直播人才需求猛增

人才端是直播电商产业的中心环节，直播电商产业的井喷式发展对人才需求猛增。智联招聘、淘榜单共同发布的《2020年春季直播产业人才报告》显示，疫情下直播行业招聘需求同比逆势上涨1.3倍。"后疫情"阶段，直播人才需求依旧不减，Boss直聘

发布的《2020上半年直播带货人才报告》显示，天猫618前夕，主播和直播运营两大岗位需求量比2019年同期高11.6倍。2020年7月6日，人社部等部门发布9个新职业信息，其中"互联网营销师"下增设"直播销售员"，这意味着带货主播成为正式工种。

2. 直播电商行业人才培养趋势不断向规范化、系统化方向发展

一是很多院校开始探索校企融合、协同育人的培养方式，通过与MCN机构和品牌方合作，给学生提供实践机会。2020年6月，广州大学与广州直播电商研究院合作成立广州直播电商研究院人才培养基地。二是各地纷纷开展线上与线下的培训活动，以加速直播电商人才的系统化培养。2020年12月18日，人民网舆情数据中心人民慕课与人社部高培中心联合开展的"直播销售员岗位能力培训"在山东省烟台市正式开课。三是各方"差异化"培养人才的意识较强，直播电商行业不断注重产业链上各环节人才培养，如文案策划人才、运营管理人才等，以期实现整个行业均衡发展。随着市场对人才的需求增大、国家规范和监管力度加强，直播电商行业的人才培养将加速面向规范化、系统化方向发展。

3. 带货主播的综合素质将随市场需求变化进一步提升

针对目前部分带货主播存在夸大产品功效和刻意隐瞒产品质量的情况，国家对直播带货主播群体的监管将会不断加强。随着5G、AI等新技术应用的推广和消费者需求的不断变化，直播带货主播自身素质也会应社会需要发展而不断主动提升。同时，直播带货岗位本身也是就业的一个新方向，将成为年轻群体就业的一个新选择。除了原有的各类实体主播外，AI等各类虚拟主播将会更多现身直播间与消费者互动，未来网络带货直播间也将成为二次元文化的传播渠道之一。由于真人主播成本高、在线时间有限，具有认知能力的虚拟主播因此成为可以替代真人的最佳选择。另外，随着我国进入老龄化社会，更多银发网红主播也将成为直播带货行业里的重要角色，如果对其加以正确引导和扶持，他们的正能量生活方式会在直播过程中得到更好地传播,届时将会为社会带来更多积极因素。

扩展阅读8-6

提高直播用户观看时长的方法

4. 主播类型更为多元化，商家自播逐渐常态化

直播电商的蓬勃发展，离不开"人货场"的核心——"人"的带动。各类直播平台的主播类型更为多元化，可分为四大类型。

（1）职业带货主播

职业带货主播是指在直播或电商等多种平台专职从事带货服务的主播。头部主播的影响力和号召力在国内网络直播带货领域堪称金字塔顶端；头部主播下面依次有腰部主播和底部主播，其直播带货影响力和成交量与头部主播相比依次减弱。

（2）非职业带货主播

非职业带货主播的范围非常广泛，包括各类明星或名人主播、网红主播、助农干部临时带货主播、企业负责人主播、传统媒体跨界主播等。其中也包括李子柒等文化生活传播类带货主播、王刚师傅现场操作或技艺演示类直播带货主播、二次元网络社区（如B站等平台）涌现出来的诸多二次元主播等。此外，近年进入大众视野的"银发网红"

主播群体也日渐引发关注，比如北海爷爷、局座、姑妈有范儿等。

（3）虚拟带货主播

虚拟主播是指使用虚拟形象在视频网站上进行直播活动的主播。在国内，虚拟主播普遍被称为虚拟 UP（Uploader）主。2020 年，在全民主播、直播带货等新玩法之下，虚拟主播（偶像）也开启了加速模式，但虚拟主播同样需要借助新技术和后台专业人员（如程序制作和配音等）的支撑才能完成工作。虚拟主播带货的最大优势是在体力、人设、形象稳定性方面，她/他们不会累、不会老、不会情绪化，人设形象相对更稳定，而且可以突破次元壁与真人主播互动直播带货或者参与其中某些互动环节。比如 2020 年二次元偶像"初音未来"和"洛天依"相继入驻淘宝直播带货，后者还和李佳琦一起现身 2020 年 7 月的世界人工智能大会上互动交流并一起直播带货，在年轻群体中引起热议，表明二次元性质的虚拟直播带货主播的出现已成为直播带货的新亮点。

2021 年 9 月，虚拟数字人 AYAYI 入职阿里，成为天猫超级品牌日的数字主理人。AYAYI 同时具备明星 KOL 与虚拟偶像双重属性，AYAYI 比传统虚拟偶像更具真实感、故事感与氛围感。此外，阿里还面向淘宝和天猫等商家提供虚拟数字人主播的通用技术能力。淘宝和天猫平台商家可以在淘宝直播平台上，通过"品牌智能直播间"所提供的虚拟数字人主播和虚拟人直播运营平台实现在其店铺直播间，让虚拟人电商主播像真人电商主播一样，进行商品介绍售卖以及和观众进行互动。直播间观众在观看直播的过程中会看到由虚拟数字人主导进行的直播内容，并可以与虚拟人主播进行互动，这将有效解决很多场景下需要主播 24 小时在线的痛点。

扩展阅读 8-7

私域直播

（4）商家自播

艾瑞咨询的数据显示，目前店铺直播已经成为众多品牌的主要销售场景之一。2020 年，店播成交额占整体直播电商的 32.1%，预计 2030 年的占比将接近 50%。伴随着直播头部主播马太效应的显现，商家直播成本上升，部分商家开始探索商家店铺的自播方式，商家启用店员或自有主播进行自播，培养更多的中小主播和品牌导购，缓解主播市场的两极化趋势。自播模式下，消费者和商家"各取所需"，一方面，消费者可以从商家节省下的达人主播成本中获得价格优惠；另一方面，商家能在自播过程中激活导购员的价值，此时的主播不再是短期合作第三方，而是转变为商家所有的可循环和持续使用的生产要素。淘宝数据显示，2020 年"618"购物节中，商家自播占天猫直播总场次比例超 90%；淘宝 15 个过亿的直播间中，有 9 个为商家自播直播间，主要为国产 3C 大品牌，如小米、华为、海尔等。2021 年"双 11 预售"，截至 2021 年 11 月 10 日晚，过亿的商家直播间超 20 个，千万级直播间有数百个，成交额破千万的直播间，90% 来自于店铺直播。

扩展阅读 8-8

怎样培养主播

本章小结

1. 虚拟现实技术是一种可以创建和体验虚拟世界的计算机仿真系统，它利用计算机生成一种模拟环境，是一种多源信息融合的交互式三维动态视景和实体行为的系统仿真，使用户沉浸到该环境中。

2. 媒介生态学是在人类社会的普遍联系中，从媒介生态的内在机制和外在联系以及各种媒介生态因子之间的相互关系中，探索和揭示媒介生态发展与变化的本质和规律。

3. 社交货币源自社交媒体中社会经济学（Social Economy）的概念，它是用来衡量用户分享品牌相关内容的倾向性问题。社交货币就是社会中的多个个体，在获取认同感与联系感之前对自身知识储备的消耗，或者说是谈资。

4. MCN 模式源于国外成熟的网红经济运作，其本质是一个多频道网络的产品形态，将 PGC（专业内容生产）内容联合起来，在资本的有力支持下，保障内容的持续输出，从而最终实现商业的稳定变现。

5. 去中心化是一种现象或结构，必须在拥有众多节点的系统中或在拥有众多个体的群中才能出现或存在。节点与节点之间的影响，会通过网络而形成非线性因果关系。这种开放式、扁平化、平等性的系统现象或结构，人们称之为去中心化。

思考题

1. 论述直播电商未来的发展趋势。
2. 论述未来短视频消费趋势。
3. 论述自媒体个人 IP 发展的趋势。
4. 试述新媒体产业发展趋势。
5. 何为媒体？谈谈你对媒体概念的理解和认识。

扩展阅读 8-9
案例分析

即测即练

参考文献

[1] 王江汉.移动互联网概论.[M].成都：电子科技大学出版社，2018：1-20.
[2] 汪文斌.移动互联网.[M].武汉：武汉大学出版社，2013：2-20.
[3] 程栋.智能时代新媒体概论[M].北京：清华大学出版社，2019：26-27.
[4] "互联网＋"时代城市治理与发展[N].人民网，2015-10-23.
[5] ［美］B.约瑟夫•派恩，詹姆斯•H.吉尔摩.体验经济（珍藏版）[M].毕崇毅译.北京：机械工业出版社，2016.
[6] 高宣扬.流行文化社会学[M].北京：中国人民大学出版社，2006.
[7] 杨飞.流量池[M].北京：中信出版集团，2018.
[8] 吴科伟."CCTV-12大篷车"活动传播效果评估研究[J].电视研究，20199，（1）.
[9] 张晓凡，杨本草.IP视角下实体书店创新发展路径探析——以中信书店为例[J].出版广角，2020（22）：86-88.
[10] 向勇，白晓婧.新常态下文化产业IP开发的受众定位和价值演进[J]北京大学学报（哲学社会科学版），2017，（1）.
[11] 武传鹏.坚持以社会主义核心价值观引领文化建设制度[M]思想教育研究，2020（1）.
[12] 刘舒畅.网红微博IP价值评估研究[D]郑州大学硕士学位论文，2020.
[13] 李丹凤.浅析泛娱乐背景下网络文学的IP价值[J].新闻传播，2015（24）.
[14] 吴韦朋.品牌经济下如何打造个人IP？[J].品牌研究，2019（10）.
[15] 从IP形象到产品故事，成功的授权商们有什么秘诀？[OL].第一财经，2020-01-14.
[16] 乔•普利兹.孙庆磊兴趣变现：内容营销之父教你打造有"趣"的个人IP[J].出版发行研究，2018(9).
[17] 刘艳."网红"经济下的电商企业价值评估[D].暨南大学硕士学位论文，2018.
[18] ［美］菲利普•科特勒，［印尼］何麻温•卡塔加雅，伊万•塞蒂亚万.营销革命4.0：从传统到数字[M].王赛译.北京：机械工业出版社，2019.
[19] 张秋.粉丝经济视角下的泛娱乐IP[J].青年记者，2017（12）：84-85.

教师服务

感谢您选用清华大学出版社的教材！为了更好地服务教学，我们为授课教师提供本书的教学辅助资源，以及本学科重点教材信息。请您扫码获取。

》 教辅获取

本书教辅资源，授课教师扫码获取

》 样书赠送

市场营销类重点教材，教师扫码获取样书

 清华大学出版社

E-mail: tupfuwu@163.com
电话：010-83470332 / 83470142
地址：北京市海淀区双清路学研大厦 B 座 509

网址：http://www.tup.com.cn/
传真：8610-83470107
邮编：100084